福利三角框架内农民工社会排斥形成机制研究

刘艳霞　著

华东理工大学出版社
EAST CHINA UNIVERSITY OF SCIENCE AND TECHNOLOGY PRESS
·上海·

图书在版编目(CIP)数据

福利三角框架内农民工社会排斥形成机制研究/刘艳霞著.—上海：华东理工大学出版社，2019.3
(社会工作与社会政策智库论丛)
ISBN 978-7-5628-5779-2

Ⅰ.①福… Ⅱ.①刘… Ⅲ.①民工—社会问题—研究—中国 Ⅳ.①D669.2

中国版本图书馆CIP数据核字(2019)第039749号

内 容 提 要

本书主要从社会学的角度，运用社会排斥的理论视角，借助福利三角分析框架，分析研究了在二元经济和社会结构的影响下，农民工在城市社会中何以被排斥，深入探究了农民工被排斥的各种原因及其内在关系，中国转型加速期城市农民工之所以在国家、市场和社会场域中遭受社会排斥，主要原因是各种制度与非制度因素。二元经济社会结构的变迁因素以及城市社会各场域中的因素之间相互影响、相互作用构成了农民工社会排斥的形成机制。社会政策具有消除社会排斥的功能。本书从社会政策层面提出了消除农民工社会排斥的对策，通过赋权等融入机制的建立使农民工群体充分享有生存权和发展权，增强在城市社会中的竞争力，逐渐改变被排斥的状态，最终融入城市社会。

策划编辑／刘 军
责任编辑／刘 军 藕 园
装帧设计／戚亮轩
出版发行／华东理工大学出版社有限公司
地址：上海市梅陇路130号，200237
电话：021-64250306
网址：www.ecustpress.cn
邮箱：zongbianban@ecustpress.cn
印 刷／江苏凤凰数码印务有限公司
开 本／710 mm×1000 mm 1/16
印 张／16
字 数／264千字
版 次／2019年3月第1版
印 次／2019年3月第1次
定 价／80.00元

序

由华东理工大学出版社出版的本书，是刘艳霞博士在其博士论文基础上经进一步修改、补充、调整、完善而成的。

这部专著以中国从传统社会向现代社会、从农业社会向工业社会转型过程中出现的特殊群体——农民工为研究对象。这个群体之所以特殊，是因为他们虽然在城市从事非农劳动，但户籍身份仍然是农民。他们为城市的发展和繁荣做出了巨大的贡献，但却是城市的漂泊者、外来者，在城市社会中遭受着种种不公平的待遇，成为被城市社会排斥的一个群体。这一群体的工作、生活等被诸多学者所关注已经有些年头了，学者们从各个学科、各个角度进行了研究，提供了大量值得借鉴的成果，这些都为本书的研究提供了参考。

本书主要从社会学的角度，运用社会排斥的理论视角，借助福利三角分析框架，分析研究了在二元经济和社会结构影响下，农民工在城市社会中何以被排斥，深入探究了农民工被排斥的各种原因及其内在关系，探索了农民工社会排斥的形成机制。在此基础上，从社会政策层面提出了消除对农民工的社会排斥、促进社会融合的策略。

作者指出，城市农民工在国家、市场和社会场域中均遭受了不同程度的社会排斥，之所以如此，是由于各种制度和非制度原因导致的。本书将社会排斥理论与福利三角框架结合分析研究城市农民工社会排斥的原因，在理论框架上较相关研究有所创新。作者运用上述框架对农民工社会排斥机制的分析也具有独到之处。首先，作者认为农民工社会排斥具有嵌入性的特点。将农民工遭受社会排斥的问题嵌入二元经济社会结构的宏大背景中，认为中国特殊的二元经济社会结构是农民工社会排斥发生的宏观背景原因。其次，农民工社会排斥具有多维性，作者探讨了农民工在城市遭受社会排斥多方面的原因。在国家、市场和社会的框架内分析了农民工在这三个场域中遭受社会排斥的原因。再次，农民工社会排斥的原因具有关联性，二元经济社会结构变迁因素以及城市社会各个场域中各种因素之间的相互影响、相互作用，构成了农民工社会排斥的形成机制。通过对福利三角框架内农民工社会排斥的原因从制度与非制度层面加以分类，指出农民工之所以遭受社会排斥既有制度原因也有非制度原因，深入剖析了两类因素对农民工社会排斥各自的作用以及二者在农民工被排斥过程中的内在关系，建构了农民工社会排斥的形成机制模型。可以看出，作者对农民工社会排斥原因与机制的分析在同类研究中还是不多见的。本书最后针对农民工社会排斥发生的原因，从社会政策层面提出了消除农民工社会排斥的对策，即通过赋权等融入机制的建立使农民工群体充分享有生存权和发展权，增强在城市社会中的竞争力，逐渐改变被排斥的状态，最终融入城市社会。作者提出的这些建议也具有一定的参考价值。

本书的出版具有一定的理论和现实意义，对相关理论研究与政策创制有一定的参考价值。当然本书也存在一些不足乃至缺陷，一些观点和结论仍有待学术界进一步探讨、验证和补充，在此也希望读者对本著作多多批评指正。

中国人民大学社会与人口学教授　李迎生

2018年8月于北京

前　言

纵观人类历史的发展进程，任何一个国家在从传统社会向现代社会转型的过程中，必然经历一个产业结构和城乡结构的转换过程，与此相联系，也经历着由农业人口向非农业人口转换的过程。农民工就是中国从传统社会向现代社会、从农业社会向工业社会转型过程中出现的特殊群体，为中国工业化和城市化发展做出了突出贡献。然而他们却成为城市社会中被排斥的一群人，主要表现为：经济维度上遭受劳动力市场和住房市场的排斥；政治维度的排斥表现为各种组织中的缺位和政治决策中的“失语”；社会保障维度上被排斥在城市社会保障体系之外，各种社会保障严重不足；文化维度上被排斥在城市主流文化外；社会关系维度上被排斥在城市居民的社会关系网外等。农民工社会排斥问题已经成为中国转型社会中的突出问题，对农民工自身和社会的发展造成了各种不良影响。

基于此，笔者以城市农民工为研究对象，从社会排斥的理论视角出发，研究在二元经济和社会结构影响下，转型加速期中国社会出现的特殊弱势群体——农民工在城市社会中何以被社会排斥，深入探究农民工被排斥的各种原因及其原因之间的内在关系，构建了农民工社会排斥的形成机制。在此基础上从社会政策层面提出消除农民工社会排斥、促进社会融合的策略。

本书根据研究问题提出了总的研究假设：中国转型加速期城市农民工之所以在国家、市场和社会场域中遭受全面的社会排斥是各种制度与非制度原因导致的。本书围绕总假设提出了三个分假设：嵌入性，农民工社会排斥嵌入在二元经济社会结构的宏大背景中；多维性，农民工在城市遭受社会排斥的原因是多方面的；关联性，二元经济社会结构变迁因素以及城市社会各个场域中各种因素之间的相互影响、相互作用构成农民工社会排斥的形成机制。

在文献综述的基础上，围绕研究问题和研究假设对本书的核心概念——城市农民工、社会排斥——进行了界定，提出了研究的分析框架和基本结构。分析框架主要是将农民工社会排斥问题嵌入中国二元经济社会结构背景中加以分析，从社会排斥理论出发，在国家、市场和社会构成的福利三角框架中研究农民工何以遭受社会排斥；通过分析农民工群体遭受社会排斥的各种原因以及原因间的内在关系，尝试建构福利三角框架中农民工社会排斥的形成机制。

在此框架中对城市农民工何以被社会排斥的问题进行研究并得出如下结论：第一，中国特殊的二元经济社会结构是农民工社会排斥发生的宏观背景原因。第二，农民工在国家、市场和社会场域中因各种原因遭受社会排斥。在国家场域中，农民工社会排斥集中体现在政治排斥和社会保障排斥两个维度上。由于二元户籍制度以及在此基础上建立的二元管理制度、二元政治参与制度导致农民工的政治排斥；由于二元户籍制度以及在此基础上形成的二元分配制度和二元社会保障制度导致农民工的社会保障排斥。在市场场域中，由于二元劳动力市场的户籍区隔、二元就业政策、二元用工制度以及二元住房制度导致城市农民工在劳动力市场和住房市场中遭受社会排斥。在社会场域中，农民工在文化、社会关系、社会组织维度上遭受社会排斥。文化排斥主要源于对农民工的污名化和“妖魔化”以及城市主流文化对农民工亚文化的排斥；社会关系排斥主要源于城市居民的被剥夺感、城乡居民交往资本的悬殊以及农民工社会关系内卷化;社区组织对农民工群体社区身份的不认同以及民间组织长期以来形成的支持惯习导致农民工在社会组织中被排斥。第三,通过对福利三角框架内城市农民工遭受社会排斥的原因从制度与非制度层面加以分类,指出农民工之所以遭受社会排斥既有制度原因也有非制度原因,深入剖析了制度与非制度原因对农民工社会排斥各自的作用以及二者在农民工排斥过程中的内在关系,建构了福利三角框架中农民工社会排斥的形成机制模型。农民工社会排斥的形成机制主要包括:第一,农民工社会排斥一方面源于人为的制度性建构,另一方面源于非制度性原因。第二,制度性因素与非制度性因素内部以及制度性与非制度性因素之间在农民工社会排斥的过程中发挥的作用不是孤立的、互不相干的,而是相互影响、相互传递、相互累加的,诸多因素形成的强大合力不断对农民工施以排斥。制度与非制度因素发挥的作用不是整齐划一的,制度性因素属于表层原因,其中二元户籍制度是农民工社会排斥的根本性原因,围绕户籍制度建立的二元社会政策体系,包括二元就业制度、二元社会保障制度等属于具体原因;非制度性因素属于深层原因,主要包括主流社会对农民工的污名化和妖魔化、城市主流文化的排斥、城市居民的偏见歧视、农村居民的自卑认命、社区组织对农民工的不认同以及民间组织长期以来形成的支持惯习等。第三,随着经济社会结构的转型和变迁,制度性因素与非制度性因素也随之发生变化,这种变化对农民工社会排斥产生了深刻的影响。改革开放以来,户籍制度和社会政策的改革、城乡居民交流的加强以及农民工维权意识的觉醒等都削弱了制度性因素与非制度性因素对农民工的社会排斥,但制度与非制度的变迁是个长期的过程,消除其对农民工的社会排斥同样需要一个长期的过程。

最后,针对农民工社会排斥发生的原因,本书根据社会政策具有消除社会排斥的功能,从社会政策层面提出了消除农民工社会排斥的对策，通过赋权等融入机制的建立使农民工群体充分享有生存权和发展权，增强在城市社会中的竞争力，逐渐改变被排斥的状态，最终融入城市社会。

目　录

图表索引

第一章　导　论

第一节　研究缘起

纵观人类历史的发展进程，任何一个国家在从传统社会向现代社会转型的过程中，必然要经历一个产业结构和城乡结构的转换过程，与此相联系，也经历着由农业人口向非农业人口、农村人口向城市人口、农民向工人转化的过程，如英国著名的“圈地运动”。因此，中国要顺利实现从传统社会向现代社会、从农业社会向工业社会的转型，必将伴随着产业结构和人口结构的转型。这一发展趋势促使计划经济时期户籍制度对农民进城务工的限制被取消，农村居民不再囿于户籍制度的限制而能够自由地进入城市工作和生活。长期以来在二元经济社会结构和户籍制度的“社会屏蔽(social closure)”惯性作用下，深层中国社会特殊情境中农民的非农化过程与其他西方国家截然不同，仅实现了职业上的非农化转变，户籍身份却未曾改变，市民化过程严重受阻。由于职业和社会身份之间的背离，在中国出现了一个特殊群体，被称为“农民工”。

农民工作为中国工业化进程中促进农业人口转型的先头部队，日益成为城市建设和城市发展中的主力军。但他们却在城市社会中遭受经济、政治、社会保障、文化、社会关系等维度的社会排斥，主要表现如下。

经济维度上的排斥。在城市的二元劳动力市场中，农民工经常被排斥在收入高、工作稳定、福利优越的首属劳动力市场外，大多聚集在收入低、工作不稳定、福利低劣的次等劳动力市场。在次等劳动力市场，由于农民工的大量集中而使劳动力供大于求，经常遭到市场内部的排斥，同工不同酬、劳动合同签订率低，就业极不稳定。

政治维度上的排斥。农民工群体在城市中生活，打拼的人数虽然庞大，但在城市政治组织和权益维护组织中的缺位，导致他们在政治领域中的组织弱势。由于缺乏代表自身利益的正式组织，在有关自身权益的重大决策中农民工处于“失语”状态，农民工自身的利益诉求无法表达。他们在城市政治活动中参与程度非常低，被排斥在各种政治活动之外，政治权利得不到尊重，例如，没有工作所在地户籍的农民工仅属暂住人口，不能参加选举，更没有被选举权。

社会保障维度上的排斥。农民工流入城市后，农村传统的社会保障方式对身处异乡的农民工而言很难发挥保障作用，城市社会保障体系因农民工城市户籍身份的缺失而无权享受，因此农民工群体被排除在我国城乡社会保障体系之外，使其无法享受基本的养老、医疗、工伤、失业、低保等社会保障，在城市社会中面临极大的风险。

文化维度上的社会排斥。农民工进城后自身携带的农村亚文化遭到城市社会主流文化的歧视和排斥，主要表现在城市居民和主流媒体对农民工的污名化和妖魔化标签，严重扭曲了农民工的形象，使城市居民的认知发生偏差从而造成对农民工的歧视和偏见。在与农民工接触和交往的过程中，这种歧视和偏见通过排斥行为得以外化，表现为表情上的轻视、语言上的轻蔑和行为上的嫌弃。

社会关系维度上的社会排斥。农民工因空间位移的变化，脱离了原来在乡村建立的初级社会关系网，来到对他们而言全然陌生的城市。长期以来形成的城乡差距、城乡隔阂造成城市居民对农民工的拒斥，农民工被排斥在城市居民的社会关系网外，成为社会关系网中的“孤独者”。

综上所述，农民工在城市社会中遭受的社会排斥与其在城市建设和城市发展中做出的突出贡献形成强烈的反差，有失社会公平。农民工在城市社会中的被排斥状态不仅不利于自身的生存和发展，而且也不利于实现城乡统筹和社会融合。农民工社会排斥问题已成为中国转型社会中的突出问题，引起了政府和社会各界的高度关注，需要采取措施努力加以解决，如加强政策法律层面的支持、物质和精神层面的支持等。但是因为农民工社会排斥发生的原因非常复杂，所以国家和政府以及社会各界在尚未完全厘清农民工何以被排斥的情况下仓促行动，因而收效甚微。

基于此，笔者将从社会政策的学科视野出发，运用社会排斥理论，结合社会学、经济学、政治学等学科的相关理论，试图从学理上着力探讨农民工在转型社会中遭受社会排斥的形成机制。在对导致农民工社会排斥原因分析的基础上，从社会政策层面提出对策，对症下药，改变农民工被排斥的状态，以助其早日融入城市社会。

第二节 研究对象、研究问题和研究假设

一、研究对象

农民工是在中国工业化、城市化进程中，在从计划经济体制向社会主义市场经济体制转型的过程中出现的特殊群体。根据农民工群体的流动方式和流入地不同，可以分为“离土不离乡”和“离土又离乡”两种。所谓“离土不离乡”，主要指农民就地实现农村剩余劳动力的转化，以就职乡镇企业为主要的表现形式；所谓“离土又离乡”，主要指农村剩余劳动力离开自己赖以生存的土地，到大城市中寻求非农活动，向城市转移剩余劳动力的形式。这两类农民工之间存在着很大的差别，“离土不离乡”的农民工虽然已经远离土地不再从事农业劳动，但大多在乡镇企业

中从事非农劳动。由于其并未离乡，大多数人仍能够实现人户合一，与户籍挂钩的资源和福利他们仍能享受，不会遭受来自户籍制度的排斥。另外，乡镇企业的员工大多是同质性非常高的街坊邻居或老乡，文化背景、风俗习惯、生活方式等相同；乡镇企业基本上能够做到公平就业、同工同酬。所以这种类型的农民工不致遭到排斥，也不会有强烈的被剥夺感和较大的心理落差。然而对于"离土又离乡"的农民工，不仅远离土地而且远离家乡，人户分离导致他们无法享受附着在户籍上的资源和权利。当他们来到城市后，因城市户籍身份的缺失，不仅会遭受来自城市政府和城市居民的歧视和排斥，而且还会遭受用人单位不公平的"另眼相待"，使他们获取资源的能力严重不足，在城市激烈的竞争中处于明显的劣势地位，极易陷入弱势处境。

基于"离土不离乡"和"离土又离乡"的农民工之间的差别，笔者选取了适合本书的研究对象——"离土又离乡"的城市农民工群体。该群体的主要特征表现在两方面：第一，从职业上看，他们已经远离耕种的土地不再从事农业劳动，进入城市从事非农产业的劳动，获得工资收入；第二，从身份上看，即使他们进城，弃农务工，但职业身份的改变并未动摇户籍制度规定的农民身份，他们中的绝大多数仍保有自己的土地，难以享受与城市居民同样的国民待遇。

二、研究问题的提出

20 世纪 80 年代，随着户籍制度的松动，国家和政府允许农村剩余劳动力自由流入城市。在经济利益的权衡和驱使下，"离土又离乡"的农民工越来越多，1989 年"民工潮"之前，大约有 3 000 万农民工，到 2003 年增长至 9 900 万，而到 2006 年更是高达 1.2 亿左右（国务院研究室课题组，2006）。目前中国农民工的数量已超过了由城镇居民构成的产业工人，无论从其自身的特点、经济基础、组织管理还是群体意识来看均可以与农民、市民并列成为转型期中国三元社会结构中的一元。农民工不

仅冲击着城乡分割的二元格局，而且深刻地改变着中国社会阶层的结构。在进城农民工的帮带下形成了“滚雪球”的效应，越来越多的农村剩余劳动力流入城市工作。

农民进城务工不仅解决了农村剩余劳动力的闲置和浪费问题，而且有助于推动工业化和城市化的迅速发展，其社会效应和进步意义一目了然。但在城乡二元经济社会结构和户籍制度的惯性作用下，进城务工农民的职业和社会身份发生了严重的断裂与错位。户籍制度的城乡二元区隔在城乡居民之间刻下一道难以逾越的体制鸿沟。户籍制度的体制性隔离使具有工人和农民双重特征的农民工在城市社会中面临着非常尴尬的处境，他们虽然离开了乡村，告别了土地，实现了职业角色的重组，但农民的户籍身份使他们难以被城市社会所认同，难以享受同城市居民一样的待遇和权利，无论是收入、住房、社会保障、教育培训等方面都无法与城市居民相提并论。农民工群体获取资源和社会支持的途径和机会很少，始终游离于城市社会的体制之外成为被排斥的一群人，因而遭受来自经济、政治、文化、福利等各方面的排斥。

虽然任何社会的发展和进步都需要某些群体付出一定的代价，但国家和社会应该给付出代价的群体一定的补偿和支持，尽可能维护他们的基本权益。目前中国社会既没有专门针对农民工的权益补偿制度，因城市户籍身份的缺失也未将其纳入城市社会的保障体系中，他们在城市社会中遭受社会排斥违背了社会公平和社会公正的价值理念。所幸的是这一庞大的特殊群体在城市社会中被排斥的状况，已经引起了政府和学术界的广泛关注，他们纷纷从不同的学科角度(政治学、经济学、社会学、心理学、管理学、犯罪学等)对该群体在城市社会中遭遇的种种问题进行了深入的剖析和研究，取得了丰硕的成果。这些研究包括农民工群体生存状况的展现(安娟、王昱，2006)；农民工进城务工原因剖析，例如，“生存理性”(黄平，1997)、“经济理性”(蔡坊，1997)、城乡差别和地区差距驱使的结果(陆学艺，2004)、“摆脱贫困”(孙立平，2002)、“对城市生活的向

往”(王春光,2004)等;对农民工的偏见和歧视的探究(聂洪辉,2006;潘高林、伍金平,2005);对农民工具体问题的研究,如,就业问题(李强,2001;陈亚东,2006;赵耀,2006)、政治参与问题(廖艺萍,2006;绍德兴,2004)、贫困问题(黄平、杜铭那克,2006;王朝明,2005;魏秀珍,2004)、社会保障问题(罗志先,2005;吕学静,2005)、教育问题(李雅茹等,2003)、农民工市民化问题(何晓红,2005;黄晓军,2005)、犯罪问题(唐贵忠,1999)等;提出农民工遭遇问题的解决方案,如,完善社会保障制度(李强,2001)、通过教育、培训加强农民工自身建设(蔡坊,1997)。与农民工有关的众多研究一方面拓宽了研究农民工的视野,另一方面也使全社会对农民工群体面临的各种困难有了更全面、更深入的了解。

从目前的研究来看,农民工已成为城市社会中被排斥的群体之一(李迎生,2006;李景治、熊光清,2006;王刚,2006;黄蕾,2007)。李迎生通过剖析农民工群体遭遇的经济、政治、社会权利、文化领域的种种排斥,提出构建和完善以“消除社会排斥”为宗旨的社会政策能够对农民工群体予以保护。李景治、熊光清将社会排斥界定为一定的社会成员或者社会群体,在一定程度上被排斥在社会主流关系网络之外,不能获取正当的经济、政治、公共服务等资源的过程或者状态,从社会排斥的维度出发考察了中国农民工在城市中遭受经济、政治公共服务和社会关系等多层面的社会排斥问题。王刚主要针对改革开放以来形成的农民工特殊群体,由于遭受经济、政治、福利等维度的社会排斥,从而造成其社会权利的缺失展开论述,指出社会排斥既是造成农民工社会权利缺失的原因,也是权利进一步缺失所造成的结果,即权利的缺失进一步加剧了对农民工的社会排斥。胡杰成首先对农民工在城市社会遭受经济、政治、文化、社会保障、教育和空间等多个方面的社会排斥进行了详细的描述,进而指出导致社会排斥的运用机制,主要有制度机制、群体机制、市场机制、农民工适应能力机制等,是一种制度性排斥。在社会排斥的境况下,农民工内部的不同群体在融入现状与前景上是有差异的,大量农民工将

在城市长期维持一种边缘化状态并形成边缘化的再生产，这可能带来一系列消极的社会影响。黄蕾通过对社会排斥的概念及其特征的分析，从社会排斥的视角分析了农民工群体在城市中遭受的经济、政治、社会关系、制度设置等多重不利境遇，厘清造成农民工多重弱势地位的机制，认为制度层面的社会排斥在其中起着关键作用。

诸多研究表明，由于各种制度与非制度原因导致农民工在城市社会中被排斥的命运，无法获得与城市居民同等的国民待遇，难以平等地享有就业权、政治权、教育权、社会保障权等基本权益。农民工被排斥状况至今未曾改变，严重影响了该群体在城市社会中的生存与发展，影响了社会的和谐与稳定。

基于此，本书将研究问题锁定为：转型加速期中国农民工在城市社会是如何被排斥的？通过对农民工社会排斥的原因及原因之间内在关系的分析，建构农民工社会排斥的形成机制。最后从社会政策的层面尝试提出解决之策以消除农民工社会排斥，促进社会融合。

三、研究假设的提出

究竟什么原因导致农民工群体在城市社会的经济、政治、社会福利、社会关系等维度遭受如此多的社会排斥呢？围绕研究问题笔者提出了总的研究假设：中国转型加速期城市农民工之所以在国家、市场和社会场域中遭受全面的社会排斥，是由各种制度与非制度原因导致的，并围绕总假设提出了三个分假设展开论证。

假设一　嵌入性：农民工社会排斥嵌入在二元经济社会结构的宏大背景中。

农民工问题是在中国社会转型期这一特殊情境下产生的特殊群体的特殊问题。这一特殊情境主要是指中国自计划经济以来实行的通过工农业产品的“剪刀差”实现“以农哺工”、优先发展工业的发展战略所造成的城乡二元经济与社会结构。转型期农民工在福利三角框架中遭遇

社会排斥问题深深嵌入在二元经济与社会结构中。一方面，二元经济结构深刻地影响着城乡居民的生存和发展，使城市和农村之间泾渭分明，农民和市民从事的职业、生活方式、文化心理、交往方式存在明显的城乡差别，农民进城务工使其先天的弱势暴露无遗，无法适应城市的生活和工作方式，从而在竞争中处于弱势。另一方面，受二元经济结构的影响，国家的制度建设和政策建设也打上了二元化烙印，户籍制度造成的城乡二元社会结构使农村居民完全被排斥在城市就业、教育、保障等各种福利和资源之外。在二元经济和社会结构的作用下，农民工拥有的各种资源极度匮乏、发展机会短缺，因而在与城市居民的竞争中处于明显的劣势遭受排斥。

假设二　多维性：农民工在城市遭受社会排斥的原因是多方面的。

在二元劳动力市场的户籍区隔，二元就业政策、二元用工制度、二元住房制度等因素的作用下，农民工在城市的市场场域中遭受了全面的社会排斥；国家通过政策和制度的建构有意无意地排斥着农民工群体。例如，二元户籍制度人为地将国民一分为二：城市居民与农村居民以及建立在户籍基础上的城乡二元分治的政治制度、城乡二元分割的社会保障制度等将农民工排斥在政治生活和社会保障体系之外；主流社会对农民工的污名化和妖魔化以及城市主流文化对农民工亚文化的歧视，社区、民间组织长期以来对农民工群体的忽视等原因，使得农民工在城市中遭受了文化、社会关系以及社会组织等方面的排斥。

农民工在城市社会遭受社会排斥的原因不是单一的，而是多种原因共同推动的结果，这些原因相互影响、相互作用，从而强化了农民工在城市中的社会排斥。

假设三　关联性：社会转型和二元经济社会结构变迁因素以及城市社会各个场域中各种因素之间的相互影响、相互作用构成农民工社会排斥的形成机制。

农民工群体在城市社会中遭受社会排斥的各种原因之间并非是孤

立的，而是相互影响、相互作用的。这些因素之间的影响和作用也不是并驾齐驱、同一维度的，而是具有复杂的内在关联性的。

第三节 理论框架

一、理论视角：社会排斥理论

本书核心的理论视角是社会排斥理论（social exclusion theory）。该理论自产生以来，就被广泛用于研究弱势群体的贫困、失业、犯罪等问题。社会排斥作为新的理论工具在近年来的社会学研究中被广泛使用，它为研究者提供了一个崭新的研究社会问题的理论视角。

社会排斥这一概念最先起源于20世纪六七十年代的法国，被排斥者在当时是指被排斥于社会保险制度之外的人。社会排斥这个概念自产生以来，被各个国家广泛接纳并与各国实际相结合，形成了适合自己国情的社会排斥理论。虽然在不同的范式或话语下社会排斥具有不同的含义，但这些不同的定义却具有某些共同的特征：第一，强调社会排斥是一个多维度的概念，根据“排斥于何处”和“谁被排斥”两条线索，社会排斥可以分为经济排斥（包括劳动力市场排斥、贫穷和消费市场排斥）、政治排斥、社会关系排斥、文化排斥和福利制度排斥5个维度以及个人排斥、团体排斥和空间排斥。第二，强调社会排斥是由不同的社会推动者和施动者导致的。第三，强调社会排斥是一个动态的过程，即社会排斥研究强调是谁（推动者和施动者），通过怎样的制度过程，将他人排斥在一定的社会领域之外，重在揭示其中的机制和过程。

社会排斥所具有的这些特征，使它可以用来分析我国社会转型加速期农民工群体究竟是被谁、通过什么样的机制使其遭受什么样的社会排斥，以及导致什么样的排斥后果。近年来，国内学者在对社会排斥理论不断本土化的基础上，从各个角度出发研究中国目前存在的各种社会问题，包括下岗女工（石彤，2004）、失业青年（曾群，2006）、城市新贫困群体（彭华民，2007）等。随着社会排斥理论以及相关实证研究的不断发展，社会排斥日益成为一个解释和分析弱势群体问题非常有力的理论工具，同样可以用来分析中国城市农民工的社会排斥问题。

二、相关理论：二元经济理论和福利三角理论

1. *二元经济理论*(dual-side economic theory)

二元经济理论于1954年首次被美国著名经济学家阿瑟·刘易斯(Lewis，1954)在《曼彻斯特学报》上发表题为“劳动无限供给下的经济发展”的著名论文中提出，其核心内涵主要是指在经济发展早期阶段的大多数国家里，经济发展不是一元的而是二元的，社会经济部门被划分为资本主义部门和维持生计部门，即高工资经济和低收入经济并存（文常明，2006：14），而它们是性质完全不同的两种经济部门。事实上，综观一些发展中国家的经济发展状况，在同一时空中的确存在着刘易斯所说的两种不同性质的经济部门：资本主义部门或现代部门、自给农业部门或传统部门。

中国目前经济发展的状况呈现出刘易斯所说的二元化特征，传统的农业部门与现代的工业部门并存在同一时空中不同步地发展着。传统农业部门发展水平远远低于现代的工业部门，工资水平同样如此。因此在中国农村存在着大量的剩余劳动力，在现代城市工业的高工资等利益的驱动下，农村劳动力大量涌入城市，加之中国特有的二元分割的户籍制度使其难以从社会身份上融入城市社会，就形成了具有中国特色的特殊群体——农民工。

二元经济理论不仅能说明农民进城务工是发展现代工业的必然要求，具有合理性；同时二元经济理论所说的高工资的现代工业部门与维持生计的低工资的农业部门先天的差别，意味着传统部门的农民较现代工业的市民具有先天的劣势。加之党和政府长期以来制定的优先发展城市

工业的经济倾斜政策，决定了上层建筑的城市优先性特征，再次验证了马克思的著名论断——经济基础决定上层建筑。为了促进城市经济的迅速发展，在计划经济时期党和政府就构建和颁布了一系列城乡有别的、带有排斥性和歧视性的政策和制度，如户籍制度、保障制度、教育制度等，使农民与市民之间界限分明。随着市场经济的发展，长期积淀形成的城乡二元制度和政策积重难返，无法迅速对进城务工的农民提供有效的保护。他们虽然工作在城市、生活在城市，却始终被排斥在城市主流生活之外，成为城市中的"局外人"。在制度和非制度多重因素的相互作用下，城市农民工在市场、国家和社会等领域中处于全面被排斥的状态。

2. 福利三角理论(welfare triangle theory)

福利三角理论是在西方福利国家出现危机的过程中，针对过度强调国家在社会福利制度建立和提供方面的作用而提出的，旨在强调国民获得的福利应该是多重制度福利提供的总和。福利三角理论作为社会政策研究中的一个新范式，被广泛应用于各种理论和经验研究中。

伊瓦思(Evers，1988)借鉴罗斯的多元福利组合理论，即福利多元组合是完全不同的社会制度的三方中的任何一方——家庭、市场和国家的贡献，构成一个社会中的福利总体，将此观点演绎为家庭、(市场)经济和国家共同组成福利整体，并称之为福利三角。他主张福利三角的分析框架应该放在文化、经济、社会和政治的背景中去考察，并将福利三角中的三方具体化为对应的组织、价值和社会成员关系，如表1-1所示。

表1-1 伊瓦思的福利三角：组织、价值和关系

福利三角	组 织	价值(文化/社会经济和政治背景)	关系(文化/社会经济和政治背景)
(市场)经济	正式的	选择、自主	行动者和(市场)经济的关系
国家	公共的	平等、保障	行动者和国家的关系
家庭	非正式的/私人的	(微观)团结、共有	行动者和社会的关系

来源：Evers，1988。

福利三角中的三方不是孤立、互不相干的，而是动态联系的，其中(市场)经济通过向国民提供各种工作机会，从而使其享受市场提供的就业福利；个人努力、家庭保障和小区互助、社会救助等为其提供各种非正规的社会福利；国家通过制定各种再分配政策和保障政策，将社会财富和资源在全社会范围内进行再分配，为其提供正规的社会福利。在一定的文化、经济、社会和政治背景中，国家提供的社会福利和家庭提供的家庭福利，可以分担社会成员在遭遇市场失败时的风险(Evers, 1988,1993)。社会成员作为福利三角中的行动者，在不同的社会中所嵌入的社会制度结构是复杂的、多路径的，如图 1-1 所示。

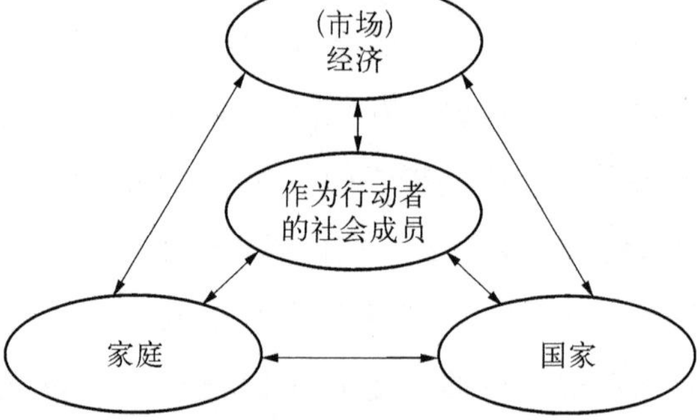

图 1-1　福利三角与行动者

通常，社会福利和社会政策主张国家为社会成员提供最低保障，这意味着社会成员应该努力从市场制度和家庭制度中获得所需的福利。就业福利和家庭福利是国家介入的前提和条件，当就业福利和家庭福利无法保障社会成员的基本需求时，国家为其提供有限的、补偿性的福利保障，而不是无限扩大和提升社会福利水平。在福利三角中，福利的提供是多元化的，而且三方提供的福利是相互影响的，它们之间此消彼长地进行补充。西方国家的福利危机根源就在于国家承担了过多的福利责任，市场和家庭的福利提供失效(彭华民，2006：159-160)。福利三角理论范式的重要之处，就在于它指出了三角部门的总供给或福利总量是大致相同的，但基于存在不同的再分配成分、社会平等的价值考虑及社会效果等因素，使得各国在三角间承担的福利份额多少可能有所不同，例如埃斯平·安德森（Esping-Andersen，1999：177）就指出，美国和瑞典的福利开支相同，但支出的侧重有所不同，美国偏重家庭、市场，而瑞典偏重国家部门。

福利三角理论明确指出国家并非是福利的全部提供者，社会成员首先可以通过就业从劳动力市场上获得，也可以通过家庭来获得，三者相互补充。福利三角范式随后被广泛应用于社会政策研究。不同的研究者在使用福利三角理论作为他们研究的分析框架时侧重点有所不同，如阿布瑞汉森的福利三角是提供权力（power）的国家、提供财源（money）的市场和提供团结（solidarity）的市民社会的组合；杜非的研究是国家一角提供保障和被动性（security and passivity），市场一角提供机会和风险（opportunity and risk），市民社会一角提供团结和分离（solidarity and fragmentation），由此组成一个分析社会排斥和社会融合的福利三角（彭华民，2006：160）。

本书通过对 Evers 福利三角理论的演绎，将市场、家庭和国家三角互动中的社会行动者从一般的社会成员置换为农民工，以此为基础建构了包括国家、市场和社会在内的农民工社会排斥的福利三角分析框架，如图 1－2 所示。

根据国家一角对农民工提供权利和保障，将其演绎为政治排斥和社会保障排斥；根据市场一角提供机会和就业福利，将其演绎为劳动力市场排斥和住房排斥；根据市民社会一角提供团结和支持，将其演绎为文化排斥、社会关系排斥和社会组织排斥，由此组成一个分析农民工社会排斥的福利三角框架。通过对福利三角框架中农民工社会排斥原因的分析，建构农民工社会排斥的形成机制，揭示农民工在城市社会中是如何被社会排斥的。

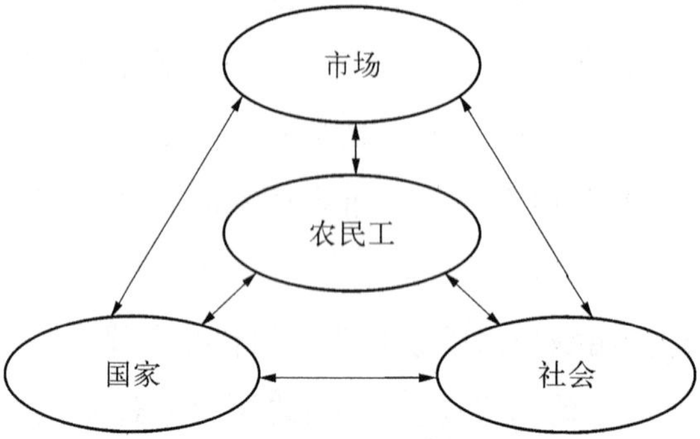

图 1-2　农民工遭受社会排斥的福利三角框架的构建

第四节　研究意义

一、农民工社会排斥研究的理论意义

1. 本土化的尝试：将社会排斥理论纳入中国的特殊情境中

社会排斥理论是西方国家的舶来品。20 世纪 80 年代到 90 年代，全球化的浪潮冲击着西方国家的经济和社会结构，各国的经济迅速发展和重建，这种剧烈变迁导致了结构性失业的迅速增长，新贫穷问题和社会分化问题日益严重。学术界逐渐引入社会排斥概念和理论对该问题加以解释。国外社会排斥的概念和理论演变过程表明不同时期、不同国家社会排斥具有不同的内涵和解释。

西方学者用社会排斥理论对转型过程中出现的新贫穷、失业等社会问题的研究，说明了用社会排斥理论研究弱势群体问题的可行性，彰显了理论的穿透力。然而，社会排斥是一个跨越时空、多维度、动态的发展过程，将西方社会排斥理论移植过来，解释转型期中国社会农民工群体的社会排斥问题，一定要防止出现理论的“水土不服”现象。要避免该现象，社会排斥理论的本土化就显得尤为必要。因此，研究中国城市农民工社会排斥问题，应该将西方社会排斥理论进行本土化，纳入中国的特殊情境中去考察。

2. 理论视角的丰富：社会排斥理论在弱势群体研究中的扩展

近年来，弱势群体问题引起了学术界的广泛关注，学者们从不同学科、不同角度对其遭遇的各种问题进行剖析。社会学着眼于从社会结构、社会分层等方面探讨弱势群体在宏观社会中的地位；经济学着眼于如何提升弱势群体在市场经济活动中的竞争力，培育更加开放、公正的市场氛围，尽可能提供更多的就业机会；政治学主要着眼于为弱势群体构建保护其基本权益的制度等。农民工属于中国城市社会中的弱势群体，无论经济、政治、文化、社会关系等方面均处于被排斥的状态，运用社会排斥理论考量农民工在城市社会中因何遭受社会排斥，将有助于扩大弱势群体研究现有的学科视野，丰富弱势群体研究的理论视角。

二、农民工社会排斥研究的现实意义

1. 提升农民工人力资本：为农民工赋权，增强自立能力

农民工在城市社会中遭受歧视和排斥，除了客观的制度与非制度性原因外，还存在主观上的原因，那就是农民工因其受教育时间短、文化水平低、劳动技能差等人力资本严重匮乏而导致社会排斥的发生。

本书通过对农民工社会排斥形成机制的研究，有助于加深城市居民和社会组织对农民工的了解，逐渐消除城乡居民之间的偏见和隔阂，加深彼此之间的认同感，增强群体间的互助性，使之和谐共处。积极调动政府、市场、社会各界的积极性，通过各种途径为农民工提供各种社会资源，促进资源的有效传递和整合，实现对农民工的赋权，提升农民工的人力资本和社会资本，增强其摆脱被排斥状态的能力。

2. 增促社会公平的实现：维护基本权益，保护弱势群体

农民工在城市社会中遭受社会排斥主要并非因为自身懒惰等个人原因造成的，而是因为长期以来形成的城乡分割的二元制度和政策所

致。大量农民进城务工使得长期以来形成的城乡分治的管理模式受到挑战,农民工急需被纳入城市社会的管理体系中,与城市居民同等地享有各项基本权利。但中国社会城乡差别的二元政策和制度转变严重滞后,导致农民工难以被纳入城市社会管理体系中,不仅基本权益难以被保障,而且遭受各种歧视和排斥,严重违背了社会公平、社会公正的价值理念。

通过分析农民工社会排斥的各种原因,从社会政策层面提出相应的对策,对症下药,帮助农民工改变在城市中的被排斥状态,维护基本权益,保护弱势群体,从而实现社会公平。

3. 实现社会的良性运行:消除社会排斥,促进社会融合

农民工是我国工业化和城市化发展过程中农村人口非农化的过渡群体,农民工市民化的实现有助于推动城乡一体化的发展。然而,城市社会通过各种制度和非制度的途径对农民工加以歧视和排斥,使农民工无法顺利融入城市主流社会而逐渐沦为边缘弱势群体。城市社会的拒斥和城市居民的不接纳,使个别农民工感觉孤立无援、走投无路,无奈之下走上犯罪之路,不仅毁了自己的发展前途,而且扰乱了城市的社会治安秩序,影响了社会的良性运行。农民工在转型期城市中的社会排斥是存在于和谐社会乐章中的不和谐音符。农民工在经济、政治、福利、文化等维度遭受的排斥,不利于农民工自身和社会的发展。因此,本书旨在通过对农民工社会排斥原因的分析,在此基础上提出消除农民工社会排斥的对策,以达致城乡居民的充分融合,实现社会的良性运行和协调发展。

运用社会排斥理论全面透视农民工在城市被排斥的状况,了解导致社会排斥的原因,深入挖掘其背后的形成机制,以发现问题的症结所在并对症下药,帮助农民工群体消除社会排斥,实现社会融合。这不仅具有很强的理论意义,而且有着重要的现实意义。一方面有可能通过西方的舶来品——社会排斥理论研究转型期中国农民工群体遭遇的问

题——用以解释中国社会所面临的独特问题，扩大理论的解释范围；另一方面农民工作为社会的主要群体之一，对其被排斥的生存状态进行研究不仅有助于加深社会各界对农民工群体的认同感和关爱感，缩短群体距离、加强群体融合，而且有助于加速农民工的市民化、农村的城市化进程，维护社会公平、促进社会融合，实现社会的良性运行。

第五节 本书的创新之处

1. 福利三角框架的建构：将研究问题纳入其中加以剖析

本书演绎了伊瓦思的福利三角理论，建构了包括市场、国家、社会在内的崭新的福利三角分析框架，将农民工在转型社会中遭遇的社会排斥问题纳入该框架中统筹思考，不仅对农民工在福利三角各遭受的社会排斥原因进行了深入分析，而且对各角之间社会排斥的叠加和累积效应进行了深入考察，进一步明晰了农民工作为被排斥的客体何以在市场、国家和社会的场域中遭受排斥。通过福利三角的分析框架将被排斥者遭遇的经济、政治、文化、教育、福利、心理等维度的排斥进行有条理、有逻辑的整合，一改目前农民工社会排斥研究分布式的面面俱到、浅尝辄止的描述和分析。

2. 嵌入视角的引入：将研究问题嵌入宏观经济社会结构中加以审视

社会学的训练使笔者在考察各种社会问题时具有了更宽广的理论视野和更发散的思维，更加了解任何社会问题的发生发展都深深植根于其特有的经济社会的土壤中。因此笔者在研究农民工的社会排斥问题时，避免了以往研究中就事论事、就问题言问题的特点，将从现实社会生活中析取的具体社会问题重新嵌入更广阔、更深厚的经济社会的宏观背景中加以考察，以宽广的思维和眼光审视社会问题，得以发生的蕴藏在经济社会结构中的共时和历时性因素，探讨中国经济社会的结构特征，以及这种特征对农民工群体在各场域中遭受社会排斥的影响。笔者考察了是什么样的经济结构和社会结构因素、什么样的政策和制度环境通过什么样的途径和机制导致了对农民工群体的排斥。

3. 历时动态的眼光：对农民工社会排斥的变动性加以考量

从农民工在城市社会的工作和生活具象中能够直观地、深刻地体会到该群体面临的弱势处境，从其在城市社会生活中遭受的全面排斥，能够感受到该群体面临的窘境。但笔者发现，随着经济社会的迅速发展及社会结构的迅速转型，从计划经济向市场经济转型过程中经济社会结构不断发生着变化，引发了各种具体的制度性与非制度性因素的连锁反应，这种变化对农民工群体在城市社会中遭受的社会排斥发生着持续的、不间断的影响，使农民工群体在城市社会中被排斥的程度有所改变。

从农民工 20 世纪 80 年代进城开始到现在历时 30 多年，农民工的贫弱问题及遭受的不公待遇早已引起政府和社会各界的广泛注意，并且出台了一系列针对农民工的政策，采取了各种措施致力于改变其遭受的不公平待遇，尽量消除对农民工的歧视和排斥，最大限度地维护农民工的基本权益。因此，考察农民工遭受社会排斥的问题，不能仅从横断面上考察农民工目前在城市社会中遭受的歧视和排斥，还应该以历时性的眼光考量这 30 多年来农民工在城市社会中遭受社会排斥的程度，是减弱了还是加强了，其生存环境是好转了还是恶化了。

随着中国社会从计划经济向市场经济的转型，在计划经济体制下形成的城乡不平等的制度和政策，在市场经济体制下逐渐有所松动和改变，例如，户籍制度、就业制度、社会保障制度、教育制度等不断进行着改革，明显地削弱了计划经济时期城乡壁垒森严的制度性因素对农民工群体的排斥程度。当然，农民工群体之所以遭受社会排斥不仅有历史性原因，还有现实性原因，各种因素交织在一起对农民工施以各种排斥，很难在短期内得以解决。只有全面、准确、客观地了解农民工社会排斥状况的变化，汲取以往的经验教训，逐渐消解不利于农民工群体融入城市社会的各种环境和制度因素，通过各种途径和方法帮助农民工自立自强，逐渐摆脱被排斥、被歧视的命运。但以往的研究往往局限于共时性的横向考察，缺乏历时性的动态分析，因此对农民工的社会排斥问题的研究难免流于片面。

4. 新标准的树立：比较方法和本土视角的引入提出农民工被排斥的标准

西方国家和中国的社会制度、基本国情以及社会理念等不尽相同，因此双方言及的社会排斥貌似相同，实则别有洞天。通过考察国内社会排斥的相关研究，笔者发现多数研究虽然认为城市贫困群体、农民工、下岗工人、失业青年等在社会的各个维度上遭受不同程度的社会排斥，但却很少提出该群体被排斥的标准。标准的缺乏将不足以说明该群体被排斥的状况，因为相比较而言，社会排斥的发生必然有排斥者和被排斥者。

在西方社会排斥的语境中，主要从社会联系/社会断裂、社会参与充分/社会参与不足或是否充分享有公民权等方面加以考察，以此来判断个人、群体、国家是否遭受了社会排斥。这些标准可以为我们判断农民工群体在城市中是否遭遇社会排斥提供一定的依据。

但中西方社会差异性的存在决定了不可能完全套用西方社会排斥的标准来对中国的农民工群体量体裁衣，毕竟排斥的刻度标示存在差异。笔者认为，不能笼统地说农民工群体是中国社会中被排斥的群体，之所以认为其属于被排斥的群体是在中国城市社会的场域中。相对城市居民有权享受各种经济、政治、社会等各项权利，农民工却无权享受而言的；相对处于先天优势地位的城市居民对处于先天劣势地位的农村居民的歧视和排斥而言的。如果放在农村社会的场域中，以农村居民为参照系，农民工群体则不一定属于弱势群体，相反他们大多属于农村社会的精英分子，与留守乡村的农民相比有着十足的优越感，处于强势地位。

因此本书认为，之所以说中国农民工群体是被排斥的弱势群体，是将其放在城市社会的场域中，以城市居民为参照系，针对农民工群体在城市社会中各项基本权利的缺失而言的，针对其经济资本、政治资本、文化资本等严重匮乏的状况而言的，针对他们无法像城市居民那样平等、充分地参与到城市的社会生活而言的。

第二章　文献综述

第一节　社会排斥理论与实证研究综述

一、西方社会排斥理论研究与评述

近年来，在西方理论界，“社会排斥”成为一个使用频率较高的概念，社会学家、政策研究者、政府部门都越来越倾向于从社会排斥的理论视角出发分析研究贫困、失业等众多社会问题。

1. 社会排斥的缘起：经济转型中出现的新贫困问题

社会排斥研究起源于20世纪初至50、60年代的贫困研究中对贫困以及剥夺（deprivation）和劣势（disadvantaged）的概念与理论探讨（石彤，2004：27）。在对贫困弱势问题研究的纵深发展过程中，社会排斥理论逐渐成为分析贫困弱势问题的重要理论工具。

(1) 最初酝酿于剥夺劣势理论对贫困的研究中

最初学术界运用社会剥夺理论对贫弱问题进行解释。贫困的研究在西方社会中由来已久，但学者们对贫困概念的理解并非是停滞不前的，而是经历了不断深化的过程。英国学者汤森（Townsend）等人首先把“社会剥夺”的概念用于贫困的界定和度量。他认为所谓贫困就是“相对剥夺”[①]的发生。阿玛蒂亚·森(Sen)则认为剥夺是“权利不足(而不是财货不足)的结果”。因此,贫困并不仅仅限于物质的和伤及人体的剥夺,它也损害人们的自尊、尊严和自我认同。森的权利贫困理念突破了以往绝对贫困和相对贫困聚焦于物质资料匮乏的局限,将这种匮乏扩展到社会关系的层面,将贫困研究从微观的个人生活状态重置于宽广的社会经济政治结构、制度性结构中考察个人贫困的发生机制和深层原因。但这一时期对贫困的研究主要还是从绝对贫困、相对贫困的角度出发,运用剥夺和劣势理论加以论证。此时社会排斥理论躺在剥夺理论所展现的人们被排斥状态的襁褓中,嗷嗷待哺。

(2) 经济转型中新贫困问题的呼唤

贫困问题关注的最终落脚点无非就是消除贫困对人们的不良影响。最初人们认为经济的迅速发展和物质的极大繁荣将会消灭贫困。因此西方经济经历了从战后到 20 世纪 70 年代的繁荣,人们乐观地以为贫困应该被发达的经济消灭在历史的垃圾桶中。但不久,人们发现事实并非如此。20 世纪 80 年代到 90 年代,随着西欧全球化的发展、西方经济国家新的经济转型,贫困非但没有消失,反而有了新意,被称作“新贫困”。西方国家的经济得以迅速发展和重建,这种剧烈变迁导致了结构性失业的迅速增长、新贫困的迅速产生、社会分化的危机加剧。这一时期的贫困之所以称作“新贫困”,主要是因为贫困的发生不仅指经济资源的匮乏,而且具有了社会层面、政治层面的含义,具体表现为人们的健康变差、保障不足、福利缺失,以及得不到尊重等。如何有力地解释这种新贫困现象呢?欧洲委员会把目光投向从剥夺和劣势理论逐渐破茧而出的社会排斥理论,认为社会排斥概念不仅描述一种情境,而且把注意力放在排斥的过程(Rodgers, 1995: 39 - 55)。社会排斥概念实现了对以往

① “相对剥夺”是指社会上大多数人认为应该享有的食物、基本设施、服务与活动的缺乏与不足。代利凤:《社会排斥理论综述》,《当代经理人》2006 年第 4 期,第 9 页。

贫困和劣势概念的超越，这种超越表现在：分析视角由单纯的物质或经济层面转向经济、社会、政治、文化、民族、种族等多层面相结合，由静态分析转向动态分析，研究对象从个人或家庭拓展到社区、社会乃至国家，由单纯地关注社会经济分配转向基于社会经济分配所形成的各种社会关系，由侧重社会关系的连续性，转向由于不可预见的灾难而导致的社会关系的中断性(Room, 1997,1998; Walker, 1997)。诸多的超越促使社会排斥理论成为解释这一时期西方国家出现的"新贫困"的有力工具。

在重大的经济和社会转型背景下出现的社会排斥理论，自此逐渐被用于解释贫困问题，使贫困问题的研究向纵深化方向发展，拓宽了贫困研究的视角。因此，用社会排斥理论来研究中国转型期农民工的贫弱化问题无疑具有很高的契合度，能够为本书提供一种新的理论视角和研究思路。

2. 处于不同国家特殊情境中的社会排斥概念：多元性与异质性

西方学者在对全球化过程中出现的"新贫穷"问题的研究过程中逐渐形成了社会排斥这一概念。然而迄今为止，学术界尚未形成统一的概念，学者们从不同的角度出发对社会排斥进行界定，体现了概念的多元性与异质性。从社会排斥概念的演变来看，主要有以下几种。

(1) 法国：基于社会联系断裂的社会排斥概念

社会排斥概念起源于20世纪60年代，当时一些政治家、社会活动家、新闻记者、官员和学者提出穷人是"被排斥者"(the excluded)。1974年，法国学者勒内·拉诺(Rene Lenoir)在《受排斥者——十分之一的法国人》(*the Excluded, One Frenchmen in Ten*)一书中首次正式提出了"社会排斥"概念，主要描述经济领域中存在的排斥现象。拉诺指出，"被排斥者"占法国当时人口总数的十分之一，主要包括精神和身体残疾者、自杀者、老年患者、受虐儿童、药物滥用者、越轨者、单亲父母、多问题家庭、边缘人、反社会的人和其他社会的"不适应者"。因此这个时期的社会排斥概念基本上是指没有受到社会保障的保护同时又被贴上"社会问题"标签的不同类型的人(Silver，1995；Gore，1995)。

法国的社会排斥概念与其政治传统和意识形态密切相关。法国的共和主义与社会团结的理念深入人心,个人与社会彼此间存在道德联系,彼此负有责任和义务。在法国,社会排斥不仅指贫穷和失业,而且指这种联系的断裂。社会排斥的后果将是社会联系的断裂和社会团结程度的降低。法国社会民主党政府用"排斥"概念言说此现象,主要用来指个人与社会整体间关系的断裂或脱节(曾群,2006：34)。

拉诺以及法国政府的社会排斥概念是在以"全球化"为显著特征的西欧经济重建过程中提出来的,是对贫困概念的重大突破,然而这一概念只关注"被排斥者"由于得不到社会保障的保护而陷入困境,并未涉及导致社会排斥现象产生的深层次原因。

(2) 欧盟：基于公民权利实现不足的社会排斥概念

从 20 世纪 80 年代开始到 90 年代,在世界性竞争、大规模工业改组和劳资雇佣关系日益紧张的形势下,欧洲各国经济的迅速发展导致结构性失业的增长,两极分化和贫富不均造成的社会分隔和社会冲突加剧,各种新形式的贫困与边缘化来势凶猛,使社会排斥概念在欧洲及其他地区逐渐传播开来。

1988 年欧盟提出了"社会排斥"的概念,1989 年写入《欧洲社会宪章》的绪言部分,紧接着部长会议作出了减少社会排斥的决议,社会排斥逐渐成为欧盟社会政策关注的焦点。欧洲委员会社会排斥概念的界定基于对公民资格的权利主要是对社会权利的否认,或者这些权利未充分实现(Room，1995：7;Berghman，1995：19)。康明斯(Commins，1993,转引自 Berghman，1995：18－22)认为现代社会的四种制度保证公民资格的实现,即确保政治融合的民主和法律制度,提升经济融合的劳动力市场,提升社会融合的福利国家制度以及提升人际融合的家庭和社群系统。个体对社会的归属感建立在这四个制度的融合基础之上。社会排斥现象的发生,大多因以上确保公民资格充分实现的社会制度的崩溃和失灵(Berghman，1995：19)，导致个人无法融合到社会之中，以致对社会缺乏归属感。

基于公民权实现不足的社会排斥概念，一方面着重指出了社会排斥的发生，是因为制度崩溃和失灵而无法使所有公民充分享有基本的公民权所致；另一方面指出社会排斥一旦发生其后果将会使个人无法融入社会、缺乏归属感。这使得社会排斥概念从最初指个人与整个社会之间诸纽带削弱或断裂的一系列过程，发展到认为社会排斥是对公民地位与由公民身份所赋予的政治权利和社会权利的否定，拓宽了社会排斥的内涵。

上述概念对本书的启示在于：可以考虑将西方的公民权理论作为农民工是否被排斥的参照标准，但其缺陷在于缺乏对制度崩溃和失灵如何导致社会排斥发生的机制未作分析。

(3) 英国：基于社会参与不足的社会排斥概念

在欧洲委员会的推动下，英国 1994 年后开始关注社会排斥问题。英国的社会排斥概念主要从社会参与层面进行界定，它不同于法国关注社会团结或凝聚的宏大定义。英国政府从实用主义出发，将与社会排斥互相影响并易引发严重后果的社会问题联系在一起进行界定。所谓社会排斥，它是“一个简洁的术语，用以指当人们或地区遭受相互联系的，诸如失业、缺乏技能、低收入、住房条件恶劣、高犯罪率、健康状况不佳和家庭破碎等许多问题时所发生的现象”(Social Exclusion Unit，2001：10)。研究社会排斥的专家认为，社会排斥指个人未能充分参与到主流社会，或在当时社会认为必要的活动中(Burchardt，Le Grand & Piachaud，1999：227－244)，如博查德、格兰德等认为社会排斥是指生活在某社会地理上的居民，不能以该社会公民身份参与他们能够而且应该参与的主流社会或当时社会认为必要的、正常的市民生活。Gough 和 Oloffsn 认为，社会排斥不仅影响穷人而且影响整个社会，它不仅表示收入的不足，而且表示社会参与的不足(Gough & Oloffsn，1999)。

英国学者 Graham Room 认为社会排斥基本上聚焦在一些相关的问题上,是社会参与不足,缺乏社会整合与社会权利的表现。社会排斥是一个脱离作为一个社会构成物的组织和社区的过程,也是一个脱离被赋予权利和义务的过程(Graham Room, 1995: 243)。吉登斯认为,社会排斥"指的是个体有可能中断全面参与社会的方式。阻止个体或群体拥有对大多数人开放的机会的广泛因素"(Giddens, 2003: 409)。他认为不同社会地位的人都有可能被社会排斥,社会地位高的人与社会地位低的人可能处于社会排斥的不同维度上。约翰·皮尔森认为,"社会排斥是对个人和家庭、群体和社区参与社会,经济和政治活动所需要资源的全面剥夺过程。这一过程首先是贫穷和低收入的结果,其他因素如歧视、教育程度低和生活环境差也将对此造成影响。通过这一过程,一个人在他生命相当长的时期内被排除在社会大多数人享有的制度和服务、社会网络和发展机会之外"(John Pierson, 2001: 7)。

英国的社会排斥主要从微观层面重点考察个人的社会参与,研究个人是否充分参与到社会公认的必要活动中。基于社会参与不足的社会排斥概念关注微观层面个体被排斥的表现,与法国宏观层面的社会排斥概念相呼应,使得社会排斥的概念内涵更加丰富。但其不足之处在于缺乏对个体社会参与不足导致的社会排斥的原因及后果的分析。

(4) 哥本哈根:基于社会融合不足的社会排斥概念

由于 1995 年哥本哈根社会发展世界首脑会议的推动,社会排斥受到世界各国的关注。会议宣言及行动纲领将社会排斥与贫穷和失业共同列入当今世界最主要的、棘手的社会问题。"社会排斥"被定义为对社会融合的破坏,而所谓"社会融合"主要指人们在充分尊重每个人的尊严、共同利益、多元主义和多样性、非暴力和团结的情况下一起生活的能力,以及参与社会、文化、经济和政治生活的能力(原国家计委社会发展司、外交部国际司,2001: 168)。沃克认为社会排斥是社会成员从决定个人整合于社会的系统中被排斥出来的现象,这些系统涉及社会的、经济的、政治的和文化的方面(Walker, 1997)。

基于社会融合不足的社会排斥概念着重强调了社会排斥导致的社会后果:社会融合的破坏。但该概念未涉及社会排斥的内容和原因。

从社会排斥的演变过程来看,不同时期、不同国家的社会排斥概念着眼点、侧重点不同,反映了社会排斥内涵的多元性与异质性,展现了社会排斥概念的动态发展性。随着社会经济的发展和各国实践的不断丰富,社会排斥的内涵也将不断得以深化和扩展。这对本书的启示在于:从社会排斥的理论视角研究中国社会转型期农民工贫弱化问题,不能随心所欲照搬西方社会排斥的概念,必须结合中国的政治传统、意识形态、文化传统等因素,实现概念的本土化。

3. 理论解释的向度:社会排斥多元化向度

社会排斥理论解释的多元化向度,通过对社会排斥多元向度的设计,将社会排斥加以指标化细分,可以通过各种指标衡量被排斥者的排斥内容和排斥程度。Howarth 等学者(1998)设计了 46 个指标对社会排斥进行测量并分为 9 个向度:收入与金融服务的接受、消费及借贷、就业及相关因素、教育、健康、住房与地区环境、家庭状况、犯罪、公民参与。泰尼尔·布查德特(Tania Burchardt, et al., 1999)等人在对英国家庭的研究中将社会排斥分为五个向度,即消费活动、积累活动、生产活动、政治活动、社会活动。泰尼尔·布查德特认为,社会排斥是个人生活居住在一个社会中,没有以这个社会的公民身份参与正常活动的状态。根据没有能力参与正常活动的主旨,将社会排斥分为五个方面的内容:低水平生活,即低消费;保障缺乏;缺乏参与由他人赋予价值的社会活动;决策权力的缺乏;社会支持的缺乏。Gordon 等学者(Gordon, et al., 2000)主持的英国千禧年贫穷和社会排斥调查,建立了 17 个贫穷和社会排斥的测量向度,它们包括:收入、失业、消费模式、金融与借贷、住户内部的贫穷、自我对于贫穷的认知与对于未来的期望、对于全国贫穷水平的理解、住房、健康、教育、地方服务的使用和质量、突发事件、社会网络和社会支持、地域性剥夺、对于犯罪的担心、歧视、公民参与。

学者们通过对社会排斥向度(dimension)的细分和指标化,有助于不断完善社会排斥概念的指标和测量,使社会排斥从理论研究走向实证研究,搭建起理论和实证研究互证的桥梁。例如,对于研究中国转型社会中,农民工遭遇社会排斥的概念操作化和指标有着重要的借鉴价值,从而直观呈现农民工在社会生活中遭受排斥的内容和排斥的程度。社会排斥的维度或向度广泛地被用于社会排斥的研究中,例如,Duffy(1998)从社会排斥的五个维度——健康领域、就业领域、社会保护领域、教育领域、住房领域方面对欧盟 13 个成员国的社会排斥问题进行调查研究。

4. 理论研究的范式:社会排斥研究范式的多样化

社会排斥内涵的多义性决定了不同的学者在社会排斥研究中不可能采取整齐划一的研究范式,他们往往从自己倾向的理论内涵出发,建构研究框架,并且将社会排斥进行不同的分类,演绎出众多不同的社会排斥研究范式。

(1) 哲学话语层面上的分类:Silver 的社会排斥范式论

在社会整合的话语上,斯尔维(Silver, 1995: 62)将社会排斥根据社会分化和社会整合、参与和参与不足、中心与边缘分为三个范式,即团结范式(solidarity paradigm)、专业化范式(specialization paradigm)和垄断范式(monopoly paradigm),如表 2-1 所示。团结范式主要植根于法国的共和传统,该传统具有一个核心的共享价值和权利的"道德社区",在此传统下,个人权利和利益虽受到相当程度的尊重,但其本质上却属于集体性的。该范式强调个人与更大社会的黏合度以及个人的普遍性福祉。社会团结通过民族共识、集体意识等实现。从社会团结的观点来看,社会排斥意味着个人与社会之间的社会、制度和符号的纽带的逐渐断裂,使个体与较大社会群体的联系中断,排斥使个人失去了集体归属感,逐渐消解着社会的联结结构,使个人因联系断裂陷入孤立状态而面临较大的风险。专业化范式则存在于英美自由主义思想中。个人自由主义思想认为个人之间存在着差异，而这种差异会导致市场和社会群体的专业化。而专业化的社会结构包括相互分割、竞争但并不一定不平等的领域，这些领域通过交换相互依赖。社会排斥是社会分化、劳动分工以及社会领域的分离等专门化活动的后果，它意味着个体在市场、社会群体之中所产生的差异。专门化的社会结构由单元分割的、相互竞争的、不均衡的区域组成。由于存在着划分不充分、应用于特定社会领域的规则不合适以及在不同领域之间的自由交换活动受到阻碍，排斥就随之发生了。分割的社会领域使排斥可能具有多重原因和面向。专门化范式所言及的排斥实际上就是一种"歧视"（刘精明，2003：25）。垄断范式植根于马克思和韦伯的欧洲左派思想。这种思想认为社会秩序是强制性的，由等级性权力加以维持。因此排斥包含着阶级、地位和政治权力的相互作用，并为享有者的利益服务。强势集团通过社会封闭垄断社会资源，将其他人排斥在外。当然，这种社会封闭会引起被排斥者的回应和抵制排斥的行动。

表 2-1　斯尔维关于社会排斥的三种范式

	团　结	专 业 化	垄　断
整合的观念	群体团结 文化边界	专业化 分离的空间	垄断 社会封闭
整合的资源	道德整合	交换	公民权利
意识形态	共和主义	自由主义	社会民主主义
话语	社会整合	歧视 下层阶级	新贫穷/不平等 下层阶级
新政治经济的模式	弹性生产 常规学校	技能 职业中的挫折 网络 社会资本	劳动力市场分割
思想开创者	卢梭/涂尔干	洛克/麦迪逊	马克思/韦伯/马歇尔

来源：Silver，1994：540。

这三种范式是斯尔维从哲学层面上对社会排斥进行的分类。这三种范式呈现出不同的理论视角、政治意识形态和国家进程。斯尔维以社会整合为依据，将社会排斥植根于共和主义、自由主义和社会民主主义这三种不同的意识形态和国家情境中。

斯尔维所提出的每一种范式均是由不同原因所引起的不同社会排斥，它们产生于不同的政治哲学，提供了多种关于社会劣势形式的解释。这三种范式集中反映了欧洲国家在社会政策方面的主要倾向，即整体社会的整合政策取向，要求广泛的社会、政治认同。他的研究不仅使人们对于社会排斥的本质有了更为深刻的认识，而且对于反社会排斥的政策与实践具有十分重要的意义。其不足之处在于政治学的理论取向，操作性不强，难以应用到社会现实中去。

(2) 基于不同理论层面上的分类：De Haan社会排斥范式论

De Haan(1998)将社会排斥划分为三种不同的范式："凝聚型"(Solidarity)、"特殊型"(Specialization)和"垄断型"(Monopoly)。凝聚型范式源于法国涂尔干的传统。在这种范式中，排斥是指个人与社会之间具有文化和道德意义的关系纽带的松弛或断裂。在此传统中，穷人、失业者以及少数民族被定义为外来者。特殊型范式源于美国的个人自由主义传统。其哲学基础是个体自由主义传统。在这种范式里，排斥反映的是歧视，是群体差异的体现。这种差异否定了个人充分进入或参与社会交换或互动的权利。而垄断型范式源于韦伯的理论。在这种范式下，排斥被视为权力集团通过社会关闭限制外来者的进入，维护自己的特权和利益，排斥是集团垄断的后果。

社会排斥范式的研究对于我们的启发是不同政治意识传统、思想理念的国家社会排斥的类型不同，因此在将社会排斥研究用于解释本国弱势群体遭遇的问题时应该将其本土化。另外，对于个体和群体遭遇社会排斥的分析也应该从各个方面来考察，分析遭遇排斥的原因是由社会导致的还是自身的原因，从而进行正确的归因并有针对性地加以解决。

(3) 基于不同原因层面上的分类：Levitas 的社会排斥范式论

Levitas(1998)主要从资源再分配论(redistributionist discourse)、道德下层阶级论(moral underclass discourse)、社会整合论(social integrationist discourse)三个方面对引发社会排斥的原因进行了深入分析。资源再分配论把贫穷视为社会排斥的主要成因，对各层面的不平等做出批判和否定。该观点认为当个体或群体在经济、政治、社会及文化层面的公民权受到剥夺时，社会排斥便发生了。但被排斥的个人和群体不是因自身原因而是因社会原因导致其被排斥，如资源再分配中的不平等(石彤，2004：41)。道德下层阶级论主要从下层阶级的文化和行为特征入手，分析了被排斥群体的亚文化遭遇主流文化后两者之间出现差别，导致次文化及依赖文化的产生。次文化及依赖文化令下层阶级社群忽略工作伦理及家庭伦理，长期依赖福利，最终失去自食其力的能力而导致社会排斥的发生。社会整合论强调社会整合和社会团结，着重强调有收入工作的参与方面，这种观点认为有收入工作同时具有经济(赚取经济资源足够买单)及社会功能(建立社会关系网络，达致社会整合)，而社会排斥的发生主要是由于工作参与不足导致的。社会整合论就是把社会排斥的讨论从社会层面转到经济层面，而经济层面集中于市场的参与活动，如通过教育、职工培训、就业服务等途径增强被排斥者的市场参与能力。

国外学者对社会排斥的归因对于分析中国农民工为何会遭遇排斥有一定的启示。但是任何一种社会现象的成因都不会是单方面因素独立作用的结果。社会排斥也一样，它是由多种因素叠加积累而成。对于农民工遭遇社会排斥的原因分析，需在中国经济社会转型的独特国情中全面地加以剖析。比如，农民工群体遭受社会排斥并非因为自身的懒惰造成的，而是资源分配不平等的社会原因所导致；农民工进城后的乡土文化不断地遭受城市主流文化的排斥；由于城市户籍身份的缺失,他们在城市中的市场、国家、社会等场域中严重的参与不足,导致排斥问题的发生。这三方面相互影响所建构的形成机制作用于农民工群体,使他们在城市社会中遭受全面的排斥,如图 2-1 所示。

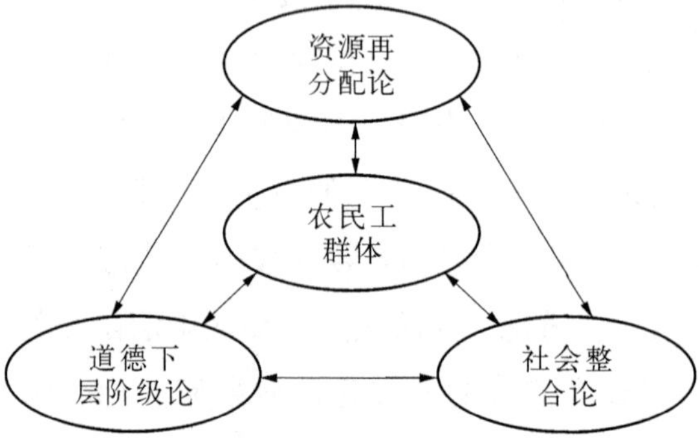

图 2-1　Levitas 社会排斥三重归因在中国农民工身上的具体体现

5. 实证研究扫描与评析:社会排斥理论工具的贯穿与应用

(1) 社会排斥理论实证研究一:以此分析欧盟成员国的排斥问题

1998 年,欧盟以社会排斥为理论视角,以福利三角为分析框架,发表了 13 个成员国关于人类尊严和生活质量的调查报告(Duffy, 1998)。杜非等在对欧盟成员国社会排斥的研究中,先将阿布瑞汉森(Abrahamson, 1994)福利三角中提供权力的国家、提供财源的市场和提供团结的市民社会演变为提供保障和被动性的国家、提供机会和风险的市场、提供团结和分离的市民社会,由此组成一个分析社会排斥和社会融合的福利三角组合,如图 2-2 所示。在这个包含国家、市场和社会多种制度安排结构的理论基础上,建立了欧盟社会排斥与社会融合存在的失业和边缘融合;由于社会保护政策问题而产生的排斥;教育排斥的危机;住房方面的排斥和政策等,并且指出欧盟成员国遭遇的社会排斥问题是多种结构性因素互动的结果。

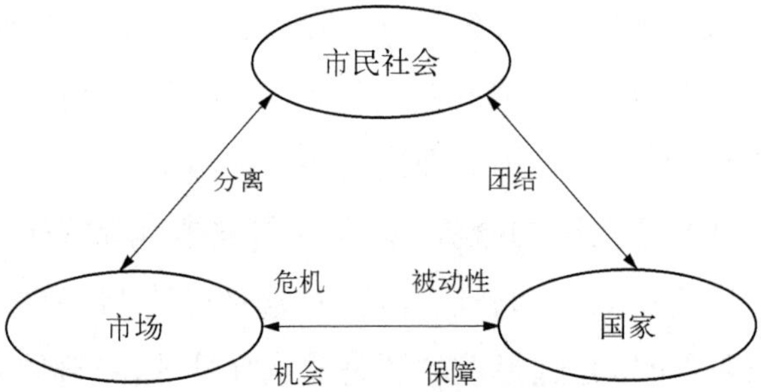

图 2-2 福利三角与社会排斥研究

(2) 社会排斥理论实证研究二：以此分析女性遭排斥的结构性归因模型

皮特·萨默维尔(Peter Somerville, 1998)在提出结构—文化途径理论、排斥层次理论和社会排斥模式后，指出可以从劳动过程、社会再生产层次解释对女性的社会排斥的产生。男性与女性分别从事的有报酬的商品生产和无报酬的家务劳动两种不同的劳动过程，是妇女遭受排斥的重要原因。另外，他还指出社会排斥模式的形成源于社会排斥产生的不同层面，主要包括："双重劳动力市场"的划分、法律政治过程、核心意识形态。这几个层面的排斥相互交织和重叠。

(3) 建构社会排斥的理论模型(石彤，2004：45-50)分析社会政策

Naila Kabeer(2000)根据 De Haan 对"凝聚型""特殊型""垄断型"的特征归纳，构建了社会排斥的模型，集中说明了社会排斥是如何发生的，以及发生的过程和机制。

首先，围绕"问题"展开了社会排斥意义的探求：一是问题人群，如乞丐、长期失业人口等；二是问题状况，如贫穷、失业、弱势化等；三是问题过程，如排斥发生在政治、社会、经济过程中。

其次，社会排斥理论模型特征的提出。Kabeer 认为(转引自石彤，2004：45)社会排斥的理论模型的特征有：第一，视角的相互关联性，以整合的方法研究社会问题，将其纳入社会系统中考察社会互动过程中

社会排斥现象如何得以产生;第二,视角的动态性,集中于不同制度水平的排斥过程,特别突出了中观的制度层面,如表 2 - 2 所示。第三,视角的多维性。再次,基于社会排斥理论的特征提出不同的分析工具。社会排斥系统主客体相互关联的分析:排斥者与被排斥者(石彤,2004:46),根据群体对外来者的封闭和开放程度,将群体分为"封闭性"群体和"开放性"群体。根据个体是选择性的还是非选择性的,将群体划分为"选择性"群体和"非选择性"群体。据此,对卷入排斥和接纳群体进行了分类。如果群体是"选择性的"和"封闭性的",则该群体属于"内在排挤型"。如果群体是"封闭性的"和"非选择性的",通过社会封闭条件保持群体内在同质性。如果群体是"选择性的"和"开放性的",则该群体属于"内在反排挤型",其成员经常会对资源再分配施压并更接纳异质性或多样性。这表明不同群体社会排斥的相对性和多角色的特征。

表 2 - 2 从制度层面分析社会排斥(Kabeer, 1999)

全球	经济、统治
宏观	国家集合体(发展、投资等)
中观	国家、市场
	社区、市民社会
	亲缘
微观	个体、家庭和社会群体

制度层面上的社会排斥动力机制分析(石彤,2004:47)。社会排斥发生在不同的制度水平中。当制度机制系统化地拒绝对某些群体提供资源和认可,使他们不能完全参与社会生活时,就会导致社会排斥。制度设计的不平等参与原则会导致社会排斥的发生。制度分析是社会排斥分析的一个重要方面,主要研究授予与剥夺权利的过程,关注产生排斥不同层面上的社会制度角色(Kabeer, 2000)。

制度排斥模型一方面是指制度在不同层面上的表现,发生了动态的社会排斥过程;另一方面是阐明制度运行的渠道,包括规则、资源、运作、授权、结果等，其中制度的运作对排斥的影响表现在三个方面：社会封闭、调动制度偏见、失控的制度运作。①

结果的分析：多维的和多方面的影响。对于社会排斥过程会产生什么影响，Kabeer 提出了一个连续统一体，既能揭示排斥或接纳所导致的量(程度)的变化，又能揭示质的改变，如表 2-3 所示。

表 2-3 接纳/排斥连续体(Kabeer, 1999)

特权接纳	该群体指在社会主流制度中占据中心地位的人 他们的群体影响规则和规范的形成
次等接纳	虽属边缘但有自己的特权
被动接纳	负面的接纳
自我排斥	拒绝被接纳，虽可能被强势群体所贬低，但喜欢以局外人自居
核心排斥	拥有少量资源、处于各种不利的社会情形中的穷人

个人在连续体中占据的位置、被接纳和排挤之间的关系，对其很多方面产生影响，包括物质的和非物质的。Kabeer 对 Fraser(1997)关于各种“物质”和“文化符号”所象征的不利因素作出归纳，提出了不利因素连续体，如表 2-4 所示。一端是经济形式的不公平，另一端是文化形式的不公平。

表 2-4 不利因素连续体(Kabeer, 1999)

经济	文化
资　源 →	← 认可
利　益 →	← 身份
再分配 →	← 尊重

由表 2-4 可看出，由于不能得到资源、利益和参与再分配而带来的不公平导致了经济弱势；由于不能得到认可、身份和尊重而引起的不公

① 社会封闭是指在符合规定的有限范围内，通过限制使用资源和享受机会，以社会群体活动的形式寻找最大的回报。社会封闭通常是有意识的、明确的排斥策略，通常社会群体只为一小部分人提供最大限度的资源和机会(Kabeer, 2000)。调动制度偏见是指系统地、连续地运作“游戏规则”以有利于某些个人或群体，它以牺牲其他人的利益为代价。这种状况经常是不公开的、甚至是无意识的(Kabeer, 1999)。失控的制度运作是“全部制度范畴内的各种规则和其实践运作之间存在的巨大鸿沟”(Gore, 1993)，“运作常常破坏规则，而按运作自身的规则来进行”(Kabeer, 1999)。转引自(石彤，2004：47-48)。

平导致了文化弱势。经济和文化劣势之间相互作用、相互叠加。

Kabeer社会排斥理论模型的建构有助于我们运用该理论模型了解其他社会弱势群体遭受社会排斥的内容、原因和社会排斥的后果，尤其是制度层面。

(4) 社会排斥理论实证研究三：Castel建构社会整合与社会排斥的连续谱(图2-3)并纳入工作组织问题中来讨论

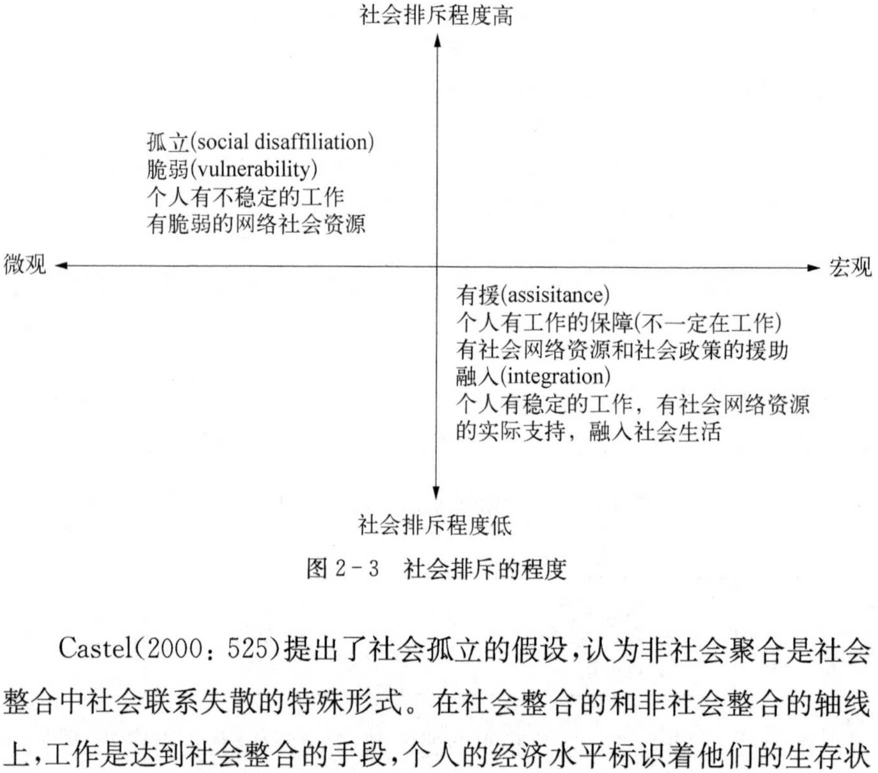

图2-3　社会排斥的程度

Castel(2000：525)提出了社会孤立的假设，认为非社会聚合是社会整合中社会联系失散的特殊形式。在社会整合的和非社会整合的轴线上，工作是达到社会整合的手段，个人的经济水平标识着他们的生存状态。从工作组织问题入手来讨论该连续谱：在整合的情况下，意味着社会主体有稳定的工作保障，可以从社会关系中得到有力的支持；在脆弱的情况下，个人无工作保障，社会关系也是脆弱的，不容易得到资源；在孤立的状况下，个人既没有工作，也没有社会关系资源；在有援状态下，个人有工作保障，就意味着能得到社会福利方面的援助。这四种状态之间可以相互转换。社会排斥不仅仅是一种极端的状态，它是工资社会运行中剥夺积累的逻辑结果(参见图2-3)。

无论是杜非建构的社会排斥理论视角和福利三角的分析框架，皮特·萨默维尔提出的结构—文化途径理论、排斥层次理论和社会排斥模式，并用以分析女性在劳动力市场等遭遇的社会排斥，还是Castel建构的标识社会排斥程度的社会整合与非社会整合的连续谱，它们对于研究弱势群体所遭遇的社会排斥以及陷入劣势处境均有很大的借鉴意义。

6. 区别与契合度的思考：西方社会排斥理论研究中国农民工社会排斥状况

(1) 区别：西方社会排斥和中国农民工

首先，被排斥的对象不同。西方社会排斥最初主要是指大民族完全或部分排斥少数民族的情形，主导群体以此来阻止对少数民族的接受或使接受程度最小化。当主导群体握有并垄断社会权力时就发生社会排斥。这种排斥反映了一个社会有意达成的政策(戴维·波普诺，1999：310)。戴维·波普诺把社会排斥运用于民族、种族与少数民族问题的研究中，发展和拓宽了社会排斥的意义与应用范围。中国与欧洲存在的社会排斥问题有很大的差异。欧洲学者研究社会排斥问题，关注的社会群体主要是失业者、单亲家庭、残疾人、老年人等社会弱势群体，如果涉及移民，一般是指国际移民。应当说，中国也存在对失业者、单亲家庭、残疾人、老年人等社会弱势群体在一定程度上的社会排斥，但当前中国社会排斥问题重点关注的是中国城市中流动人口和城市新移民等社会群体。失业者、单亲家庭、残疾人、老年人等社会弱势群体遭受的社会排斥程度与城市中流动人口和城市新移民不在同一层次上，属于不同类型。另外，在中国社会中，排斥主要是指整个社会系统内的部分弱势群体由于历史的、制度的等原因遭受排斥，而非种族和民族性的排斥。

其次，排斥的机制不同。在西方社会，排斥主要是发生在城市内群体之间，由于种族、民族等原因通过隐性的选择机制对被排斥者实施排斥。例如，黑人在劳动力市场上的排斥，是由于种族身份，虽然在劳动力市场就业过程中并没有明文规定不能雇用黑人，但用人单位会自发地对其进行排除筛选。而在中国，对农民工的社会排斥首先是城市内群体间的排斥，进城农民如果无法获得户籍意义上的城市身份，必然会遭受来自户籍制度、就业制度、社会保障制度和公共服务等方面的排斥。所以，与西方国家相比，中国的社会排斥问题具有两个显著特点：其一，社会排斥的对象不是一般的社会弱势群体，而主要是城市中的农民工群体；其二，社会排斥不是分散的、个别的，而是对城市中农民工相当程度上的一种整体性、体制性排斥。

最后，消除排斥的方法侧重不同。在西方社会，消除排斥的方法主要是通过公民权——如就业权、保障权、选举权等社会权利的平等享有加以实现。而在中国，主要是通过消除制度和政策的歧视和偏见来实现。

西方社会排斥理论能否用来解释中国农民工在城市社会中何以被社会排斥？西方社会排斥理论解释中国特殊群体的农民工契合度如何？接下来笔者将探讨运用西方社会排斥理论解释农民工社会排斥的契合性。

(2) 契合度考察：西方社会排斥理论和农民工社会排斥

社会排斥研究始于20世纪初至50、60年代的贫困研究中对贫困以及剥夺(depriving)和劣势(disadvantage)的概念与理论的探讨(石彤，2004：27)。在对贫困弱势问题研究的纵深发展过程中，社会排斥逐渐成为分析贫困弱势问题的重要理论工具。例如，英国学者汤森(Townsend)等人首先把“社会剥夺”的概念用于贫困的界定和度量。阿玛蒂亚・森(Sen)认为剥夺是“权利不足(而不是财货不足)的结果”。20世纪80年代到90年代，随着西欧全球化的发展，各国的经济迅速发展和重建，这种剧烈变迁导致了结构性失业的迅速增长、新贫困的迅速产生、社会分化的危机加剧。如何有力地解释这种新贫困现象呢？欧洲委员会把目光投向社会排斥，认为社会排斥概念不仅描述了一种情境，而且把注意力放在排斥的过程中(Rodgers，1995：39－55)。[①]

在重大经济和社会转型背景下，出现的社会排斥理论随后被广泛用于解释弱势群体面临的一系列问题，运用该理论工具可以全面了解弱势群体问题产生的原因、表现以及后果，拓宽了研究的视角。农民工属于城市社会中的弱势群体，其面临的弱势处境可以通过社会排斥理论加以解释，但需要对社会排斥理论进行本土化的研究，以提高理论与问题的契合度。

二、社会排斥的本土化研究与评述

西方社会排斥理论和实证研究的发展，引起了国内学者的广泛关注。基于社会排斥概念被打上深深的国别特色烙印而具有不同内涵的事实，国内学者在研究的过程中，大多意识到社会排斥概念被移植到中国后本土化的必要性。因此，他们在研究的过程中并非一味地照抄照搬，而是对其进行中国化，具体而言就是一方面注重社会排斥概念和理论的本土化，另一方面注重运用本土化的社会排斥理论视角研究和解读中国转型加速期出现的若干社会问题，包括农民工群体的社会排斥问题，极大地推动了社会排斥理论研究和实证研究在中国社会的迅速发展。

1. 概念的本土化：植根于中国社会土壤中的社会排斥

国内学者从不同的角度对社会排斥概念加以界定。李景治、熊光清(2006)认为，社会排斥是指一定的社会成员或者社会群体在一定程度上被排斥在社会主流关系网络之外，不能获取正当的经济、政治、公共服务等资源的过程或者状态。王刚(2006)认为，社会排斥可界定为部分社会成员在社会转型过程中，由于社会体制和社会政策以及其他方面的原

① Rodgers，Gerry (1995). *What Is Special about a "Social Exclusion" Approach?* In Gerry Rodgers，Charles Gore and José B. Figueiredo (eds.)，Social Exclusion：Rhetoric，Reality，Responses. Geneva：International Institute for Labour Studies.

因,使其被排除在主流群体之外的一种系统性过程,其结果是这一部分群体丧失了参与主流社会的基本权利和社会机会,从而处于一种被孤立、被隔离的状态。文小勇、石颖(2005)认为,社会排斥是指由于社会公正失衡导致的个人、团体和地方由于国家,企业(市场)和利益团体等施动者的作用而被全部或部分排斥出经济活动、政治活动、家庭和社会关系系统、文化权利以及国家福利制度的过程。曾群、魏雁滨(2004)把社会排斥定义为个人、团体和地方由于国家,企业(市场)和利益集团等施动者的作用而全部或部分排斥出经济活动、政治活动、家庭和社会关系系统、文化权利以及国家福利制度的过程。石彤(2004)认为,社会排斥是指某些人、家庭或社群缺乏参与一些社会普遍认同的社会活动的机会,被边缘化或隔离的系统性过程。周林刚(2003)认为,社会排斥是指社会脆弱群体因为自身生理心理因素、社会政策及制度安排等原因而被推至社会结构的边缘地位的机制和过程。社会排斥是造成脆弱群体社会支持丧失的根源。杨团(2002)认为,社会排斥是由于劣势地位"导致某些排斥,这些排斥又导致更多的劣势和更大的社会排斥,并最终形成持久的多重(剥夺)劣势"的"一个动态过程",它导致社会纽带的断裂。唐钧(2002)通过作家毕淑敏介绍的一个游戏,生动地描述了社会排斥的形成过程。他认为,社会排斥是社会游戏规则造成的,而社会政策的目标就是要修订游戏规则,使之尽可能地惠及每一个社会成员,从而趋于更合理、更公平。李斌(2002)认为,社会排斥主要是指社会弱势群体如何在劳动力市场和社会保障体系中受到主流社会的排挤,而日益成为孤独无援的群体,以及这类群体如何通过社会的"再造"而积累和传递。

中国学者在研究中国社会中存在的社会排斥现象时,大多根据自己的理论偏好和研究需要对西方社会排斥概念进行了本土化探索,不断扩充着社会排斥的内涵,同时社会排斥概念的多样性凸显了社会排斥理论的强大张力,有助于用来解释和分析中国转型社会中遭遇的种种社会问题,包括农民工的社会排斥问题,以此作为概念工具和分析框架能够对各种社会问题进行深入的挖掘和剖析。因此,本书选取社会排斥作为概念工具和理论框架,挖掘中国转型加速期农民工遭遇社会排斥的原因。

2. 理论研究层面的本土化:社会排斥理论在中国社会情境中的发展

唐钧(2003)在《社会政策的基本目标:从克服贫困到消除社会排斥》一文中指出:"社会排斥是游戏规则造成的,而社会政策研究的目标就是要修订游戏规则,使之尽可能地惠及每一个社会成员,从而趋于更合理、更公平。所有的游戏规则都是一把双刃剑,它在使一部分人成为'赢者'的同时,使另一部分人成为'输者'。"社会弱势群体是市场经济游戏规则中的"输者",是被社会所排斥的对象,而社会政策研究在某种意义上就是要代表弱势群体的利益来参与修订游戏规则,使之趋于更合理、更公平。将社会排斥的产生归因于"游戏规则"(即社会制度)具有一定的合理性,然而这种界定只关注"游戏规则"对社会弱势群体的排斥,忽略了这一群体的反应对社会排斥的产生和延续所发挥的作用,因而是片面的。

(1) 从公民权理论出发探讨社会排斥发生的原因

刘继同(2003,转引自石彤,2004:60)认为,公民权理论为观察社会结构与社会政策关系、描述福利制度安排特征、分析福利制度价值基础、为解释民族国家的社会和政治发展提供了描述性和普遍性的综合政治概念框架。他认为改革开放以来所出现的政治、经济、社会以及文化排斥的成因既是公民权的表现形式和负面影响,又是民主政治不发达、市场经济不完善、社会结构不合理和传统价值观念盛行的基本成因,三者相互关联,形成恶性循环的社会怪圈。

(2) 对社会排斥的发生进行综合性归因(景晓芬,2004:23)

第一,个人归因的自我责任论。脆弱群体所遭受的社会排斥是他们自己的责任,是由于他们自身的行为和态度所造成的,甚至是由于他们不参与社会而形成的自我排斥。持自由主义立场的学者往往将社会排斥的源泉归咎于下层阶级本身,穷人之所以穷是由于其自身无能或懒惰的结果。第二,社会归因的社会结构生成论。社会排斥是由于社会结构的不平等所造成的。脆弱群体所面对的困境并非是他们自身不够努力、自暴自弃的结果，而是社会结构有意无意地将其排斥于正常的社会生活之外而导致的。在“垄断型”的排斥范式下，利益集团通过社会封闭将部分人排斥在利益之外。第三，制度归因的社会政策创造论。社会排斥往往发生于不同的社会政策层面，当社会政策系统化地拒绝向某些社会群体提供资源，使之不能完全参与社会生活时，就会导致社会排斥。第四，劳动过程创造论。当代社会科学技术的发展增加了经济部门内人际交往和信息交换，强化了员工的参与趋势，但是对不属于该群体的“场外人”又形成一种强烈的社会排斥趋势，劳动过程是导致社会两极分化的主要原因。第五，意识形态认可论。特定的社会群体取得相应的社会利益，这些现象被某些传统“道义”认为是公正的，个人的“所得”应该与个人的责任能力成正比，这就是所谓的道义排斥。它来源于传统的文化意识，又受现行法律和政府安排的影响。第六，社会流动反映论。社会流动可以指人们从劳动力市场“贫困”与“富裕”或“所得”与“不得”等社会类别的流进或流出。社会流动率越低，群体之间的社会排斥程度就越大。它提供了社会排斥的一个测量指标，使得对这一现象的量化研究成为可能。第七，权利贫困论。穷人不一定是由于个人能力不足而受到社会排斥，更多的情况是由于权利不足和机会缺乏而遭到社会排斥。

(3) 社会排斥造成的后果分析

社会排斥一旦发生就意味着对被排斥者某方面权利和资源的限制与剥夺，从而削弱了被排斥者在社会生活中的竞争力，引发各种不良后果。景晓芬(2004：23－24)认为社会排斥的后果是多元化的：导致贫困，这是社会排斥最直接的后果之一；不利于社会整合，社会排斥使得一部分社会成员在经济上、政治上、文化上都处于一种不利状态，削弱了他们对社会的认同感和凝聚力，甚至对主流社会的不认同、排斥；造成被排斥者巨大的社会焦虑和心理压力，使被排斥者往往有失去地位和尊严的感觉，承受生活和心理的双重压力；违背了社会公正原则。社会排斥导致被排斥者的权利和机会被剥夺，甚至其最基本的生存权和发展权都遭遇了剥夺，违背了社会公正的原则。社会排斥的后果不是单一的，而是多方面的，不仅涉及宏观社会层面产生的不良影响，而且会阻碍微观个体和群体的生存与发展。对中国转型期的农民工而言同样如此，农民工群体的弱势问题在很大程度上与其在福利三角框架内遭遇的社会排斥息息相关。

社会排斥概念的内涵以及理论的不断发散、丰富和发展，扩展了社会排斥的理论解释力和分析张力，能够成为分析中国转型加速期农民工群体社会排斥问题强而有力的理论工具。

3. 实证研究的本土化：本土化的社会排斥理论与社会现实问题的有机结合

改革开放以后，中国社会进入了转型加速期，社会结构随着政治、经济体制改革的不断深入而不断地变迁，各种社会利益集团不断地涌现、分化、组合，而且各集团之间因社会资源占有的差异而导致的矛盾与冲突呈现越演越烈之势。面对这样的社会现实，以探求促进社会良性运行与协调发展机制为己任的中国社会学者，纷纷从各自不同的视角出发，对转型期的中国社会进行研究，社会排斥便是其中一个独特的视角。学者们运用社会排斥理论来解释中国转型期出现的一些社会问题，如，失业、贫困、教育、就业、住房等。

香港城市大学的李剑明和黄洪（2001）研究员在《香港"边缘劳工"质性研究：困局、排斥与出路》一文中对导致香港部分劳工被边缘化的原因以及摆脱这种困境的出路进行了研究。他们认为，社会排斥是指一些持某种社会特征的群体，如，性别、族群身份、残疾、年龄等，因现行社会制度的不健全，使他们长期难以融入所居住和工作的社会。社会排斥是一个多元的概念。香港边缘劳工的出现并不单纯是一个贫穷问题，也是一个社会排斥现象。他们所面对的社会排斥——在经济、社会关系、心理、政治参与或文化上的长期贫乏——并不是由于个人的缺陷或不幸，而是结构性的、社会制度性的原因，这些匮乏并不能只靠在经济领域上做出补救解决。对边缘劳工的社会排斥导致他们所面对的社会资本的弱化，提议政府和社会运用以下三大策略来改善边缘劳工的生活和处境：一是改善立法及福利，保障边缘劳工；二是促进社会融合，减少社会排斥；三是重建社会资本，发展社区经济。

这两位研究员不仅对社会排斥概念进行了界定，而且对香港劳工社会排斥成因进行了深入分析，并提出了相应对策。但他们片面强调制度、结构的原因，忽略了劳工自身的原因。

石彤(2002)在《社会排斥：一个研究女性劣势群体的新的理论视角和分析框架》一文中，对西方社会排斥理论和实证研究进行了梳理。他运用社会排斥理论，分析了身处社会结构和利益格局巨大变迁中的劣势群体——国有企业下岗女工作为研究对象加以分析，提出了性别排斥概念，认为性别排斥是在中国社会转型期客观存在的社会事实。社会结构的日趋分化、社会资源的重新分配以及社会利益格局的重新调整，使国有企业下岗女工被边缘化为劣势群体。性别排斥是一个动态的系统与过程，在社会保障体制、劳动力市场、社会网络三重因素的运作过程中，国有企业女工逐渐沦为劣势群体。作者最后分析了下岗女工遭遇社会排斥的结果是使其物质资本、符号资本、社会资本降低以及社会排挤的再生产。

作者从社会排斥的理论出发，结合性别排斥，不仅动态地分析了下岗女工如何沦为劣势群体，而且静态地描述了遭遇性别和社会排斥的后果。但缺乏从中国的经济社会结构出发，挖掘下岗女工遭遇排斥更深层次的原因。

曾群(2006)在《青年失业与社会排斥风险——一项关于社会融合的社会政策研究》中运用扎根理论方法，通过对上海青年失业的社会性后果进行研究，聚焦的失业问题对于上海青年的社会融合有什么影响。

作者在文中指出了社会排斥的多维度性并在文献综述的基础上，根据“排斥于何处”，将个人层面的社会排斥分为五个维度(曾群，魏雁斌，2004：12－13)：经济排斥、政治排斥、社会关系排斥、文化排斥和福利制度排斥，并依据这五个维度梳理了相关的失业社会性后果研究。

通过对上海失业青年的实证研究，分析发现上海失业青年在获取国家福利、经济状况、消费、娱乐和时间安排、社会交往以及人生转型等方面面临社会排斥的风险。

作者运用社会排斥理论说明失业是青年在各个领域遭受排斥风险的重要原因，导致其在国家福利、经济状况等领域的劣势和不良社会性后果。不足之处在于对失业青年被排斥的路径和深层原因缺乏分析。

彭华民(2007)在《福利三角中的社会排斥——对中国城市新贫穷社群的一个实证研究》一书中，在对社会排斥和福利三角理论文献梳理的基础上，将社会排斥和福利三角作为理论分析路径，建构研究框架，以此解释城市新贫穷社群是如何被社会排斥的(见图 2-4)。

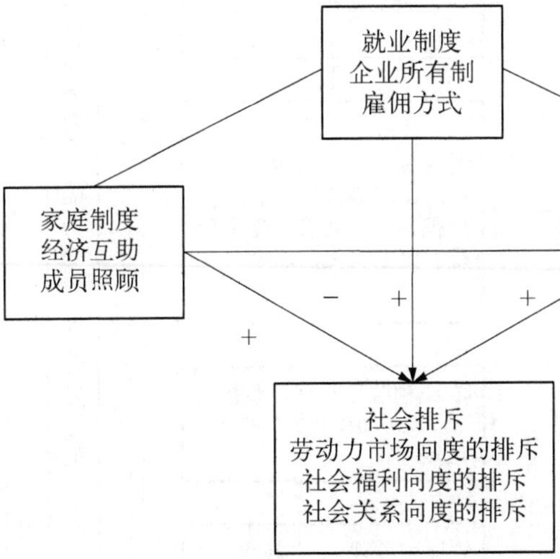

图 2-4　城市新社群与福利三角、社会排斥的研究框架

作者将社会排斥和福利三角理论相结合，用于分析城市新贫穷社群是如何被排斥的以及排斥的后果，具有创新性。但缺乏对城市新贫穷社群排斥的原因进行分析。

银平均(2007)在《社会排斥视角下的中国农村贫困》一文中，从社会排斥视角出发研究中国农村贫困，并提出社会排斥与农村贫困相互作用的因果模型及农村贫困再生产机制（见图 2-5）。作者首先指出中国农村在经济、政治、社会生活、福利制度和文化等五个维度上长期遭受着社会排斥，是农村贫困成为社会发展中久治不愈的深层次原因。社会排斥及其他因素的综合作用，形成了农村贫困再生产机制，使农村贫困处于恶性的代际传递与循环之中。

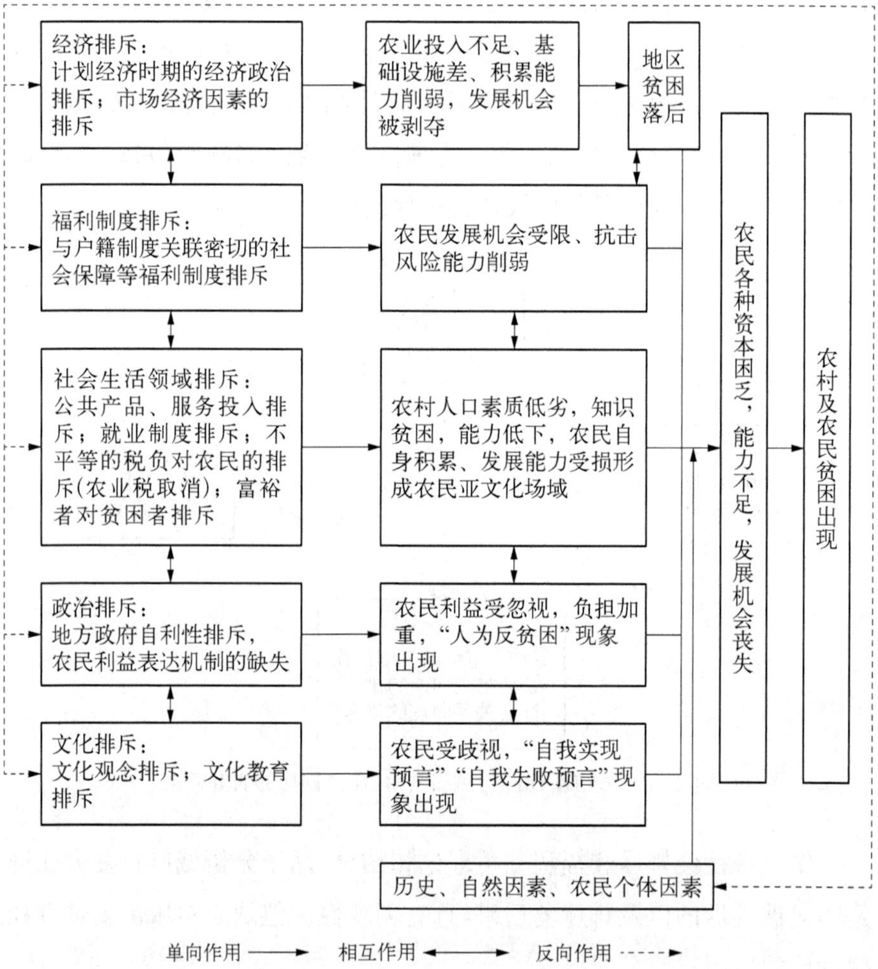

图 2-5　社会排斥与农村贫困相互作用的因果模型及农村贫困再生产机制

消除农村贫困的关键在于改革国内现行的社会经济政策和制定新的社会政策，消除社会排斥导致事实上的不平等，还农村一种公正和公平的环境，以促进社会融合，促进社会主义新农村建设及和谐社会建设。

作者从社会排斥视角出发，通过五个维度审视中国的农村贫困，指出社会排斥及其他因素的综合作用，形成了农村贫困再生产机制，并且构建了社会排斥与农村贫困相互作用的因果模型，具有创新性。但是社会排斥所引发的排斥远远不止这五个维度，如，心理排斥等。另外，对于社会排斥为何会在农村全面发生，作者并未深入挖掘，而这与中国特殊的二元经济社会结果息息相关。再者，将这五个维度简单并列，而未考察它们之间的内在关系等，使得分析停留在表面。

“工欲善其事，必先利其器”。消除贫困、关注弱势群体是社会政策的重要使命。从国内外对社会排斥理论和实证研究中可以看出，产生于西方经济社会转型期的社会排斥理论，被广泛用于研究全球化背景下出现的新贫穷、失业等问题，彰显了强大的理论解释力。随着中外学者对社会排斥研究的不断推进，对社会排斥概念和成因的认识正在不断走向深入。但以往的研究存在不同程度的片面性或贪大求全，从而导致分析难以深入，有的研究要么只关注理论的探讨，要么只局限于排斥事实的呈现；有的只关注社会排斥静态的一面，而忽视社会排斥的动态性；有的研究只关注排斥的内容，而未涉及排斥的原因；有的研究虽然对排斥的内容和原因都进行了分析，但却未对排斥原因的内在关系加以分析；有的研究流于片面，将研究的问题从所处的国家和社会的情境中抽离出来，就问题言问题。因此，目前的研究仍存在着不足之处，在此本书将以中国城市农民工群体作为研究对象，将农民工社会排斥问题嵌入中国社会转型期的二元经济社会结构中，以社会排斥理论为视角，在市场、国家和社会构成的福利三角分析框架内，结合社会学、经济学等相关理论，深入剖析农民工在城市社会何以遭受社会排斥，分析其遭受排斥的原因以及内在关系。

第二节　社会排斥与中国农民工问题的研究述评

农民工问题是中国社会转型过程中遭遇的重大社会问题之一，引起了学界的广泛关注和思考。学者们纷纷从不同角度对农民工遭遇的各种问题进行了剖析。有的学者从社会学的最新理论“社会互构论”出发，在社会转型的历史过程中从国家和家庭的互构共变关系，指出农民工外出打工的行为是二者互构的结果(郑杭生、潘鸿雁，2007)；有的学者通过实证研究，指出农民工无论是在经济上还是社会保障方面无法与城市居民相媲美，但却呈现出积极的社会态度，无论是安全感、公平感还是满意度等均高于城市工人，并剖析了经济地位和社会态度反差的原因，继而针对农民工提出了相关的政策建议(李培林、李炜，2007)；有的学者针对农民工市民化问题进行了研究，指出农民工市民化的必然性以及中国化的路径，然而在传统体制影响依然显著的城乡二元结构下，农民工市民化面临着认识偏见、政策排斥、制度抑制和农民工自身素质低下等多重障碍，指出推进农民工市民化需要分别从农民工的农村退出、城市进入和城市融合三个进程环节着手(刘传江，2006)；有的学者从社会关系网络的角度对农民工问题进行研究，指出农民工进城的过程，也是一个不断重新构建新的社会联系和社会关系网的过程。但是由于各种制度性障碍的存在以及由此而形成的对农民工的社会排斥，农民工群体为了在城市中站稳脚跟，不得不按照差序格局和工具理性的原则，构造一个具有“强关系”特征的具有很强封闭性的社会关系网络(李汉林，2003)；有的学者从“社会权利贫困”的角度剖析了导致农民工陷入弱势处境的原因，指出由于现行的各种法律法规没有充分地保障农民工理应享有的平等的公民权、各种明文规定保障农民工权利的法律法规难以得到有效实行、农民工作为弱势群体缺乏参与制订游戏规则的权利以及农民工自身人格尊严的严重缺乏，导致农民工处于社会权利贫困的不利地位（洪朝辉，2003）。与农民工相关的研究不胜枚举，学者们从各个方面对转型期中国农民工遭遇的各种问题进行了全面的分析，对本研究具有重大的启发意义。

进城农民工在城市中的生活步履维艰，常常伴随着贫困、疾病等意外状况的发生，他们散布在城市社会的边缘地带，与整个城市社会格格不入。这种生存状况已经引起了众多学者和政府的高度关注，纷纷将研究的目光聚焦于该群体，从不同的角度、不同的层面、不同的经历出发，以不同的眼光打量该群体另类的生活方式以及面临的困境，殊途同归达成一个共识，那就是农民工群体已成为我国转型社会中公认的弱势群体，在城市社会中遭受了各种不公的待遇。在对农民工贫困弱势问题的研究过程中，产生于西方的社会排斥理论逐渐被引进来，成为分析农民工群体的重要理论工具。有的从社会排斥的维度出发着眼于对农民工社会排斥的表现进行研究；有的研究农民工在城市社会中遭受社会排斥的原因，即社会排斥是如何发生的；有的着眼于研究农民工社会排斥导致的后果；有的针对农民工社会排斥的不良后果，着眼于消除社会排斥的对策研究。

在此，笔者将对农民工社会排斥研究的文献进行系统的梳理，并在此基础上寻找继续研究的出发点和创新点，推动农民工社会排斥研究不断发展。

一、排斥了什么：从社会排斥维度出发考察农民工被排斥的表现

学者们运用社会排斥的理论工具从不同角度展现了农民工在城市社会中被排斥的表现和状况。

李景治、熊光清（2006）将西方社会排斥的概念本土化，认为社会排斥是指一定的社会成员或者社会群体在一定程度上被排斥在社会主流关系网络之外，不能获取正当的经济、政治、公共服务等资源的过程或者

状态。根据这一概念，将社会排斥划分为以下几个层面：经济排斥、政治排斥、公共服务排斥、社会关系排斥等。从农民工的实际状况考察其在各个层面被排斥的表现：通过对农民工在城市的就业情况、收入状况、居住条件和消费水平的考察，指出农民工遭受的严重经济排斥；针对农民工在户籍所在地的政治系统中脱离，而在城市中又因户籍的缺失无法参与城市政治活动的事实，指出农民工遭受着政治排斥；农民工在子女教育、医疗卫生、社会福利等公共服务领域遭受了公共服务的排斥；由于社会身份、经济地位和传统体制等方面的原因，农民工被排斥在城市居民的社会关系网外，遭受了社会关系的排斥。

李芹(2007)根据社会排斥的定义以及排斥出何处这条线索，指出城市农民工阶层主要在经济、政治、文化、社会关系、社会保障五个方面受到城市社会的排斥：从农民工在城市社会劳动力市场和消费市场的排斥状况说明其遭受了经济排斥；农民工在城市社会的选举权和被选举权得不到切实保障，以及在城市缺乏参与影响其生活的决策与管理活动的机会，导致农民工的政治排斥；农民工从农村进入城市不仅是一个地理迁移的过程，而且是一个文化迁移的过程，是从传统农村文化进入现代城市文化的过程。在这种文化迁移的过程中，农民工难以保留原有的农村生活方式和价值观、遭受城市居民的偏见和歧视而面临文化排斥；农民工与城市居民之间存在网络隔离，他们与城市居民之间并没有很多的交往，根本无法建立起与城市居民相融合的生活圈子而遭受社会关系的排斥；国家和企业为城市居民和城市员工提供的各种社会保障，因农民工没有城市户口而被排斥在社会保障体系之外。

李迎生(2006)分析了农民工群体在城市遭遇的各种社会排斥，包括经济、政治、社会权利、文化等领域的社会排斥。经济排斥主要表现为就业受限制、工种差；政治排斥主要表现为政治组织中的缺位和政治活动中的缺席；社会权利的排斥主要表现为无法享受基本的社会保障权和教育权等；文化排斥主要表现为城市居民文化上的污名化和态度上的冷漠与歧视。

杨冬民、韦苇(2006)从社会排斥理论视角，对城市中不同类别的农民工面临的社会排斥现象进行了深入分析，进而探讨政府应采取的相应政策。他们依据农民工在城市的职业分布、生活状况及其在城市经济生活中的地位和作用不同，将其分为以下几种类别：第一类是在城市从事建筑业的农民工；第二类是在城市从事零工的自主就业的农民工；第三类是在外资、国有和民营企业从事制造业的农民工；第四类主要包括从事商业批发零售、餐饮、配送和家政等城市基础服务行业的工作的农民工，以及在政府机关和社会团体、房地产等行业从事各类业务的农民工。不同类别的农民工在城市面临社会排斥的种类不同，所处的环境和待遇也不尽相同。第一类主要面临社会关系排斥；第二类主要面临生活保障的排斥；第三类主要面临消极、限制性排斥；第四类主要面临不公平待遇排斥。

吴鲁平(2004)以社会排斥为框架，通过对43篇学术论文的梳理，总结出城市青年农民工的弱势表现：由于从事的工作技术含量低、声望低而遭到城市社会难以改变的偏见和歧视，如，人格歧视、权利保护歧视、职业歧视等；受到较大的经济排斥，就业状态堪忧，表现为行业集中、稳定性差、求职网络狭窄、工作时间长强度大、收入水平低；受到较大的社会排斥，民工合法权益受侵害的现象严重，与城市居民相比同工不同酬，缺乏必要的职业培训和安全等保障；受到较大的文化排斥，处于城市社会的文化边缘。

通过以上研究，笔者发现学者们大多仅从社会排斥的理论视角出发，通过考察农民工群体在经济、政治、文化等各个维度上全面展现农民工在城市社会中具体遭受的社会排斥的表现。但是缺乏动态的、深入的分析，缺乏对农民工各个维度社会排斥之间的关系进行深入分析，没有深究农民工社会排斥的内在形成机制。

二、何以被排斥：农民工在城市社会中被排斥的原因分析

1. 对农民工社会排斥的原因进行分析

申自玉(2006)在《农民工遭社会排斥的原因探析》一文中，对农民工为何会遭遇社会排斥的原因进行了深入分析。作者认为农民工之所以遭遇社会排斥，其表面和直接的原因是农民工自身受教育水平较低、技能素质普遍不高，在就业上缺乏平等的务工和用工平台。遭遇社会排斥的根本原因实际上主要是城乡二元结构的计划经济体制。

作者指出现有的户籍制度使农民工处于一种“不城不乡”的社会地位，使其在务工中难免被排斥，主要表现为：劳动力市场上的制度性或非制度性限制；合法的工作、居住、受教育等权益难以得到保护；难以享受恰当的社会保障与社会福利；脱离或部分脱离了在农村社区的社会关系网络，但又难以在城市建立新的社会关系网络，从而不能满足正常的社会心理需要，难以从社会关系网络中获得资源，缺乏融入城市社会的必要资本。

作者虽然意识到农民工在城市遭遇各种社会排斥的表面原因和根本原因，但分析不深透且原因剖析不够全面。实际上不单是二元社会结构，而且是在二元经济结构以及多种因素的共同作用下导致中国转型期农民工遭遇了各种社会排斥，如，政治维度、文化维度、社会关系维度等遭受排斥的具体原因未曾涉及。另外，农民工自身素质低下并不仅仅是因为其自身的原因，更多的还是社会原因所致。

也有学者在社会排斥视野下从农村富余劳动力转移的限制方式加以探讨。例如，谭桂娟、卫小将(2006)以社会排斥为概念工具，从市场排斥的角度分析了农村富余劳动力生成的原因，并从结构排斥、制度排斥和功能排斥的角度，分析了影响农村富余劳动力有效转移的制约性机制。周玉(2006)从制度排斥与再生产对农村社会流动的限制机制进行研究，利用中国社会科学院“当代中国社会结构变迁研究”课题组 2000

年在福建省福清市获得的抽样调查数据，通过计算流动表和回归模型等方法描述和分析了福清农村社会流动状况及其影响因素，并在此基础上对当前农村社会流动限制的形成与作用机制进行了深入探讨。通过对福清市的抽样资料的分析，与城镇社会相比，农村社会代际流动机会分布不均，农业劳动者代际继承性明显，农村社会地位实现受到制度性因素、先赋性因素的影响，同时在很大程度上受制于教育不足和低社会开放度，由此可见当前农村社会流动与地位实现中存在的障碍与问题。作者进一步对当前农村社会流动的限制机制作了进一步探讨，包括限制农村社会流动的制度排斥机制及作用路径、限制农村社会流动的再生产机制及作用路径，二者相互作用，共同制约农村社会流动，如图 2-6 所示。

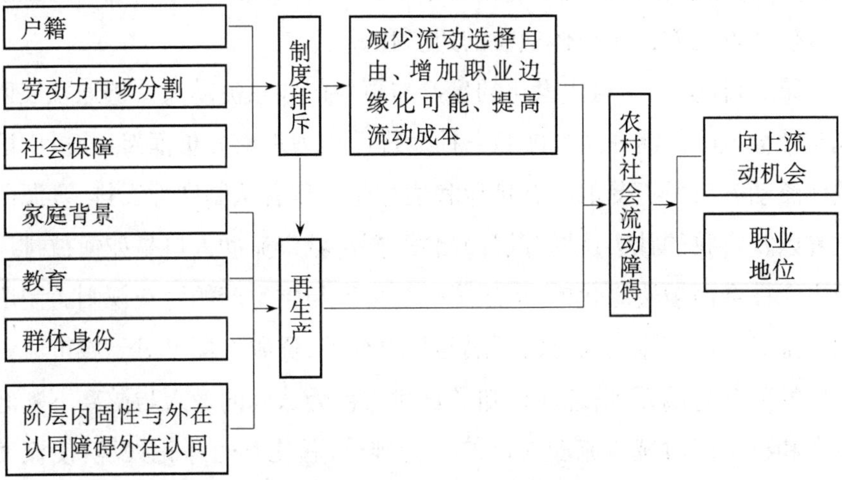

图 2-6　农村社会流动的限制机制及作用路径

2. 社会排斥导致农民工群体地位边缘化的研究

第一，社会排斥的路径分析以及排斥的累积与再生产导致农民工群体的边缘地位。江立华、胡杰成（2006）在《社会排斥与农民工地位的边缘化》一文中，首先阐明了农民工在城市遭受着经济、政治、文化等多维度的社会排斥，并指出这种社会排斥的运作机制是制度机制、群体机制、市场机制、农民工城市适应能力机制四种机制相互结合，相互交叉运作的结果。这四种机制的地位并不是等同的，其中制度机制处于核心地位，发挥着明显的主导作用，影响着其他机制的运作。面临社会排斥，农民工主要采取自我隔离和积极融入两种适应策略。社会排斥各维度的交叉和累积造成了农民工在城市边缘化地位的生产与再生产。社会应采取全面、系统的对策，逐步消除对农民工的社会排斥。

作者不仅分析了农民工在城市遭遇的经济、政治、文化、社会关系等维度的社会排斥，而且阐明了在中国社会排斥是通过什么机制运作的，即社会排斥的路径依赖与制度机制、群体机制、市场机制、农民工城市适应机制，这四种机制相互交织、相互作用于农民工使得社会排斥得以发生。不仅如此，作者还指出了社会排斥各维度内以及各维度之间的累积与再生产推动农民工群体地位的边缘化。

第二，社会排斥与边缘化的生产与再生产导致流动人口遭遇发展困境与社会风险。潘泽泉(2004)以社会排斥作为理论分析框架，分析中国城市流动人口所遭受的社会排斥和边缘化。作者从制度性安排、资源的配置以及自我的社会认同等层面出发，探讨城市流动人口是如何被排斥于主流社会而被边缘化的，形成了一个生产与再生产的游戏规则。制度性安排对于城市流动人口的区隔与另类标签、资源性配置对于城市流动人口的藩篱与偏颇、情感性认知及自我与社会认同的融入与游离不断地生产和再生产对城市流动人口的社会排斥，恶化其边缘化处境，使流动人口处于一种被抛弃、被隔离和边缘化的情感状态。这对本书研究农民工在转型期如何遭受社会排斥以及排斥的后果具有重要启发。

3. 社会排斥导致农民工权利缺失的分析

王刚(2006)在《社会排斥与农民工社会权利的缺失》一文中指出，在我国由于制度性排斥导致了农民工群体社会权利的缺失，集中表现为经济排斥与农民工社会权利的缺失和社会保障制度排斥与农民工社会权利的缺失。最后提出了消除社会排斥，保障农民工的社会权利的相应对策，如，改革户籍制度实现社会公正、改革就业制度、建立保障和维权体系、增强法律意识。

作者针对农民工在城市生活中社会权利缺失的现象，分析指出农民工社会权利缺失的主要的、深层的原因不是因为他们社会地位低下、自身素质不高、社会法制不健全等，而是制度性排斥作用的结果，准确地抓住了问题的主要症结。中国农民工社会权利的缺失主要与二元社会结构下所形成的各种不平等的制度密切相关。最后作者对症下药提出了相应的解决之策。

目前学术界虽然对农民工社会排斥的研究颇多，但这些研究以停留在表面静态的描述居多、动态的解释较少；理论层面的分析居多，实证研究较少。社会排斥作为社会政策学科中的强大理论分析工具运用于中国农民工问题的研究，将研究推向深入，不仅可以避免以往研究或是注重于从宏观层面进行概括性地论述，或是从中观层面注重对某一种特征进行分析与研究，或是从微观层面进行个案研究的割裂状态，而且可以将宏观、中观、微观以及动态与静态研究相结合，对农民工社会排斥进行全面、深入地剖析。

农民工社会排斥仍然是静态描述多，原因剖析少。对社会排斥的分析大多仅是孤立地研究各个维度遭遇的社会排斥，将各个维度不加区分地简单并列，而没有探讨它们之间的内在关系。

本书首先将农民工社会排斥问题嵌入二元经济社会结构的宏观背景中加以分析，从社会排斥理论视角出发，探讨农民工在市场、国家和社会各个场域中遭受社会排斥的具体原因，进而对原因之间的内在关系进行剖析，形成了福利三角框架中农民工社会排斥的形成机制模型。

第三章　研究设计

第一节　核心概念的界定

一、城市农民工

农民工是中国社会转型加速期出现的特殊群体，规模庞大，一经出现，引起了社会各界的广泛关注。学者们从不同角度剖析该群体所面临的生存状况、流动状况、社会地位、社会排斥等问题，从而对该群体加以界定。

1. 明确方向：概念界定的角度选择

对于农民工群体常常使用的概念有城市外来人口、城市流动人口、城市农业外来人口、城市非农业外来人口、城市农民工等（李强，2004：16）。

如果着眼于流动性对农民工加以界定，那么城市外来人口与城市流动人口属于同一层次的概念，区别在于城市流动人口强调流动性，甚至可以把过路的人口也计算在内，而城市外来人口则要规定在此地居住的时间。

如果着眼于农民工的来源地，那么城市外来人口分为来自农村的城市农业外来人口和来自城市的外来人口。

在此，本书主要从职业和身份角度来界定城市农民工，是指户籍身份仍在农村，而在城市从事非农产业的城市农业外来人口。

2. 由此及彼：全面考察，重构概念

农民工已成为社会各界熟知的特殊群体。学术界对农民工概念的界定大同小异，其中较有代表性的概念有以下四种。

(1) 农民工：职业和户籍身份被割裂的群体

国务院研究室课题组在《中国农民工研究报告》中将农民工界定为户籍身份仍是农民，有承包的土地，但主要从事非农产业、以工资收入为主要收入来源的人员。狭义的农民工一般指跨地区外出进城务工人员；广义的农民工既包括跨地区外出进城务工人员，也包括在县域内二、三产业就业的农村劳动力(国务院研究室课题组，2006：1)。

一般而言，农民工指的是从农村进入城镇从事非农职业，但户籍身份依然是农民的劳动者。农民工之所以被如此称呼，是由其特殊的社会身份和社会地位决定的，这种特殊性表现在以下三方面：一是户籍身份，即农民工虽然进城务工，但其身份归属依旧是农民，大部分城里人仍然把他们视为农民对待；二是职业身份，农民工主要从事的是一些非正式的职业或边缘职业，如，建筑业、采矿业、服务业以及个体经营或自谋的职业，从事的是城里人不愿意干的或没人干的职业；三是社会保障身份，当农民工在城镇就业、生活遭遇风险与困难时，没有相应的社会保障体系为他们提供援助和保护，只有靠自己。因此农民工被定位为游离于城镇之外的边缘群体和弱势群体(刘畅，2003：4)。

(2) 农民工：流动性强的群体

李培林认为，“流动民工”的流动具有三重含义：一是在地域上从农村向城市、从欠发达地区向较发达地区的流动；二是在职业上从农业向工商业等非农产业的流动；三是在阶层上从低收入农业劳动者阶层向其他收入较高的职业阶层流动(李培林，1996：44)。

(3) 农民工：在城市中无法充分享受国民待遇的群体

农民工群体是中国现代化过程中特有的现象，他们从职业上来看已不是农民，但身份上依然是农民，因而在城市中无法享受到与城市居民同等的国民待遇（张家伶，2005：39）。

城市农民工特指那些在城镇务工，而身份却为农村户口的劳动者，他们处于城市和农村的边缘状态，职业和生活缺乏制度化的保障，不能享受城市居民的同等待遇，有的甚至失去他们在农村赖以生存的土地，而在城市又没有取得合法的生存地位，却不断地受到来自社会称谓、就业、身份、教育等方方面面的歧视，正当的合法权益受到侵害，生存状况令人担忧（蒋成凤、李德，2006：109）。

(4) 农民工：具有多重与众不同特质的群体

陆学艺从职业、制度身份、劳动关系和地域四个层面将农民工界定为“拥有农业户口、被人雇用去从事非农活动的农村人口”(陆学艺，2004：307)。

站在不同的角度对农民工进行界定，体现出该群体多种与众不同的特质，使其在社会生活中异常突出。农民工作为本书聚集的研究对象，笔者在综合考察学界对农民工群体多种界定的基础上，由此及彼，重构适合本研究的农民工概念，指出所谓农民工是指从农村流入城市，从事以工资收入为主的非农职业，而农民的户籍身份尚未改变，在城市中因遭受排斥而无法享受到与城市居民同等国民待遇的进城务工人员。

二、社会排斥

通过对社会排斥概念的文献梳理，可以看出国内外学术界尚未对其内涵达成统一的共识。不同时代、不同国家、不同学者从各自所处的时代特征，基本国情，独特视角出发对社会排斥的概念和内涵加以界定，体现了社会排斥的动态性。

基于本书锁定研究的农民工社会排斥问题是在中国经济社会转型加速期这一特殊情境下产生的特殊问题，具有中国特色，故而不能生搬硬套西方原汁原味的社会排斥概念，应致力于实现概念的本土化。笔者在全面梳理社会排斥概念内涵的基础上，结合中国的国情和所研究问题的特殊性，对社会排斥这一核心概念重新加以界定，指出：所谓社会排斥，主要指个人、家庭、群体等因制度和非制度等原因在市场，国家和社会等场域中遭受到经济、政治、福利、文化等维度的歧视，无法获取正当的资源而被边缘化为弱势群体的状态和过程。所谓农民工的社会排斥，则是指农民工群体因制度和非制度等原因在市场、国家和社会等场域中遭受经济、政治、福利、文化等维度的歧视，无法获取正当的资源而被边缘化为弱势群体的状态和过程。

社会排斥概念具有以下三个特征。第一，多维性。包括经济、政治、福利制度、文化、关系、心理等层面的排斥。第二，交互性。社会排斥各因素间具有交互联动效应。经济、政治、福利等制度性因素与社会关系的非制度因素间存在交互联动效应，所引发的排斥不仅是外在的，而且是情感和心理的。第三，动态性。社会排斥不仅具有静态性，而且还是一个动态的过程，随着经济社会的发展，制度与非制度等因素相互碰撞和变迁将会减弱或加强群体受排斥的程度。

第二节 研究方法

本书采取以定性研究为主、定量研究为辅，通过定性研究与定量研究双管齐下的方式，从定性研究和定量研究两方面对中国社会转型期的农民工群体在市场、国家和社会的福利三角框架内遭受社会排斥的原因进行深入研究。

定性研究即“质的研究”“质性研究”，主要强调研究者深入社会现象中，通过“情境化”和“主体化”的亲身体验来理解研究对象所遭遇的问题。定性研究的优点在于可以使研究者获得第一手资料，深入实际了解农民工群体自身对其遭受社会排斥问题的解释逻辑和行动逻辑，从而针对农民工的现实需求谋划解决策略。在研究过程中，笔者深入到农民工的生活场域中，通过文献法、访谈法和观察法等多种方式收集了大量的个案资料，尽可能全面探究农民工群体在福利三角框架中遭受排斥的原因，并且通过定性研究所获得的感性资料对抽象的理论进行概念的操作化并加以论证。

一、文献法

所谓文献法，是指通过广泛的查阅和分析到目前为止古今中外各种主体对某一研究问题进行的相关研究，包括数据、文字、图片等，了解该问题目前的研究状态，选取能充分论证研究问题的有力论据来支撑研究者论点的方法。

农民工群体是中国社会转型期出现的非常令人瞩目的群体，政府和学界对其面临的各种问题进行了大量的研究，其中涉及农民工的生存状态、流动问题、贫困问题、就业问题、社会适应问题、犯罪问题等，这使笔者能够通过广泛阅览获得大量翔实的文献资料，包括政府的统计数据和相关政策、媒体报道以及学者的研究成果等。首先，通过对大量文献的阅读和研究，能够使笔者从宏观上整体性地把握国内外有关农民工群体目前的研究状况以及前沿性问题；其次，就微观层面而言，可以了解目前城市中农民工的基本情况，如数量、性别分布、教育程度、就业状况等，也可以了解目前农民工在城市中面临的各种困难；再次，更为重要的是，可以通过获取一些权威性的统计数据、理论论据等对本研究提供有力的证据支持，以证明或证伪研究的论点。

二、深度访谈法

文献法虽然使我们能够通过间接的方式事先了解农民工群体在城市中生活和工作等各方面的状况和遭遇，但究竟什么才是农民工自身在城市工作和生活中的真实感受呢？他们的期望和需求是什么？他们自身对社会排斥有何认知以及会采取何种行动策略？这些资料和信息的获取就需要研究者深入农民工群体中仔细去挖掘。因此在本研究中，笔者采用深度访谈法直接与农民工进行双向交流和沟通，来获取研究所需的第一手资料。

所谓深度访谈，是指与结构访谈相反并不依据事先设计的问卷和固定程序，而是只有一个访谈的主题或范围，由访谈者与被访者围绕这个主题或范围进行比较自由的交谈，通过深入细致的访谈，获得丰富生动的定性资料并通过研究者主观的、洞察性的分析，从中归纳和概括出某种结论（风笑天，2005：263）。

笔者通过与农民工访谈对象进行充分的深入访谈，获得大量的第一手资料。在访谈中既注重对研究的重点内容进行了解，也注重对被访谈者的理解。以“主体间性”的方式，深入到研究对象的生活情境中，通过换位思考的投入式理解，挖掘农民工群体对其生活和工作的感受，如，他们是否感到被歧视、被排斥；表现在哪里、原因何在、后果怎样等，从而获取第一手资料来审视农民工群体在城市中被排斥的状况以及被访者对排斥问题的认知。另外，农民工遭遇的各项社会排斥除了来自制度和政策外，更直接的体验来自日常生活中与城市居民的接触和碰撞，城市居民对农民工的认知和态度等，也影响着农民工是否遭受来自城市居民的各种歧视和排斥。因此，本书的访谈对象包括两大类，即农民工及与农民工有接触的城市居民。

（1）农民工个案的选取和访谈实施

农民工访谈对象的选取方法。考虑到农民工群体的复杂性、流动性、多样性以及经费等问题，笔者主要从北京市朝阳区和海淀区通过“滚雪球”的方式筛选访谈对象。

访谈的具体操作。笔者首先随机选取了5个个案进行试访谈，根据获取的访谈资料修正和完善访谈提纲；然后采用目的抽样的方法，选取异质性强（不同性别、不同年龄、不同教育程度、不同职业等）的若干个案,根据修改后的访谈提纲对其进行深度访谈,获取与个案研究问题相关的大量访谈资料;最后,在保证访谈资料真实性的前提下,整理访谈资料。通过深度访谈获取农民工群体的相关资料,用以支持或证伪文章所提出的观点。具体选取被访对象的方法是根据农民工主要从事的不同劳动行业(包括建筑业、服务业、餐饮业等),通过“滚雪球”的非概率抽样,选取了20个较为典型的个案进行深入访谈,获得大量的第一手资料,全面、深入地了解农民工群体在城市生活中的真实样貌,尤其是与排斥相关的生活经验和感受。

访谈内容的设计主要围绕本书着力研究的问题来展开,对20位农民工的访谈内容,主要涉及是否感觉到社会排斥的存在、排斥的来源与原因、排斥的途径和方式、排斥的影响等方面。

20位农民工个案的基本情况。性别分布: 男性和女性各10位;年龄跨度: 20～60岁;职业分布: 建筑工人、酒店服务员、装修工、收银员等;文化程度: 文盲或半文盲、小学、初中、高中、中专、大专,以初中为重数;入城年限不等。

访谈资料的运用。在研究中,通过理论的分析和访谈资料的交互运用,理论和实证相比较不断地进行理论与实证的对话,相互印证或质疑,从而将问题的研究引向深入。

(2) 城市居民的个案选取和访谈实施

农民工进入城市后与城市居民生活在同一空间,不断地发生着互动和碰撞,而城市居民作为城市的东道主,对农民工的态度和行为直接影响着农民工对城市的态度和感受。除了相关制度和政策等对农民工进行排斥外,城市居民是不是排斥的主体之一呢? 他们对农民工的态度是排斥还是接纳、否定还是认同、拒斥还是欢迎等,都将深深地影响着这群远道而来的农民工,决定着他们是否认为自身被城市社会所排斥。因此笔者在朝阳区和海淀区的城乡接合部,遵循饱和原则,采取目的抽样的方式,选取了10位与农民工群体曾发生过互动的城市居民进行深入访谈。这10个个案的基本情况是：性别分布男性和女性各5人；年龄跨度20岁～60岁；职业包括公司职员、社区工作者、教师、公务员等；文化程度涉及初中、高中、大专、本科等。通过对这10位城市居民的深入访谈以了解他们对农民工的态度和行为等，从而通过对访谈资料的剖析来了解城市居民对农民工是否存有歧视和偏见、是否排斥这一群体。当农民工和市民在同一个城市场域中遭遇时，他们之间是否能够形成良性互动和相互融合都将影响着农民工是否存在受排斥的感受和认知。

三、参与观察法

参与观察法主要是相对于局外观察或非参与观察而言的，其区别在于观察中研究者所处的位置或采取的角色不同。所谓参与观察法，主要是指研究者深入到所研究对象的生活背景中，在实际参与研究对象日常社会生活的过程中所进行的观察。这种方法可以尽力避免研究者将自己的看法和观点强加于他试图理解的研究对象，避免先入之见。

运用参与观察法，笔者深入到农民工群体密集度较高的居住地、工作场所等实地环境中，通过观察他们从事的职业、生活方式、互动方式等，获取更为直观的第一手资料并对资料进行整理分析。根据访谈资料判断农民工群体是否在城市社会中遭受了排斥，他们是否认为被排斥以及他们对排斥的态度和应对方式如何。通过身临其境的观察来了解笔者所设想的农民工遭遇排斥的状态和态度是否与农民工自身的看法一致，在此基础上探究农民工群体如何在城市的现实生活中遭受排斥、排斥的内在形成机制是什么等一系列问题。

四、定量研究

本书主要以相关统计年鉴及其他研究者调查所得的数据为基础进行定量分析，从而使研究的结果更加直观、醒目；同时可以防止定性研究中因主体介入太多而无意中对研究结果进行自我理解和自我解释，从而导致研究结果失去客观性、正确性、真实性。另外，还可以通过定量研究的客观结果来检验定性研究所归纳的理论假设正确与否。在本研究中，笔者通过搜集和分析现有的调查数据，详细了解农民工群体在城市生活和工作的状况，验证其是否在城市社会各个场域中遭受歧视和排斥，进一步论证定性研究得出的结果。

第三节　分析框架和基本结构

一、分析框架

本书主要把社会排斥理论作为分析工具，在福利三角框架下考察嵌入于二元经济社会结构背景中的农民工群体在国家、市场和社会构成的三角内因何遭受社会排斥；通过分析导致农民工社会排斥的各种原因之间的内在关系来建构福利三角框架中农民工社会排斥的形成机制（见图 3－1）。

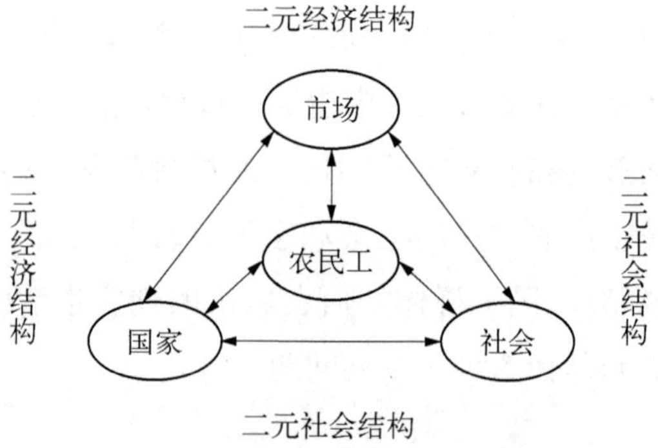

图 3－1　嵌入在二元经济社会结构中农民工社会排斥分析框架示意

在研究中，笔者首先引入了嵌入性视角，将农民工社会排斥问题嵌入在中国特殊的二元经济社会结构的情境中加以分析，探讨农民工群体遭受社会排斥的历史和现实原因，指出农民工群体是我国计划经济时期城乡分割的二元经济发展战略及户籍等制度实施和运行的结果。现实原因主要是随着城市化、工业化的迅速发展以及城乡协调发展战略方针的实施，市场经济条件下生产要素等由行政命令式的配置变为由市场自由配置，劳动力得以在城乡之间自由流动，但由于制度变迁的滞后性，尤其是户籍制度，使得农村居民虽然能够自由地进城务工实现职业角色的转换，但户籍制度规定的农村居民的社会身份却难以及时改变，加之我国城市中的社会保障、就业和教育等权利的享有与户籍制度紧密挂钩，致使农民工群体在城市社会生活中陷入窘迫境地。另外，计划经济以来的"重工轻农"政策，使城市居民在心理上形成了天然的优越感，对农村居民存在程度不同的歧视和偏见。

经济基础决定上层建筑。城乡二元经济发展战略是农民工群体在市场经济条件下遭受种种排斥的动力源。在二元经济结构的基础上，国家通过行政命令的方式建构了一系列城乡分割的二元社会制度，强化了农村和城市之间的二元对立状态，使农民工群体在遭受经济排斥的同时，还遭受了其他领域的各种排斥。

接着笔者通过市场、国家、社会福利三角框架的建构，分别审视了农民工群体在该三角框架的各个场域中遭受社会排斥的原因。在市场一角，笔者主要考察了农民工群体因二元劳动力市场及二元就业政策等原因在市场场域中遭受社会排斥而陷入弱势处境的问题。在国家一角，主要考察了农民工群体在政治维度和社会保障维度上遭遇社会排斥的原因：在政治维度和社会保障维度上，农民工群体之所以遭受社会排斥，是因为建立在城乡二元区隔户籍制度基础上的城乡二元分治政策和城乡二元社会保障制度，使农民工群体在政治生活领域和社会保障领域处于明显的弱势地位。在社会一角，主要考察农民工群体在文化、社会关系、社会组织等维度上遭遇的各种社会排斥。文化排斥指标化为对农民工群体的污名化及城市主流文化的排斥；社会关系维度的排斥指标化为城乡居民社会关系网难以建立以及农民工社会关系网的内卷化，社会关系的内倾性以及形成的具体原因；社会组织排斥主要指标化为社区组织、民间组织对农民工的社会支持严重不足或完全缺失。

通过对市场、国家、社会福利三角框架内农民工群体遭受社会排斥原因的具体分析，进一步探究了各种原因之间的关系。首先，二元经济社会结构和社会转型因素是农民工遭受社会排斥陷入弱势处境的宏观背景；其次，在此背景下着重对城乡区隔的二元户籍制度、二元社会管理制度、二元就业制度、二元社会保障等制度原因造成农民工的社会排斥进行了分析，其中二元户籍制度是基础性原因，其他原因属于具体原因；最后，从文化维度、社会关系维度以及社会组织维度对造成农民工社会排斥的非制度性原因进行分析。制度与非制度因素以及制度与非制度之间通过横向传递和纵向累积共同作用于农民工群体，最终形塑为福利三角框架中农民工群体社会排斥的形成机制。

最后，笔者对本书的研究结论进行了总结，进而从制度与非制度变迁的角度说明农民工社会排斥能够被消除，但需要经历一个长期的过程，根据社会政策具有消除社会排斥的功能，从社会政策出发通过赋权等融入机制的建立使农民工群体充分享有生存权和发展权，增强在城市社会中的竞争力，逐渐摆脱被排斥的状态，最终融入城市社会。在本书的最后，笔者着重点出了本研究的不足之处和缺憾所在。

二、基本结构

第一章　导论。在导论部分概要地介绍本研究的选题依据，界定研究对象，提出研究问题和理论假设，框定研究的主要理论视角，阐明了研究的理论意义和实践意义，最后总结了本研究的创新之处。

第二章　文献综述。围绕导论部分提出了研究问题和核心假设，梳理了国内外社会排斥理论与实证研究的现状、农民工群体的研究状况以及从社会排斥理论出发对农民工群体的研究状况并加以述评；总结了现有研究的缺陷和不足，以此作为出发点将研究不断推向深入。

第三章　研究设计。在文献综述的基础上，对本研究涉及的基本概念加以界定，针对研究问题规划论文的研究方法，包括文献法、深度访谈法、参与观察法等，进而从整体上提出本研究的分析框架和基本结构。

第四章　嵌入性：社会排斥与二元经济社会结构。在该章，笔者着重研究了二元经济社会结构与农民工群体在城市社会中遭遇排斥之间的关系。农民工群体在中国社会转型期所遭遇的各种社会问题，包括在城市社会遭遇的各种社会排斥和不公待遇，有着深刻的历史和现实原因。农民工这一特殊群体的产生与我国长期实行城乡分割的二元经济发展战略以及严格的限制农村剩余劳动力自由流动的户籍制度息息相关。随着社会主义市场经济体制的深入变革和发展，进城打工的预期收入比农村高得多，在经济利益的刺激下，加之国家不再严格限制农村劳动力的自由流动致使农村剩余劳动力纷纷涌入城市寻求生存和发展的机会。户籍制度对城乡居民身份的严格划分造就了农民工在城市亦工亦农、非工非农的尴尬角色和身份。因此在该章中，笔者从西方二元经济理论出发深入研究了中国二元经济结构的演变过程、形成原因、二元经济结构的独特特征。二元经济和社会结构的相互强化和相互作用使农民工群体在城市社会的市场、国家和社会的福利三角框架中遭受了各种各样的排斥，成为转型期城市社会中庞大的弱势群体。

第五章对农民工群体在市场场域中遭受社会排斥的原因进行深入研究，主要揭示了二元劳动力市场、二元就业政策等原因导致农民工群体在市场场域中遭受各种社会排斥，主要表现为在劳动力市场中的就业排斥、收入排斥、住房排斥等。

第六章对农民工群体在国家场域中遭受社会排斥的原因进行了深入研究，分别研究了国家场域中农民工群体遭遇政治排斥和社会保障排斥的原因：就政治领域而言，主要因为二元户籍制度和建立在户籍制度基础上的城乡二元分治政策、二元政治参与政策使农民工群体遭受政治排斥，主要表现为在各种政治组织和维权组织中的缺位、政治活动中的缺席以及决策领域中的失语；就社会保障而言，主要因为二元户籍制度以及以此为基础建立的城乡二元分配制度、城乡二元社会保障制度的作用将农民工排斥在城市社会保障体系之外，集中表现为养老、医疗、失业、工伤保险的缺失或不足，使农民工群体在城市社会中面临巨大的风险。

第七章对农民工群体在社会场域中遭受社会排斥的原因进行了研究，主要分析了农民工群体在文化、社会关系以及社会组织三个维度上遭受社会排斥的原因。在文化领域，由于中国社会城乡二元经济社会结构的长期存在，造就了城乡差别较大的二元文化形态：农村的传统文化和城市的现代文化。两种异质文化在城市社会这一共同的场域中发生猛烈的碰撞，城市主流文化占有明显的优势并对农村亚文化进行猛烈的排斥，导致亚文化的主要承载者——农民工在城市社会中遭受严重的文化排斥而陷入弱势处境，主要表现为对农民工的污名化和“妖魔化”方面。就社会关系而言，主要因为城市居民的歧视和偏见、被剥夺感以及农民工的自卑认命等原因使农民工遭受社会关系的排斥，主要表现在乡村社会关系的断裂、在城市社会关系网中的孤立、以及在城市中社会关系网的内卷化等方面。社会组织方面的排斥主要因为城市社会对农民工“经济接纳、社会拒斥”，在整个城市社会中形成的对农民工群体的不重视或忽视导致农民工群体在社会组织层面遭受社会排斥，如，社区组织对农民工社区居民身份的不认同以及民间组织长期以来形成的支持惯习等导致农民工被社会组织所排斥。

第八章建构了福利三角框架中农民工社会排斥的形成机制模型。从制度与非制度层面对农民工在福利三角框架中遭受社会排斥的各种原因进行了划分。首先通过对制度性原因之间内在关系的分析，建构了农民工社会排斥的制度性因素模型；其次对非制度性原因之间内在关系的分析，建构了农民工社会排斥的非制度性因素模型；然后通过对制度性因素与非制度性因素之间的关系进行分析，建构了农民工社会排斥制度与非制度性因素相互作用的机制模型；最后考察了在二元经济社会结构及社会转型背景下，制度与非制度因素的变迁对农民工社会排斥的影响。

第九章是总结与讨论。在这部分，笔者首先对研究的结论进行了总结和概括，然后针对农民工社会排斥的原因从社会政策角度出发提出了相应的解决之策，尝试帮助农民工消除社会排斥，摆脱弱势处境，融合城市社会。最后笔者客观交代了本书研究的缺憾和不足之处。

第四章　嵌入性：社会排斥与二元经济社会结构

转型加速期中国农民工遭遇社会排斥并非空穴来风，而是有着深刻的历史和现实原因，不能孤立地从横断面上加以研究，而应该从历时性和共时性出发，将其嵌入到宏大的社会历史结构中去把握和研究。因此，在本章中，笔者将从中国经济社会结构的变迁来审视农民工在城市社会中遭受的多重歧视和排斥。中国的二元经济结构和二元社会结构相互影响、相互建构，强化着中国社会城乡分割的二元状态，而农民工就是城乡二元分割体制下衍生出来的特殊群体，他们既无法等同于传统意义上的农民，也无法挤入城市，成为真正的城市居民，而是成为城乡夹缝中尴尬的一群，在二元经济和社会结构体制下似乎显得不伦不类，备受二元经济社会结构的排斥和挤压。但正是这样一个特殊群体的存在和抗争，不断冲击着中国传统的、坚不可摧的城乡二元分割制度，他们将成为解构城乡二元经济社会结构、实现城乡统筹和城乡融合的先锋力量。

第一节 二元经济结构的理论渊源

一、二元经济结构的内涵

经济学家发现，发展中国家的经济结构大多呈现二元性特征，即现代城市部门与传统的乡村农业部门并存。二元经济这一术语最初是伯克在对印度尼西亚经济社会发展的研究中提出来的，沿此思路刘易斯提出了著名的二元经济模型，自此二元经济理论被经济学家不断得以发展、修正和完善。

刘易斯在《劳动无限供给条件下的经济发展》中将一国经济划分为两个部门：一是按照现代方式组织并使用先进技术进行生产的“资本主义部门”或“现代部门”；二是以传统方式组织并使用落后技术进行生产的“维持生计部门”或“传统部门”。刘易斯认为，虽然“资本主义部门”或“现代部门”主要表现为工业部门，“维持生计部门”或“传统部门”主要表现为农业部门，但不能简单地画等号，因为现代化的农业也是现代部门的组成部分，落后的工业生产也不能简单归入现代部门。但他在构建二元经济理论模型的时候，却有意无意地以“工业部门”和“农业部门”来划分，并深刻影响了“费景汉—拉尼斯模型”以及国内许多学者。显然“工业部门”和“农业部门”的简单划分使得区分二元经济的标志，从各部门所具有的组织方式和技术水平等方面的差异，转变为生产要素产业间的流动。工业和农业分别被一股脑儿地完全归入现代部门和传统部门，这种差别在中国这样的发展中国家表现得尤为突出，在我国二元经济主要指的就是工业和农业的二元分割，无形中对农业的地位有所贬低，使得来源于从事农业劳动的农民工成为传统的、落后的代表而被从事工业的城市居民所歧视和排斥。

二元经济本身特有的内涵表现为从传统经济向现代经济过渡的阶

段性。从世界经济发展史可以看出，一个国家，尤其是发展中国家早期的经济发展不是一元的，而是二元的。二元经济结构伴随于一国经济发展的过程之中，这种二元经济结构往往与一国经济发展初期所实施的经济发展战略、人口迁移政策以及经济起步的初始条件等密切相关，具有一定的历史必然性。但经济的二元特征将随着国民经济现代化的实现而消失，逐渐从二元趋于一元，具有阶段性和过程性。

二元经济或二元经济结构主要是指发展中国家在实现产业结构转化和工业化过程中，同时存在的按照现代生产方式组织，并使用先进技术进行生产的现代部门和以传统方式组织，并使用落后技术进行生产的传统部门，两部门之间由于生产函数与劳动生产率的差异，导致部门之间经济发展不平衡而出现两极分化的现象。

中国作为发展中大国，随着城市化、工业化的加速发展，市场经济体系的逐渐发育和成熟，多种因素作用的结果造就了中国经济的二元化特征。现阶段中国社会既存在传统落后的农业部门，也存在日趋现代化的非农业部门的二元结构，还存在城市与农村区域经济发展不平衡的二元结构。加之无论从技术或生产率的差异还是组织制度差异来看，中国社会经济的二元特征都非常明显。综合看来，中国作为发展中国家，经济的二元化特征非常明显且颇为复杂。

二、国内外二元经济理论的研究

1. 国外二元经济理论研究与述评

二元经济结构理论是发展经济学的理论基石，是经济学家针对发展中国家的经济特点而提出的理论。它通过对发展中国家经济结构二元特征的分析，指出发展中国家经济发展过程中遇到的各种障碍和限制。因此通过对二元经济结构理论的研究，有助于我们从中汲取一定的经验教训，推动经济的迅速发展。国外学者对二元经济理论做了深入的研究，从中可以给我们颇多启迪。

(1) 古典二元经济理论

在亚当·斯密看来，由于农业不能采取完全的分工制度，使得农业劳动生产力的提高总是慢于制造业劳动生产力的提高。这是二元经济思想的最初萌芽。刘易斯则是较早系统论述发展中国家二元经济的代表人物，他在1954年发表的《劳动力无限供给条件下的经济发展》一文中，首次提出了二元经济模型，其二元经济理论的核心内涵主要是：在经济发展早期阶段的大多数国家里，经济发展不是一元的，而是二元的，表现为对传统人口过剩的维持，生计部门和劳动生产率较高的现代部门同时并存；由于在维持生计的传统部门存在着大量边际生产率为零的过剩劳动力，因此可以实现劳动的无限供给；传统部门的人均产出水平决定转移出来的劳动力工资，现代部门的利润储蓄倾向高于传统部门的收入储蓄倾向(郭少新，2006：22－23)。

刘易斯的二元经济模型已成为分析发展中国家结构变迁、城乡关系、劳动力市场、劳动力转移、人口增长、收入分配、资本积累、储蓄行为、技术选择及变化等一系列重要问题的理论框架。他指出，经济发展的过程，实质上是传统部门劳动生产率不断提高和剩余劳动力逐渐向现代部门转移的过程。该理论准确描述了发展中国家二元经济的结构特征和发展变化的普遍现象，对二元经济理论的后续研究起到了抛砖引玉的作用。但其模型的缺陷在于：一方面，他没有看到一旦工业开始资本积累，劳动需求增加，经济就将始终面临着工资提高的问题(甘和平、钟坚，2005：22)；另一方面，他认为农业只是工业化过程中的一个消极部门，既忽视了农业发展的重要性，又忽视了农业发展与工业发展之间的关联。

美国耶鲁大学经济学教授费景汉(John C H Fei)和古斯塔夫·拉尼斯(Gustav Ranis)认为，刘易斯的二元经济结构模式有两个缺点：第一，不重视农业在促进工业增长方面的重要性；第二，忽视了农业生产率提高而出现剩余产品是农业劳动力向工业流动的先决条件。他们还认为，刘易斯在低估农业部门重要性的同时，也未看到人口增长和资本密度对剩余劳动力吸收过程的实际影响（龚建平，2003：35）。鉴于此，费景汉和拉尼斯运用微观经济学的理论工具建构了费景汉—拉尼斯模型，以揭示刘易斯描述的二元经济结构及其转换过程（郭少新，2006：23－24）。在此模型中，将现代部门等同于工业部门，将传统部门等同于农业部门，并假定农业中存在着不变的维持生计的工资。该理论认为，二元经济结构的转换应包括三个阶段：第一阶段类似于刘易斯模型，在工业和农业部门并存的状态下，农业部门存在着隐性失业，由于农业部门剩余劳动力转移的机会成本很小或接近于零，因此可以向工业部门无限供给剩余劳动力。第二、三阶段中，农业部门逐渐出现生产剩余，这些生产剩余可以满足非农部门的消费，从而有助于劳动力向工业部门转移。但是农业剩余劳动力的非农化转移，使配置到工业部门的平均农业剩余降低到低于农业中不变的维持生计工资时，经济发展将处于停滞状态。促使经济得以持续发展的关键是提高农业部门的劳动生产率以获取更多的农业剩余。该模型充分认识到农业在发展中国家经济发展中的重要性，强调了农业对工业的贡献不仅仅在于提供工业部门所需要的劳动力，而且还为工业部门提供农业剩余，如果农业剩余不能满足工业部门扩张后新增工业劳动力对农产品的需求，劳动力的转移就会受到阻碍。因此工农业的平衡发展对二元经济结构的转换是至关重要的。

（2）新古典二元经济理论

G. 乔根森在新古典主义的框架下反思了刘易斯—费景汉—拉尼斯模型，从而对二元经济问题进行了重新解释（郭少新，2006：24－26）。一方面，沿袭费景汉—拉尼斯模型关于农业与工业部门的两分法，修正了刘易斯—费景汉—拉尼斯模型关于劳动力边际生产率为零的假设，运用新古典主义分析方法假定农业生产只使用土地和劳动两种要素，在土地数量固定的前提下农业生产只取决于劳动的投入，并且劳动的边际生产率大于零，因而不存在剩余劳动；工业生产只使用资本和劳动两种生产要素，并且资本相对稀缺；工农业产出随技术进步而逐渐递增。在此假定下他得出如下结论：农业产出的增长会被人口增长所抵消，因此只有在农业产出的增长超过人口的增长时才会出现农业剩余；农业剩余是工业部门发展的前提条件，农业剩余越多，向工业部门转移的规模越大，伴随着工业部门的资本积累，工业增长就越迅速。

J. 哈里斯和 M. 托达罗把农业剩余劳动力的非农化转移分为两个阶段：首先是农业剩余劳动力向城市流动并在“城市传统部门”寻求就业的阶段，其次是进入“城市现代部门”的阶段。他们认为刘易斯模型未能说明为什么发展中国家在城市失业和就业不足不断加剧的同时，仍有大量农业剩余劳动力涌入城市寻求就业机会，并指出这种现象存在的原因主要是城乡预期收入的差异，而非绝对差异，影响预期收入的因素是城乡实际工资差异的大小和在城市求得工作机会的可能性大小。该理论与刘易斯理论的区别在于：刘易斯认为农业剩余劳动力流动是劳动力从生产率较低的传统部门向生产率较高的现代部门直接转移的过程，最后的结果是两部门的收入趋于一致；而哈里斯和托达罗则认为农业剩余劳动力流动是间接转移的过程，这是城乡预期收入平衡的重要力量。流动的动力是比较利益和成本的合理经济考虑以及心理的因素；流入决策的做出是基于预期的城乡收入差异，这种预期取决于城市工资水平和就业概率。

(3) 拉克希特的二元经济理论

刘易斯认为发展中国家经济发展的核心问题是实现资本的迅速积累，费景汉和拉尼斯认为经济欠发达地区应着重解决“储蓄的严重短缺和劳动力过剩导致的供给不足”问题，这些经济学家对发展中国家经济增长的研究主要沿着如何增加劳动力和产品供给的思路展开，其中缺乏需求管理的概念。到 20 世纪 80 年代，一些发展中国家虽然存在大量的生产过剩能力，但无法与剩余劳动力相结合，不能促进经济的发展。原来的二元经济理论无法合理解释此现象，这促使一些经济学家不得不改变供给导向思路，将凯恩斯的有效需求和生产能力利用的理论引入二元经济的发展框架中，如，拉克希特的二元经济理论。他认为，有效需求不足是欠发达国家的基本特征，并从商品市场、信贷市场和土地市场三个方面解释有效需求不足存在的原因。他通过分析农业部门和非农业部门产出水平的决定因素，认为在两部门生产能力、工资率和不同阶层消费倾向既定的条件下，通过调节自发性支出以达到市场出清，就可以获得最大的产出和就业水平。

从二元经济理论的不断修正与发展演变中，说明了经济发展过程的复杂性和变动性，仅靠单一的经济模型很难加以全面地诠释和准确地刻画。理论必须随着经济实践的发展而发展。从刘易斯等人的二元经济理论阐述中可知二元经济结构转换的核心问题是实现传统农业部门的剩余劳动力向现代非农部门的转移，因此以农业为主体的传统部门的剩余劳动力实现在非农领域的充分就业，就成为推动二元经济结构转换的有效途径。随着工业的发展，农业剩余劳动力将会向工业部门转移，工业部门对农业剩余劳动力的吸纳和整合能够促进二元经济向一元经济转化。这为我国农民工流入城市，进入工业部门提供了理论支持，说明了农民工群体进城打工的合理性和必要性。

2. 国内二元经济理论的研究与述评

中国作为发展中国家，正处于从传统农业社会向现代工业社会、计划经济向市场经济的转型过程中，经济结构具有典型的传统部门与现代部门并存的二元化特征，为国内学者研究二元经济结构问题提供了现实基础，同时西方学者的二元经济理论研究为国内二元经济结构研究的展开奠定了深厚的理论基础。

对于中国社会经济结构的存在方式而言，不同的学者根据不同的标准将我国经济结构的存在方式分为二元经济结构、三元经济结构和四元经济结构。

(1) 二元经济结构论

有的研究从我国城乡区域经济发展不平衡的现实出发，指出在我国

农村地区存在着大量生产率水平极低的劳动力以及城乡居民收入日趋加大的客观事实来说明我国经济存在二元化的结构特征（郭剑雄，1999）。有的研究剖析了我国二元经济结构形成的体制原因是赶超型发展战略和统购统销、人民公社等制度安排，指出实现结构转换的关键问题，在于实现传统农业剩余劳动力向现代非农产业转移（张桂文，2001）。有的研究从我国改革开放以来进行的产业结构升级演进和结构转换的实践效果来看，认为并没有改变城乡经济发展不平衡的现状（城乡二元结构下经济社会发展协调发展课题组，1996）。

（2）三元经济结构论

有的学者认为我国经济结构不是简单的二元经济，而是在改革开放过程中形成的具有中国特色的三元经济结构，即由乡镇企业为代表的农村现代部门、农村传统部门以及城市现代部门组成（李克强，1991；陈吉元，1994）。虽然这种观点充分肯定了乡镇企业的发展对我国经济发展和结构转换起到的积极推动作用，但根本缺陷在于划分标准的不一致和混乱，对农村现代部门和传统部门的划分主要根据生产方式不同，而与城市现代部门并列则是从地理区位不同来划分。再者对传统和现代的界定不明确，一方面并未指出乡镇企业为代表的农村现代部门与城市现代部门之间有何区别，另一方面城市难道只存在现代部门不存在传统部门吗？这也是值得质疑的。

（3）四元经济结构论

这种观点认为我国经济结构是由城市现代部门和城市传统部门以及农村现代部门和农村传统部门组成，即双重二元经济结构。四元经济结构论虽然指出在中国农村和城市，由于城乡差别其现代部门和传统部门有着各自明显的特征，不能同日而语，反映了我国经济发展的复杂性和多层次性，但经济结构的划分却秉持了双重划分标准——以部门和地理区位为标准。

国内学者对中国经济存在方式的探讨基本上还是沿着“刘易斯—费

景汉—拉尼斯”的理论思路展开的，是其理论模型在中国经济发展的具体情境中的实证运用，只是不同的学者划分标准不同，使得对中国经济结构存在方式的见解有别，这些见解一方面准确地把握了我国城乡区域经济发展不平衡以及城乡内部经济发展不平衡的现状，另一方面对我国经济结构多元化形成和长期存在的根本原因挖掘不深，将经济结构的转型仅局限在农业剩余劳动力的转型上也具有片面性。

第二节　中国二元经济结构的发展演变及影响

一、中国二元经济结构的发展脉络

中国目前仍是一个农业人口众多、经济不发达的发展中国家，正处于从传统的农业社会向现代工业社会、从计划经济向市场经济过渡的转型期，经济的二元化特征非常明显。中国的二元经济结构是在中国长期的经济社会发展过程中逐渐形成的，表现为以下几个阶段。

1. 19 世纪 40 年代到 20 世纪 40 年代中期：二元经济结构特征出现端倪

鸦片战争之前，中国一直是个奉行重农抑商理念的国家，自给自足的小农经济占主导地位，抑制了商品经济的发展。鸦片战争打开了中国封闭已久的国门，使中国成为一个半殖民地半封建国家。在西方资本主义的侵略和挤压下，封建王朝被迫开埠通商，这成了中国城市近代化的起始点，拉开了中国商品经济发展和城市近代化的帷幕，加速了中国社会自给自足自然经济的解体，促使近代工商业和近代城市得以逐步发展。一方面，西方列强在通商口岸获得种种特权，进行行政控制，扶持买办企业；另一方面，封建社会内部自发产生的民族企业在外国资本和封建势力的夹缝中缓慢发展，经济基础十分脆弱。例如，1936 年中外产业

资本的比重，外国资本占到总资本的 78.4%(赵力，2002)。中国的工业化在外国资本和民族资本的推动下得以缓慢发展，城市人口明显增加，城市化日益畸形地发展着。在半殖民地、半封建社会背景下，中国工业化的发展过程艰难而缓慢，并带有对外国资本严重的依附性和浓厚的殖民地色彩，加速了农村的破产和城乡居民的贫困化过程，大量财富的流失、城市的畸形发展不仅给中国民族工商业的发展，而且给中国未来的工业化造成了极大的困难和障碍。在大约一百年城市化、工业化发展的过程中，无论是民族企业还是外资扶持的买办企业，都未能实现传统农业经济与近现代工业经济的共同发展，而是初步形成了现代经济部门与传统经济部门割裂发展的格局，加重了旧中国城乡的分化与对立。

2. 计划经济时期造就的城乡二元经济：二元经济结构特征的形成和强化

(1) 二元经济结构的形成

1949 年新中国的成立意味着中国推翻了外国资本在中国的侵略和特权，获得了国家主权，国家走上了独立发展的工业化道路和城市化道路。但在新中国成立初期，中国政府面对的是一个以传统经济为主体，饱经战乱、千疮百孔、经济落后的局面，工农业发展极为落后。如何推动中国工业化和城市化的发展成为摆在党和人民面前的一道难题。重工业部门的存在和发展被视为一国综合国力和经济成就的重要指标。受 20 世纪 30 年代苏联在优先发展重工业基础上所取得的举世瞩目的经济成就的影响，中国政府也渴望实现重工业的迅速发展并建立以重工业为核心的经济体系。因此，我国选择了以重工业优先发展为特征的赶超型发展战略，试图通过重工业的优先发展，超高速实现国家的工业化。发展重工业需要大量的资本支撑，然而当时的中国饱经列强的掠夺和官僚资本的压榨，经济发展极为落后，表现为人均国民收入水平很低、工业资本积累能力不足、资金严重匮乏。占国民经济比重较大的传统农业又因其生产技术落后，劳动生产率低，产出水平低下，对国家工业化的支持

能力非常有限。但中国无法向西方国家那样通过对内压榨、对外掠夺的方式来实现资本的原始积累，只能根据国情采取内部积累的方式。内部积累的方式只能依靠占人口90%以上的农民来实现，利用工农产品价格的剪刀差从农业中提取工业化发展所需要的资本，从而克服了发展重工业所需要的工业资本，并很快在一个经济落后、工业基础薄弱的农业大国初步建成独立的、以工业化为主体的国民经济体系，促进了中国工业化和城市化的发展。然而这种发展模式是以牺牲农业的长远发展为代价的。"以农促工"的发展战略不仅造成了农业生产长期的低速增长，而且也使农业内部的剩余劳动力不断积累，农村隐性失业严重，因此工业化建设虽然取得了突破性的进展，但工业与农业、城市与农村在经济发展水平和居民收入水平上的差距拉大了。计划经济时期的经济结构呈现失衡特征，即产品相对单一的城市现代工业与为满足城乡居民粮食需求的传统农业形成鲜明对比，"以钢为纲"的现代工业和"以粮为纲"的传统农业构建起当时经济结构的主要框架(郭少新，2006：39)，二元经济结构逐渐形成。

(2) 二元经济结构的强化

国家行政力量对经济发展的规划强化了经济的二元结构，沿海与内地工业发展差距不断拉大。20世纪60年代国家开始通过大规模的"三线建设"，调整沿海与内地工业的关系，工业重心开始向中西部转移，但"备战备荒"的指导思想以及"山、散、洞"的分散布局，使得区域经济发展的融合程度很低，既未带动原有工业技术的改造，也未有效促进广大落后农村地区劳动方式的进步和制度的变迁。因此在高度集中的计划经济体制下，靠国家行政手段推动的封闭运行的工业化发展模式，导致城市化发展的内在动力不足，城市产业结构失调，城市发展畸形而缓慢。加之这种发展是以牺牲农业、剥夺农民的利益来实现，使得农村的发展越发缓慢，导致城乡之间的差距不断拉大，二元经济特征得以强化。与此同时，为了使工业保持较高的积累率，也为了避免城市化与工业化过

早地进行资源竞争，国家依靠行政力量出台了一系列的配套设施以保障工业化的发展，如，实行城乡分割的户籍政策，限制劳动力在城乡之间、地区之间的自由流动，垄断和控制生产要素的配置权，限制农村发展工业，实行主要生活资料的统购统销和低工资制度，限制资源向消费领域流动等。城乡割裂的发展政策强化了经济的二元化特征。

3. 1978年经济体制改革至今：体制转轨时期二元经济结构时强时弱

自1978年经济体制改革以来，中国的经济运行机制发生了根本的变化，重工业优先发展的战略得以彻底扭转，逐渐朝着农轻重比例协调的方向发展。一方面，随着社会主义市场经济建设目标的确立，经济体制改革向纵深发展，市场机制对资源配置的基础性作用不断得以加强，经济结构调整的动力由以依靠行政命令为主要导向，逐渐转变为以依靠宏观调控下的市场调节机制为主要导向，高新技术产业发展迅速，工业逐渐朝着多元化方向发展，推动城市化的迅速发展。另一方面，以家庭联产承包责任制为核心内容的经济体制改革在农村迅速展开，打破了人民公社制度，"包干到户"的农业政策调动了农民的生产积极性，为农村经济注入了活力，推动了农村经济的迅速发展。然而，由于长期以来城乡经济的独立发展及制度惯性，城乡经济二元化特征仍很明显，表现为在中国特有的市场化制度变迁背景下的工业化取向的二元经济结构。从20世纪70年代末到90年代初，随着我国从计划经济向市场经济的转型，市场经济得以迅速发展，国民经济各部门的劳动生产率大幅度提高，经济结构的二元化特征逐渐降低，二元对比系数从1978年的0.163 0增大到90年代初的0.260 7(郭少新，2006：41)。然而，由于我国经济体制改革时间尚短，制度变迁滞后于经济的发展速度，使得制度变迁在推动经济发展的过程中具有明显的"边际效益(先递增后递减)"的特征。制度环境的不完善和适度的结构缺失，使得二元对比系数从0.260 7降低到1993年的0.192 1，二元经济结构在经历短暂消减后又有强化的态势(郭少新，2006：41)。改革开放至今这种反复不断出现，究其原因主要在于市场经济发育的不完善和制度环境的不成熟以及城乡发展差距的历史后遗症导致经济结构二元化特征的顽固性。

二、中国二元经济结构的形成过程及特点

1. 中国二元经济结构的形成过程

审视中国二元经济结构的演变过程，其形成过程表现得尤为复杂，主要有以下形成原因。

(1) 赶超型发展战略驱使：在较低的经济水平基础上发展工业的需要

新中国成立之初，国民经济贫穷落后，2001年《中国统计年鉴》的统计数据显示：1949年工农业生产总值为466亿元，人均国民收入只有66.1元，经济基础十分薄弱。然而为了巩固新生政权，发展经济迫在眉睫。实现国家的工业化是增强国家经济实力非常重要的途径。因此实现工业化成为当时的主要任务，受苏联的影响，国家制定了优先发展重工业的经济发展战略。重工业作为资本密集型产业，需要大量的工业资本支撑，这与我国劳动力充足、资本稀缺的现实相矛盾。因此，如何在一个以农业为主、工业资本稀缺的落后大国实现重工业的发展呢？由于西方国家对中国的经济封锁，无法引进外资，只能求助于农业的支持，通过工农产品的剪刀差实现资本的积累，国家的收入分配向工业和城市倾斜。以农补工、优先发展工业的经济发展战略，使得农业资本投入长期不足，农业技术进步缓慢，农业劳动力大量剩余，导致农村经济发展缓慢，与城市的经济发展差距拉大，使城乡经济呈现二元化特征。

(2) 为促进工业化发展采取的应急之策：城乡二元分割体制的构建

为了更好地促进重工业的发展，国家通过行政命令构建了一整套城乡分割的制度和政策，如，统购统销、人民公社、户籍制度等。国家对重要资源进行统一集中配置，通过统购统销的方式，有意向城市倾斜，最大

限度地积累工业资本，促进工业化的发展。在农村，通过对分散的小农经济实行集体化改造，由人民公社领导，以便从组织上保证政府对农业生产的干预，通过集体提留的方式积累农业剩余，限制农村工商业的发展。通过实行严格的城乡分离的户籍制度，限制农村剩余劳动力向城市流动，减轻城市工业发展的压力。制度和政策的人为设置使得城乡分割体制得以建立，强化了城乡二元经济的特征。

(3) 市场经济的发展导致二元结构强化：城市的竞争优势和发展惯性所致

自1978年改革开放以来，农村经济和城市经济改革深入进行，城乡经济都得到迅速发展，出现了城乡协调发展的态势。然而80年代后期至今，随着经济改革重心向城市偏移，中国二元经济结构又出现强化的趋势。改革开放后，经济的二元化结构在由“行政主导型”的城乡二元经济结构未根本消除的情况下，又加入了“市场主导型”因素。这一时期导致城乡二元经济结构强化的原因主要有：第一，经济增长方式的转变。随着市场经济体制的逐步建立和完善，市场竞争日趋激烈，任何企业都无法以传统的劳动密集型经济获得竞争优势，必须提高资本的有机构成。这导致了“资本替代劳动”的趋势渐增，使得企业吸纳劳动力的能力降低，出现大量农业剩余劳动力，无法实现“以工补农”的效果，农村经济发展严重受阻，城乡差距拉大。第二，优先发展工业，忽视农业的思维惯性。即使在改革开放的今天，国家改革和财政支持仍主要集中于城市工业化的发展，长期以来忽视了农业的发展和农村问题的解决，导致农村无论是经济发展还是生活水平都远远落后于城市，城乡统筹和一体化发展的目标难以实现。第三，区域间市场分割情况严重，劳动力市场日益分化。改革开放初期，资源的地区封锁、市场分割现象严重，制约了全国统一大市场的形成，阻碍了市场半径的扩大和市场深度的发展，加之原来的城乡分割体制的存在，导致城乡之间的资本、劳动力、技术等难以自由流动和合理配置，阻碍了城乡二元经济结构的转换(夏耕，2005：97)。

2. 独特之处：二元经济结构的中国特色

从中国二元经济结构特征的演变过程以及西方学者对其他国家二元经济结构的研究中，可以明确地看到中国二元经济结构具有复杂性、行政干预性以及稳固性的特征。受经济、政治等外在因素的影响，我国经济的二元结构表现得尤为复杂，即在我国不仅存在着刘易斯所描述的典型的“二元经济结构”——按照现代方式组织，并使用先进技术的现代部门与按照传统方式，并使用落后技术的传统部门在中国社会并存，而且存在着市场经济与农村自给半自给经济、计划经济并存的“组织上的二元结构”，在中国存在着货币市场、资本市场、劳动力市场的二元性以及政府行政管理的差异。另外，无论城乡之间还是东中部地区之间，经济发展极不平衡，从而导致城乡之间、城乡内部经济之间的二元化特征。作为发展中国家，基于历史和现实各种原因的影响，中国经济二元化的特征比其他国家复杂得多。从世界各国经济发展的历程来看，都存在从“二元”经济转化为“一元”经济的过程，这种转化大致有三种形式：一是产业自然增长模式，如英国和美国。在此种模式下的二元经济形态随着经济的发展会自动消失。二是殖民输入模式。外国资本进入高生产率产业推动工业的发展，而广大农村仍处于贫穷落后状态，如巴西。它是随着工业化进程使城乡二元结构转变为城市二元化的过程。三是政府高度的行政干预介入模式。此种模式下农业与工业、城市与农村经济发展都表现为两个互不相关的过程，两者之间市场机制实现的要素转换值低。农业开始是被剥夺的产业，随后又成为被拯救的产业，农业始终处于经济的“瓶颈”部门，形成工业发展超前、农业发展滞后的二元经济（甘和平、钟坚，2005：20－21）。中国就是如此。另外，在国家行政力量的干预下，我国构建了一套有利于工业发展的制度环境，使城乡二元经济结构呈现稳固性特征。虽然在大多数发展中国家经济发展历程中难免出现经济二元化的现象，但很少有国家像中国政府那样通过行政命令的手段，建构包括统购统销、人民公社、户籍制度在内的城乡分割体制，并通过行政壁垒和财政壁垒实现生产要素向城市流动，实现“以农补工”，优先发展工业、发展城市，从而使二元经济结构呈现稳固性特征。

第三节　嵌入性：二元经济社会结构何以使农民工遭受排斥

在计划经济条件下形成的城乡分割的二元经济发展格局一直延续到市场经济时期，虽然我们已经确立了实现城乡一体化的发展战略，但无论城乡之间、城市内部还是农村内部，区域经济发展不平衡的二元特征仍然相当明显，并且将会在一段时间内长期存在，对中国城市和农村的经济、社会生活的协调发展带来若干负面影响，同样也对农村剩余劳动力的转移以及进城务工的农民工带来各种负面的影响，使他们在城市社会的经济、政治、文化等各场域中遭受各种歧视和排斥，从而在这些小场域构成的城市社会的大场域中遭受歧视和排斥。

一、经济场域中的劣势：二元经济结构造就城乡居民的实力不均衡

1. 二元经济结构下城乡经济强弱分化致使城乡居民经济地位呈现强弱之分

为了实现计划经济体制下构建的重城市、轻农村，重工业、轻农业的发展战略，长期以来党和政府制定了具体的“工业倾斜”政策，通过城乡不平等的交换体制，以工农产品价格的“剪刀差”形式，将农业剩余源源不断地输入城市的工业体系中，通过挤压农业的发展来加快推进我国的工业化和城市化，使农业发展因缺乏政策支持、资金支持而难以实现技术化、规模化生产，导致农业发展的严重滞后，使农业的弱势地位难以得到改善，造成“农民真苦、农村真穷、农业真危险”的不良后果，即“三农”问题的产生。“三农”问题的形成并日趋严重的具体原因是二元经济结

构的存在和不断强化。在城乡经济社会割裂发展的二元格局下，农村财政资金获取多给予少、农村金融吸存多放贷少、农村土地征用多补偿少等，使得农业成为弱质产业、农村成为落后地区、农民成为弱势群体的格局得以强化，导致农民在进城之前就处于劣势地位。

2. 二元经济结构下城乡收入差距拉大导致城乡居民经济实力高下分明

由于城乡经济无论是发展速度还是发展水平皆相差悬殊，这种经济宏观发展的不平衡反映到微观收入上，就是城乡居民的收入差距悬殊。虽然有数据显示，改革开放以后，城乡居民生活水平快速提高，城乡居民人均收入比改革初期分别增长了 20.7 倍和 16.5 倍，但差距却越来越大。根据国家统计局公布的数据，2001 年中国农民每人每月真正能用于商品性消费的货币收入只有 120 元，而城市居民每人每月的货币收入接近 600 元，城乡差距为 5∶1 左右，如果将城市居民的隐性福利等折算成收入，城乡居民收入差距有可能达到 6∶1（林光彬，2004）。从城乡居民绝对收入差距看，1978 年城乡居民收入比例为 2.57∶1，到 1983 年缩小到最低点 1.7∶1，随后呈现出波动扩张的趋势：1994 年达到 2.86∶1，1997 年回落到 2.47∶1，从 1998 年 2.51∶1 开始逐年递增，1999 年为2.65∶1，2000 年为 2.79∶1，2001 年为 2.9∶1，2002 年为 3.1∶1，2003 年为 3.2∶1。将同时期城乡居民收入比例变动趋势与二元对比系数演变趋势相互对照比较，发现两者之间存在较为紧密的联系：城乡居民收入比例较低的年份与二元经济对比系数较高的年份基本是相互对应的，也就是说城乡居民收入差距不断缩小的阶段，与二元经济结构逐渐消减的阶段基本吻合，而城乡居民收入差距不断拉大的时期，也基本上是二元经济结构转换强化的时期（郭少新，2006：49）。二元经济结构的强化会拉大城乡居民的收入差距，而城乡居民收入差距的存在和拉大，直接影响城乡居民经济地位的高低。目前诸多研究发现，农村居民往往是二手市场和劣质产品的主要消费者。以消费水平为象征的经济地位往往影响着人们社会地位的高低。农村居民与城市居民经济收入差距的拉大，也说明农村居民在经济上的弱势地位。

3. 二元经济结构下城乡工业发展失衡导致城乡居民心理上的优劣之分

在二元经济结构的大格局下，我国在工业化实现过程中形成了以生产要素特别是资本的逆市场化规模投入为条件、单纯追求经济的增长速度、以城市作为工业发展的聚集中心和发展地的发展模式。在经济发展的聚集效应和偏重城市的政策导向下，农村的大量生产要素和剩余劳动力源源不断地通过价格差流向城市，使城市的经济发展获得必需的或足够多的经济支持，从而促进工业化和城市化的迅速发展，经济繁荣、生活相对富裕的现代化城市得以形成。农村则恰恰相反，经济发展的政策支持缺乏以及生产要素和剩余劳动力的流失，不仅严重影响了农业技术的改造和规模化生产的现代农业的形成和发展，而且严重抑制了农村第二、第三产业的发展，使得农业、农村和农民被隔离在工业化和城市化的进程之外，造成了农业的落后、农村的贫穷和农民的弱势，使得生活在农村场域中的农民处境异常艰辛。在二元经济格局下，城乡经济和社会发展的"马太效应"日益显现和加剧，城市倾斜的政策使得城市的经济和社会发展水平不断得到提升，变得越来越富裕和繁荣，而农村则由于生产要素投入的减少和经济发展政策支持的缺乏变得越来越贫穷和落后。因此在工业化和城市化的发展过程中，城乡之间的社会经济联系被割裂，抑制了农村经济社会发展的现代化和市场化进程，使得城乡区域经济社会发展极度不平衡，最终形成严重失衡的城乡关系，城市居民和农村居民的优劣感由此产生，埋下了群体间歧视和排斥的隐患。

因此，在城乡二元分割的经济发展格局下，农村与城市无论是经济发展水平还是工业化水平都存在着天壤之别，形成了强弱分明的城乡二元分割的经济场域，与生活在城市经济场域中的城市居民相比，农村经济场域中的农村居民无论是收入水平、社会地位还是生活状况都处于明显的弱势，落后、贫困成为其生产和生活的真实写照，经济场域中的弱势地位使其与城市的经济和社会生活显得如此格格不入，极易被经济水平和经济地位相对优越的城市居民所歧视和排斥。因为在城乡经济发展的场域中，二元经济的格局使得城市居民和农村居民经济地位存在很大的反差，农村居民较城市居民而言明显处于劣势。这也使得城市居民具备了歧视和排斥农民工的经济资本。

二、二元经济社会结构是农民工社会排斥的宏观背景

经济实力是带动一个国家社会生活全面发展的动力源，处于核心地位，历来受到各国的重视，基本上都建构了一套适合本国国情的经济发展战略。新中国成立初期，为了发展我国的经济，争取早日实现现代化，党和政府制定了以农补工、优先发展重工业的经济发展战略。在此发展战略的指引下，中国社会逐渐形成了城乡经济发展不均衡的二元化格局，经济结构呈现二元化特征。受二元经济结构的影响，农村地区不仅在经济方面，而且在政治、文化、社会生活等方面都远远落后于城市地区。加之二元经济结构的连锁效应，即受二元经济结构的影响，我国的政策和制度设计都打上了二元化的烙印，加剧了城乡之间的不平等，使得农民的弱势地位更加突出，他们在经济场域中的诸多劣势为其在进城务工的过程中遭受歧视和排斥埋下了隐患。二元经济结构造就的二元社会结构增强了农民工被排斥的可能性，并且二元经济及二元社会结构之间的交互影响共同作用于农民工群体，使其在城市社会生活的场域中不可避免地遭受各种歧视和排斥，从而在城市社会中陷入弱势困境。

1. 引发连锁负效应的理论探讨：二元经济结构何以造就二元社会结构

经济结构决定制度设计。马克思的政治经济学理论认为，完整的社会政治经济结构是由经济基础和上层建筑所构成的，并且在经济基础和上层建筑之间存在着互动关系，即经济基础决定上层建筑，上层建筑反作用于经济基础。一个国家的经济结构对社会政策和社会制度同样具

有决定作用，这点可以从马克思带有经济社会学色彩的总观点中看出，他在《政治经济学批判·序言》中讲道："我所得到的，并且一经得到就用于指导我的研究工作的总的结果，可以简要表述如下：人们在自己生活的社会生产中发生一定的、必然的、不以他们的意志为转移的关系，即同他们的物质生产力的一定发展阶段相适应的生产关系。这些生产关系的总和构成社会的经济结构，既有法律的和政治的上层建筑竖立其上并有一定的社会意识形态与之相应的现实基础。物质生活的生产方式制约着整个社会生活、政治生活和精神生活的过程。不是人们的意识决定人们的社会存在，相反，是人们的社会存在决定人们的意识。社会的物质生产力发展到一定阶段，便同它们一直在其中生活的现存生产关系或财产关系(这只是生产关系的法律用语)发生矛盾。于是这些关系便由生产力的发展形式变成生产力的桎梏。那时社会革命的时代就到来了。随着经济基础的变更，全部庞大的上层建筑也或慢或快地发生变革(马克思，1975：第1卷，第2页)"。

经济基础决定上层建筑，经济结构决定制度设计。就我国而言，计划经济时期形成的城乡二元经济结构，势必对我国政策和制度的设计发生起着决定性的影响，经济的二元结构势必会反映在社会的方方面面。在二元经济结构决定性因素的作用下，中国社会势必会呈现出城乡分割的二元社会格局。

2. 引发连锁负效应的实践剖析：二元经济结构何以造就二元社会结构

马克思从理论层面深入阐释了经济对社会政策以及社会制度建构方面所发挥的决定性作用。理论的合理性应该在实践层面得以彰显，从而实现理论和实践的交互验证。中国二元社会结构的形成恰恰受计划经济时期形成的城乡有别的二元经济结构的影响。

何为二元社会结构呢？学界主要有这样几种表述。有的认为，二元社会结构是指在整个社会结构体系里面，明显地同时并存着较现代化的城市社会和相对非现代化的农村社会(李迎生，2004：56)。有的认为，二元社会结构是指我国城市居民和农村人口，因为户籍制度或居住地制度将其区别，在劳动、收入、消费、教育、生活等方面存在着巨大的差异，形成两个相对独立的社会单元(陈迪平，2004：62)。二元社会结构的不同界定从不同角度刻画了我国二元社会结构的特征，一是城乡间发展不平衡，现代与传统并存；二是通过构建一系列依托城乡有别的户籍制度的社会政策将城市与农村居民区别开来。

考察二元社会结构的形成，我们发现二元社会结构是发展中国家在工业化过程中普遍存在的现象，由于城市和农村工业化的不同步，城市率先开始工业化，而农村工业化严重滞后，导致城市的现代和农村的传统两种状态，形成二元经济结构，城乡经济结构上的二元差异进而导致社会结构上的二元差异。中国属于发展中国家，计划经济时期为了推动工业化的迅速发展，根据我国国情制定了优先发展重工业的工业化发展战略，通过以农补工的方式，汇集城乡各种经济资源支持工业化建设并取得了显著成效，促进了城市化的迅速发展。在这种发展战略指导下，农村由于缺乏足够的农业剩余和资金以及政策的支持发展严重滞后，农业技术和生产方式严重落后，导致农村的落后和贫困。经济上的二元化特征导致城乡居民无论是在生产方式、消费方式还是生活方式上都存在着天壤之别，形成了现代与传统、开放与封闭的城乡二元社会结构。除此之外，与其他发展中国家的二元社会结构的形成相比，中国有其独特之处。一方面，在二元社会结构的形成过程中，国家和政府通过行政干预的手段，建构了一套有利于推动城乡二元经济迅速发展的城乡有别的制度和政策，强化了中国的二元社会结构。国家通过户籍制度、统购统销、人民公社等制度和政策对农村人口进行集中管理，保证农村剩余积累能低价而快速地流入城市，推动城市化和工业化的发展，强化了二元经济结构。另一方面，在这些制度和政策的作用下，城乡之间形成了壁垒分明的界限。首先，通过城乡有别的户籍制度，从社会身份上对城乡居民区分为“城镇户口”和“农业户口”，实行分别管理、区别对待，限制城乡间人口的自由迁移和流动。这样，户籍制度就像是隔离线，将整个社会一分为二——农村和城市，二元社会结构得以强化。其次，由户籍制度衍生出包括劳动就业、收入分配、社会福利保障、教育培训、政治参与、公共服务等一系列与之相配套的完整的制度和政策体系，这些制度和政策体系皆打上了城乡有别的烙印，呈现城乡二元化的结构特征。

由此可见，在工业化优先发展战略的指导下，我国通过工农业的“剪刀差”、人民公社制度、统购统销制度将农村剩余资源快速而有效地输入城市，以农村的传统落后成就了城市工业化的发展和现代化的实现，二元经济结构由此显现。在经济繁荣、工业发达的城市场域中有着不同于经济低迷、工业落后的农村场域中的游戏规则和生活方式，比如滕尼斯所言在现代城市社会人们之间呈现的是“有机团结”，而传统社会则偏重于“机械团结”。所以二元经济的发展造就了城乡社会结构上的二元性。不仅如此，国家和政府又基于户籍制度建构了一套城乡有别的二元制度和政策，强化了二元经济催生的二元社会结构。在二元经济社会结构中，中国城乡居民的生存环境和生活质量存在着天壤之别。

3. 交互作用：二元经济结构和二元社会结构共同作用与农民工的社会排斥

虽然经济结构决定制度设计，然而制度却不是僵死的、被动的，制度一经产生必将对经济基础产生影响。我国城乡经济体制改革进行了将近 40 年，虽然取得了很大的成效，但是制度和政策的改革和调整明显滞后于经济体制改革的步伐，时刻阻碍着城乡经济的一体化发展，如，户籍制度、二元分割的劳动力市场制度、城乡二元化的社会保障制度等不时成为经济体制改革和发展的羁绊。社会结构构成了行动者所面临的客观情境。无论是行动者个人的偏好、行动的动机，还是行动的决策模式，或是行动的具体实施过程，都要受到社会结构的影响。尽管我们可以假定在经济领域中行动者是能动的，具有强大的行动能力以及预测和控制行动后果的能力，但行动所处的外部结构——规则、制度、文化、关系网络等——将在一定程度上减弱行动者的行动能力，甚至是控制行动本身，充分体现了社会结构的强大约束力。

农民工本身就是二元经济社会结构造就的特殊群体，时常遭受着二元经济结构与二元社会结构以及二者交互作用的挤压和约束，使其在城市生活的场域中处于劣势地位。农民工群体这种劣势边缘地位并非自身素质问题所致，而是由二元经济社会结构导致的。

那么，二元经济社会结构如何作用于农民工群体导致其在城市生活中遭受各种歧视和排斥呢？

在二元经济结构背景下，与城市居民相比，农民工群体相形见绌之处比比皆是。(1) 行业声望低。根据现代社会的行业声望来看，在工业领域的从业者的行业声望远远高于在农业领域的从业者。农民工群体来自农村地区，最初从事农业活动，所属行业的声望低于大部分城市居民。(2) 收入低。随着市场经济的发展，虽然城乡居民的收入水平有所提高，但二者的收入差距却越来越大，甚至达到 6∶1(林光彬，2004)。农村居民的经济收入远远低于城市居民。因此从农村走出来的农民工大多经济拮据，无法与城市居民相比。(3) 就业领域的劣势。在二元经济结构下，城市的劳动力市场同样呈现出二元化特征，分为首属劳动力市场和次级劳动力市场。首属劳动力市场往往收入高、工作稳定、福利待遇好、晋升机会多，而次级劳动力市场恰恰相反。由于自身素质和政策的限制，大部分农民工只能就职于次级劳动力市场，很难像城市居民那样有较多的机会进入首属劳动力市场。(4) 消费水平低。在现代社会里，消费水平的高低往往是一个人、一个群体经济地位高低的象征，通过奢侈消费来炫耀自身经济地位的不乏其人。与城市居民相比，由于收入低，所以大部分农民工往往是二手商品和廉价商品的主要消费者。无论是住房条件还是衣食住行等方面与大部分城市居民相比非常悬殊，相差甚远。在城乡和城市内部双重二元经济结构的作用下，与城市居民相比，农民工群体的经济地位普遍偏低，经济上的弱势成为其受歧视、受排斥的主要根源。经济上的劣势产生的连锁反应使得农民工无论是在政治领域还是社会生活领域中均低城市居民一等，成为城市社会中的“二等公民”。

在二元社会结构背景下，同样造就了农民工与城市居民天壤之别的社会地位。(1) 心理上的劣势。计划经济时期，国家和政府建构了一套城乡有别的制度和政策，将城市居民和农村居民分而治之，给其不同的国民待遇，从而使得城市居民产生了强烈的制度优越感。制度学派代表人凡勃伦说：“制度实质上就是个人或社会有关的某些关系或某些作用的一般思想习惯；而生活方式所构成的是，在某一时期或社会发展的某一通行制度的综合，因此从心理学方面来说，可以概括地把它说成是一种流行的精神态度或一种流行的生活理论，如果就其一般特征来说，则这种精神态度或生活理论，说到底，可以归纳为性格上的一种流行趋势”(朱国宏、桂勇，2005：13)。因此，二元制度和政策造就了城市居民天然的优越感以及农村居民自叹不如的感觉。城市居民的心理优越感反映在心理层面表现为对农民工的偏见，反映在行为层面表现为对农民工的排斥。(2) 身份地位低。城乡分割的户籍制度人为地将国民一分为二，分为“城镇人口”和“农村人口”。如果说在工农业地位相同的社会里身份的区分仅仅反映了人们的职业等区别，那么在重工轻农的社会里使得这种身份的划分附带了价值的评价。这些制度和政策体系无处不显示出优待城镇居民、歧视农村居民的特点，从而人为地构筑起城乡居民的身份鸿沟。(3) 福利待遇差。依托户籍制度在城乡之间建立了待遇不同的就业制度、社会福利制度，形成基于身份不同的先赋性利益级差，造就了城乡居民之间的不平等，加深了城乡居民的感情隔膜与对立。因此，在农民进城务工的过程中，城市居民的不认同、歧视、排斥等就在所难免。

二元经济结构造成的城乡居民之间经济地位高下不等，以及二元社会结构造就的城乡居民之间社会地位高下不等，都不可避免地成为农民工群体在城市遭受歧视和排斥的深层根源。经济地位和社会地位之间的交互作用极易形成“马太效应”，经济地位越低，用以提升社会地位的必要的经济资本越匮乏，容易导致社会地位随之下降；而社会地位越低，能够提升经济地位的社会资本越匮乏，容易导致经济地位的下降。农民工的经济地位和社会地位普遍低于城市居民，极易陷入经济地位低导致社会地位的低下，而社会地位的低下导致经济地位降低的恶性循环，使其缺乏可以与城市居民相抗衡的必要资本，因此与城市居民相比无论在经济活动中还是社会活动中都处于劣势，极易成为被排斥、被歧视的对象。

笔者在本章中将农民工群体在城市中何以被社会排斥的问题，嵌入中国宏观的经济社会背景中加以分析，指出二元经济社会结构是转型期农民工群体遭遇社会排斥的宏观因素。接下来笔者将通过实地调查获取的访谈资料，全面而深入地审视农民工群体在市场、国家和社会所构成的福利三角中遭受社会排斥的原因，通过对农民工排斥的原因内在关系的分析，建构农民工群体在城市社会各场域中遭受社会排斥的形成机制。

第五章　市场场域中农民工社会排斥的原因分析

在商品经济发达的社会里，市场是劳动者自由平等地从事生产、分配、交换、消费等经济活动的主要场所。在调查研究中，笔者发现中国社会转型期农民工群体在市场场域中遭受了严重的歧视和排斥，表现为劳动力市场分割下的就业排斥、收入排斥以及住房排斥等。所谓市场排斥，主要指个人、群体，或国家因制度和非制度等因素被排斥在正常的获得经济资源的活动之外，使其不能有效参与与生产、交换和消费等经济活动而逐渐被边缘化的状态和过程。但究竟是什么原因导致农民工群体在以自由、平等、公平竞争为准则的市场场域中遭受如此之多的社会排斥呢？这将是本章探讨的主要目标和着眼点。

第一节　基于二元户籍制度对二元劳动力市场的区隔

农民工群体在城市工作中首先遭遇的是劳动力市场的排斥。所谓劳动力市场排斥，主要是指劳动者因制度或非制度等因素，无法进入社会主要的劳动力市场领域，而容易遭受各种市场风险以及不公待遇的状态和过程。

城乡二元户籍制度是劳动力市场中农民工群体遭受社会排斥的根本性原因。从就业层面来看，计划经济时期，中国政府在城市执行的是"计划配置、统包就业、行政调配和城乡分割"的就业政策（彭华民，2007：67）。在1980年以前国家对城市所有的劳动力安排工作，农民则主要囿于自己的一亩三分地，不允许他们进入城市就业，完全被排斥在城市的劳动力市场之外。改革开放后，随着社会主义市场经济体制的建立，户籍制度对农民进城务工的就业限制被取消，城乡劳动力的流动性日益加强，城乡二元劳动力市场截然割裂的状况被改变，农村剩余劳动力得以出现在城市劳动力市场中。

但是，中国社会的二元特征不仅表现在宏观的城乡经济社会结构上，而且表现在城市劳动力市场内。1971年，多林格（P. Doeringer）和皮奥里（M. Piore）共同发表了《内部劳动力市场及人力政策》一书，提出在现代工业社会中，劳动力市场远非是竞争和统一的，它被分割成两种，即首属劳动力市场和次属劳动力市场。首属劳动力市场的劳动者收入高、劳动环境好、待遇好、福利优越，凡是能进入该市场的劳动者自然成为社会上的富有者，成为地位较高的阶层。次属劳动力市场的劳动者收入低、工作环境差、待遇差、福利低劣等，凡是在此市场上就业的劳动者往往沦为地位较低的低收入阶层（李强，2002：122）。进入次属市场就业的主要是那些没有经过正规教育和职业培训的劳动者。但是某些人长期俯就于较差的工作，并不是因为人力资本含量不足，而是由于歧视和排斥行为所致。从二元劳动力市场理论看，中国的城市劳动力市场同样存在着二元化特征。城乡分割的户籍制度是劳动者进入这两种劳动力市场的主要标准：城市职工与进城农民工在户籍制度的区隔下被安排在不同层次的劳动力市场中。绝大多数城市农民工由于缺乏城市户口只能进入收入低、工作环境差、待遇差、福利低劣的次属劳动力市场，成为城市社会的底层群体；由于户籍制度的保驾护航，城市居民则因其身份上的合法性而不论其能力强弱，大都能堂而皇之地进入首属劳动力市场，成为社会地位较高的群体，这种情形从笔者访谈的20位农民工和10位城市居民所从事的职业领域中可见一斑。这20位农民工除了少数人是小老板、包工头以及收银员外，大多数人都从事着搬运、保洁、环卫、保姆、维修、建筑等工作，这些工作大多又脏、又累、又苦、又危险，不仅职业声望低而且极不稳定，失业风险大。在对城市居民的访谈中，大多数人基本上都从事着体面而稳定的工作，如律师、工程师、外企员工、教师等职业。农民工和城市居民虽然同处于城市这一公共场域，但就业的难易程度、职业的好坏、面临失业风险的大小等都截然不同，这种不同很大程度上并非仅仅因为二者个人素质的差别，更多的是由制度壁垒所造成的。因此农民工群体在城市劳动力就业市场上处于被排斥地位。

个案N11：我现在给人家当保姆。来北京这三年，我找过很多工作，有时候因为工资太低自己觉得划不来就不干了；有的是因为老板找到更好的员工就不让我干了，反正干的活都不稳定。在劳务市场找过很多次工作，但像样点的工作都要有北京户口。上次一个超市大量招营业员，学历要求初中及以上，我一看自己学历够了，工作还算稳定，待遇也不错。急忙赶过去，人家却说必须要有北京户口，这一下就把我打蔫了，失望极了，但一点办法都没有。

在城乡二元户籍制度的作用下，农民工群体被制度性的因素约束在城市次级劳动力市场内，遭受着二元劳动力市场的歧视和排斥。

中国由于户籍制度以及基于户籍制度的城市劳动力市场制度设置，让城市户籍身份缺失的农民工，无法平等自由地在城市劳动力市场上自由流动和公平竞争，劳动力市场排斥的顽固性特征明显。城市劳动力市场之所以是“二元”的，除了主次劳动力市场存在明显差别外，还主要因为两个劳动力市场是相互隔绝的。在存在二元劳动力市场的国家里，不管是一级市场还是二级市场，劳动力都可以在各自的劳动力市场中自由流动。但是在两个市场之间，劳动力却不能实现相互流动。在一级市场就业的劳动力，当他们失业时，即使可以在二级市场实现就业，他们也宁可暂时失业、慢慢等待机会也不愿转移到二级劳动力市场中就业；而在二级市场就业的劳动力由于自身素质的制约不可能向一级市场流动，即使经过培训达到了一级市场雇主所要求的能力，但由于工作动机、工作态度、职业习惯不同，使得习惯于二级市场的劳动力很难融入一级市场。

城市主次劳动力市场的隔绝以及流动的限制，在中国社会中主要通过户籍制度来实现。

个案 N1：我来北京工作三年，换了很多份工作，做过搬运工、保安、建筑工等，但做的时间都不长，好一点、稳定点的工作，要么因为没技术，要么因为没有北京户口都不让我们外地人干。因为以前做过装修工，所以自己揽点活去做。

与国际劳动力市场的种族歧视等相比，中国两种劳动力市场的区分并不是纯技术性的，而是由人为构建的户籍制度限定的。中国城市居民所从事的很多工作就能力要求而言，农民工完全能够胜任，但却因为没有城市户口而无法进入这些工作岗位。在中国，户籍制度不仅承担人口管理的功能，而且还是一种就业资格，如，应聘单位对求职者城市户口的要求。在中国社会，户籍身份成为资源、权利有差别配置和分配的合法化标准和依据，如果个人没有该地区的户口，其就业、保障等皆备受限制。户籍就像一道鸿沟横亘在城市主要劳动力市场和次要劳动力市场之间，将农民工群体长久固定在次级劳动力市场中，难以跨越这道鸿沟进入主要劳动力市场，使其无奈地成为次级劳动力市场中孤独的守望者。

第二节　基于二元户籍制度的二元就业政策

虽然城乡二元分割的户籍制度取消了对农民进城务工的限制，但是依然发挥着“属地管理、身份管理”的双重作用，由户籍制度衍生出的其他一系列不平等制度并未发生根本性的变化，一系列不利于农村劳动力转移的政策依然存在，在城市中形成了以城乡二元户籍制度为基础的二元就业政策。我国长期以来在城乡区隔的二元户籍制度的基础上，实行的城乡二元就业政策，是农民工在劳动力市场上遭受歧视和排斥的重要原因。

为了保障城市居民的充分就业，城市政府从各个方面对劳动力市场中的农民工进行各种各样的社会排斥。一方面，通过设置各种障碍阻挠农民工群体大量流入城市，例如，政府规定农村劳动力跨地区转移必须同时获得迁出地和迁入地政府的批准，取得打工许可证、城市暂住人口登记证明文件；另一方面，有的城市尤其是大城市，政府干脆禁止外来工进入某些行业来实现对农民工的劳动力市场的排斥。以北京市为例，1995 年出台了《北京市外地来京务工管理规定》，根据这一规定，从 1996 年开始政府每年都公布允许和限制使用外来工的行业、工种及职业清单，而且限制的种类和数量逐年递增，1999 年限制行业为 5 个，职业为 34 个；到 2000 年，限制行业增至 8 个，职业增至 105 个（张兴华，2000：11）。

个案 N20：刚来北京的时候我做过饭店服务员、洗头妹等工作，想找好点的工作但发现特别难，城里人欺生，又没有本地户口。后来我去学美甲，现在主要靠做美甲赚取生活费。

个案 N4：咱没文化，也没有有本事的亲戚帮衬，工作这么多年了就因为没有户口还是很难找到好一点、稳定点的工作，以前做过建筑工、保洁员、销售员，但都做不长，老板说不要就不要了，没办法。现在我在帮一家纯净水公司送水。

在长期城乡分割的二元户籍制度实行的“城乡分治”管理方式之下，政府对外来农民工的就业、生活和保障等没有直接的责任，他们主要管理和负责的是当地城市居民的就业和生活。因此农民工群体就成了“没娘的孩子”，不仅没有人管他们的就业等问题，而且还受到城市政府施加的压力，通过各种政策和规章制度限制农民工群体，在劳动力市场上公平地获取就业机会、就业报酬等。在城市二元就业制度的影响下，农民工群体在城市劳动力市场上遭受歧视和排斥。

第三节　基于二元户籍制度的城市二元用工政策

传统的主流经济学的研究发现，在劳动力市场运行过程中，劳动力供求双方都面对全面的信息，需求方知道所有劳动力供给的数量和质量，根据劳动力的边际生产力决定雇用与否，以及据此决定工资的多少；供给方也知道所有需求方的信息及工作职位，并根据报酬去选择适合自己的职位，在这种机制的作用下使所有需求和所有供给得到相应的结合(郭敏，2006：31)。但事实上，这种劳动力市场的理想状态很少出现，不完全的竞争、垄断或信息不对称等问题会导致“市场失灵”，进而出现市场分割的局面，在这种情况下，即使劳动者的素质相同，他们在劳动力市场上也会遭到不公正的待遇。

在中国劳动力市场中，长期以来形成的二元就业制度使农民工群体不仅遭受首属劳动力市场的排斥和歧视，而且还遭受劳动力市场内部的排斥，突出表现为二元用工制度：在企业内部劳动力市场，基于城乡二元户籍制度的作用，用工单位对城市劳动力和农民工提供有差别的待遇，以此实现对农民工的歧视和排斥。由于城市户籍的缺失，城乡二元用工制度使得农民工即使有幸与城市居民从事同样的工作，但是同工不同酬的不公待遇以及劳动签订率低的现象时有发生。

1. 用工单位通过压低、克扣、拖欠工资来实现对农民工的社会排斥

在"双重二元"的城市劳动力市场上，保守工资的存在，使城市劳动力市场的工资呈现两极分化的态势。根据国家统计局北京调查总队的数据显示：2016 年北京市农民工年平均收入为 35 976 元(数据来源：http://tjj.beijing.gov.cn/zxfb/201703/t20170309_370080.html)；2017 年北京市农民工年平均收入为 38 760 元(数据来源：http://tjj.beijing.gov.cn/zxfb/201803/t20180316_394572.html)；而根据住户收支与生活状况调查数据显示，按常住地分 2016 年北京城镇居民人均可支配收入 57 275 元计算(数据来源 http://www.bjstats.gov.cn/tjsj/sjjd/201701/t20170122_367581.html)，2017 年北京城镇居民人均可支配收入为 62 406 元(数据来源：http://www.bjstats.gov.cn/tjsj/sjjd/201801/t20180119_391238.html)。

在劳动力市场上，不同部门、不同行业、不同职业之间存在着较大的收入差距，例如，政府部门、垄断性国企以及外企等从业人员收入一般比较高。在对农民工的调查和访谈中发现，由于劳动力市场中的就业限制和排斥，农民工大多与这些高收入行业和部门无缘，他们多集中在制造业、建筑业和服务业等工资较低的行业，从 2004 年农民工就业行业分布(图 5-1)中可以看出(国务院研究室课题组，2006：5)。

从现有的调查和访谈资料中，笔者发现目前农民工的工资水平较低，与其劳动强度形成强烈反差。据统计，2004 年农民工的平均月收入水平为 780 元，城镇职工的平均月工资为 1 335 元，农民工的工资水平仅相当于城镇职工的 58%(国务院研究室课题组，2006：107)。如图 5-2 所示，2004 年农民工月均收入在 300 元以下的占 7.6%，300 元～500 元的占 17.8%，500 元～800 元的占 37%，800 元～1 000 元的占 16.4%，1 000 元

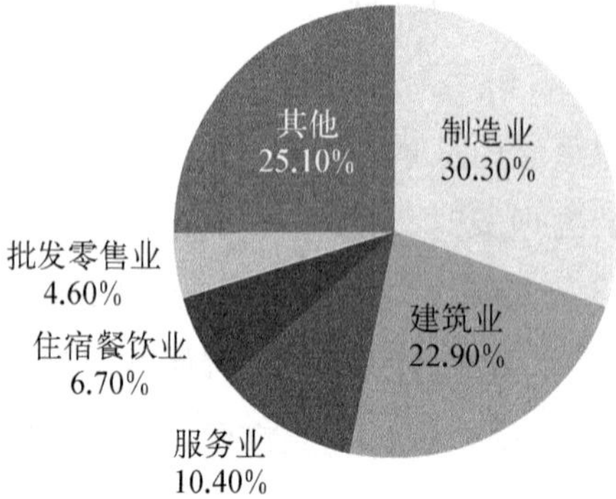

图 5－1　2004 年农民工就业行业分布

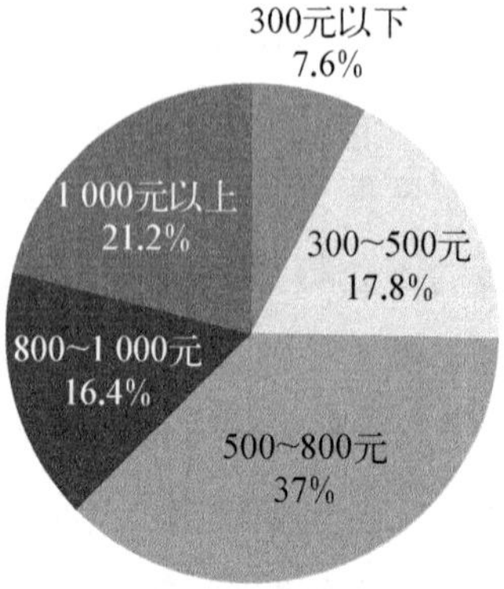

图 5－2　2004 年农民工月平均收入比例分布

以上的占 21.2%(国务院研究室课题组,2006：105)。农民工工作的强度与较低的工资水平形成强烈反差,调查显示,每天工作时间 8 小时以内的仅占 13.70%,8 小时至 9 小时的达到 40.30%,9 小时至 10 小时和 10 小时以上的分别占 23.48%和 22.50%(国务院研究室课题组,2006：116)。

在劳动力市场上,农民工不仅工资水平无法与城市居民相比,而且他们微薄的工资常常被拖欠或克扣。尽管国家采取了追讨农民工工资专项行动,但拖欠农民工工资的问题仍未得到根本解决;克扣或变相克扣农民工工资的现象屡禁不止。2004 年有 6.1%的外出农民工工资被拖欠,人均拖欠额 1 806 元(国务院研究室课题组,2006：107)。调查显示,11.5%的农民工在过去半年里有过一次被拖欠工资的经历,4.3%和 6.4%的农民工有过两次和三次以上的工资被拖欠的经历;就拖欠金额而言,在最近一次拖欠事件中,有 46.15%的人被拖欠金额在 500 元以下,31.3%的人被拖欠工资金额 501 元～1 000 元,12.8%的人被拖欠工资金额在 1 001 元～2 000 元,9.9%的人被拖欠工资金额在 2 001 元以上(郑功成、黄黎若莲,2007：12)。

个案 N3：我在这个工地干了两年多,一月工资有 2 500 元,老板平时不给发工资，只给一些零用钱，说是到年底给结，到现在我前两年的工资还欠着呢，也不知道什么时候才能拿到。

个案N6：我在这个工地当包工头几年了，日子也不好过。建筑商迟迟拖欠不给工程款，工人的工资也不能按时发，真是两面受气。

个案N8：我来北京时间不长，差不多有两年。现在是一家饭店的服务员，管吃管住一个月700多元工资，但老板每月都会扣掉100元钱作为保证金，年底结算工资时，如果平时工作中没出什么差错，就还给我。但实际上，这些钱都被老板以各种理由扣掉了。一开始还跟他理论，但没用，除非走人。现在工作不好找，所以只有忍着。

户籍制度是造成农民工收入相形见绌、被克扣拖欠的一个非常重要的因素。对农民工而言，由于没有城市户口，在心理上就先认定自己的工资理所当然会比城里人低，他们不敢奢求进入城市的首属劳动力市场，和城里职工享有同样的住房、医疗保障、子女入托等待遇；城市户口的缺失使他们在劳资领域的博弈能力低，谈判力差。就企业而言，农民工没有城市户口，成为他们压低、克扣、拖欠工资、不给保险和福利有恃无恐的充足借口。

2. 用工单位通过同工不同酬的差别待遇排斥农民工

从访谈中笔者发现，由于城市户籍的缺失，农民工即使有资格与城市居民从事同样的工作，用工单位也会对农民工实行同工不同酬的待遇。个案N14和个案C8同为北京Y超市的收银员，其中个案N14托关系好不容易谋到这份收银员的工作，但由于没有北京市户口，只是个临时工，工资一个月600元，而且没有任何社会保障；个案C8因其是北京人，虽然也是收银员，但她是正式合同工，一个月工资800元，而且有“三险一金”。

同工不同酬的现象对农民工而言已司空见惯，他们对此感到颇为无奈。诚如个案N14所言，“能找到这么个工作已经很不容易了，咱没啥本事和人家理论，只要不赶我走，就谢天谢地了。谁让咱是外地人呢?”

用人单位在用工制度中往往针对不同身份的职工给予不同的待遇。对于拥有城市户口的职工，不仅工资水平高并且能按时发放，而且基本上每个职工都享有城市中较为完备的“五险一金”的工作福利。但对于没有城市户口的农民工而言，待遇就完全不同且相差甚远。姑且不说做同样的工作，即使农民工比城市居民干活认真、工作时间长，他们的待遇照样很差，工资水平没有城市职工高且不一定能按时发放，而且通常无法享受应有的社会保障。在就业市场中，同工不同酬的现象颇为普遍，充分说明了农民工群体在劳动力市场上被严重地排斥着。

同工不同酬的排斥状态已被城市职工和农民工意识到，但由于各自的立场不同，他们所抱的态度也不同。有数据显示，在被调查者中，35%的城市工人认为，农民工不应该享有与城市工人同等的待遇。实际上，50%的城市工人和52%的农民工认为，他们所在的企业能平等对待农民工和城市工人。但在与就业相关的议题上发现，认为农民工和城市工人待遇平等的农民工的比例居然稍高于城市工人：66%的城市工人认为农民工的工资比城市工人低，55%的城市工人认为农民工的工作时间更长，74%的城市工人认为农民工的福利待遇要差一些，64%的城市工人认为农民工所获得的福利项目要少一些。相应地，在农民工中间，58%的人认为他们的工资待遇比城市工人低，45%的人认为他们工作时间更长，61%的人认为他们的福利少，49%的人认为他们获得的福利项目少——所有的这些比例都要比城市工人的低一些(谢桂华，2007：105)。因此，尽管总体上有50%的工人认为在城市劳动力市场上，农民工和城市工人受到平等对待，也有相同比例的工人承认在工资分配、福利和工作负荷等方面，农民工的待遇要稍差一些，同工不同酬的现象客观存在着，市场对农民工的排斥客观存在着。

3. 由于用工单位不遵守相关的法律法规导致农民工排斥现象的发生

《中华人民共和国劳动合同法》是协调劳资关系、调解劳资纠纷的主要法律依据，是维护劳资双方正当权益的法律武器。因此签订劳动合同是农民工进入用人单位从事劳动的必经程序。只有签订了劳动合同，明确了劳动关系双方当事人的权利、义务，农民工的合法权益才能得到更好的保障，一旦发生劳动争议，农民工才能有理有据地为自己讨说法。

但是在调查中，由于就业市场的激烈竞争，农民工为了有工作做，对于用工单位不签订劳动合同，或只签订口头合同的不合理要求也无奈地答应了。因此调查发现，为数不少的农民工没有和用工单位签订劳动合同，比例高达 79.3%（国务院研究室课题组，2006：107），这使得农民工在遭到用工单位任意克扣、拖欠工资的不公待遇时因缺乏法律依据，其正当权益难以被保护。

在访谈中笔者了解到，只有 10%的访谈对象和用人单位签有劳动合同，35%的访谈对象有口头劳动合同，其余都没有和用人单位签订劳动合同。

由于我国《劳动法》不承认口头劳动合同的效力，因此当劳动者和用人单位因事实劳动关系发生争议，并不能按口头劳动合同来处理；即使签订劳动合同的农民工，由于自身的法律意识薄弱、缺乏以法律武器维护自己劳动权益的知识和能力而无法得到保障，更别提没签订劳动合同的农民工，其合法的劳动权益更无法得到保障了。

第四节　基于二元户籍制度的二元住房政策

农民工在市场领域中遭遇的社会排斥还体现在住房上，住房排斥实际上是社会排斥中言及的空间居住排斥。住房是人类最基本的生存条件之一，保证公民的基本住房是维护人最基本的生存权，所以古人曾有“大庇天下寒士俱欢颜”的理想。农民工流入城市，首先面临的就是寻找安身立命之所，找个落脚之地。可这个落脚地在城市这个寸土寸金的地方很难找到，尤其对于经济窘迫的农民工而言更是如此。农民工来到城市后首先面临的就是住房排斥。

城市二元住房制度中的被排斥者——农民工——因缺乏城市户籍不可能享受国家在住房市场中实行的优惠政策，加之他们自身在劳动力市场中的贫弱处境，缺乏足够的经济能力购买商品房。巴尔和哈罗认为每个社会都有一种“住房供给结构”，这个结构本身存在极大的社会排斥性(Ball & Harloe, 1992: 3－15)。哈罗认为商品房和政府公房有着不同的社会排斥倾向：商品房进入的途径是收入和财富，没钱的人站在门外；公房进入的途径是需要和等待的能力(Harloe, 1995)。那些不能等的人、自愿妥协的人、被认为不能交房租的人、没有资格住公房的人、没有被房管部门注意到的人以及不能列在住房“单子”上的人(例如，残疾人、特定的宗教群体，或者有精神病的人)……他们均被排除在外。因此，商品房具有的排斥性要比公房所具有的排斥性大得多。因为商品房将一大批穷人都排除在外，而公房不太排斥穷人。

1. 在城市的住房结构中，农民工群体恰恰属于购买力不足的穷人，无可奈何地被排斥在城市的商品房体系外

在表 5－1 中我国城市按照商品住宅价格分为四类，可以看出自从开始住房市场化改革以来，城市住房的价格呈不断上升的趋势(表 5－2)。1999—2002 年，进城务工和经商的农民工的平均月收入为 966 元，一半以上的农民工月收入在 800 元以下，其中月收入在 500 元以下的占 19.67%，月收入在 500 元～800 元的占了被调查农民工总数的 33.66%，只有一成的农民工的月收入超过了 1 500 元(赵旭、王钢，2007: 227)。因此，农民工的低收入与城市的高房价形成鲜明的反差，使他们不敢奢望能在城市购买或租住配套较好的商品房。与大多数城市居民有属于自己的固定房产不同，大多数农民工在城市中都没有属于自己的房子、无固定的房产。

表 5－1 按商品住宅价格进行的城市分类(单位：元/平方米)

	低价位	中价位	高价位	代表城市
一类城市	1 500～2 500	4 000 以上	8 000～10 000	北京、上海、广州、深圳
二类城市	1 200～2 000	3 000～5 000	6 000～7 000	天津、杭州、重庆、大连
三类城市	800～1 800	2 500 以上	5 000～7 000	成都、郑州、长沙、兰州
四类城市	800～1 200	2 000 以上	4 000 以上	中小城市

资料来源：骆伟才：《中小城市房地产开发机遇与挑战》，http：//www. china－Olympic. cc/sqlweb/web/long/yanjiu/point/0007.html－2005－1－31。

个案 N2：在北京虽然做了几年的生意，但市场不景气，生意不好，赚的钱除了房租、日常开销外，剩不了几个钱。这里房价那么高，根本买不起啊。

在访谈的 20 位农民工当中，只有两位农民工在城市中购买了商品房，仅占 10％，90％的农民工都无力购买商品房。农民工的低收入决定了他们无力购买普通商品房。另外，由于政府财力有限，以及城乡二元住房结构的影响和户籍制度的限制，农民工整体性地被排斥在中国城市住房体系之外(见表 5－2)。

表 5－2 2012—2016 年按用途分商品房平均销售价格(单位：元/平方米)

类 型	年 份				
	2012	2013	2014	2015	2016
住宅	5 430	5 850	5 933	6 473	7 203
办公楼	12 306	12 997	11 826	12 914	14 332
商业营业用房	9 021	9 777	9 817	9 566	9 786
其他	4 306	4 907	5 177	4 845	4 832
平均价格	5 791	6 237	6 324	6 793	7 476

数据来源：中华人民共和国国家统计局编：《中国统计年鉴—2017》，中国统计出版社，2017 年 9 月版。

与大多数城市居民有属于自己的固定房产不同，农民工大多在城市没有固定的房子。在访谈中笔者发现，目前农民工解决住房问题主要有租赁简易房、住单位宿舍和工棚等几种方式。

租房是为数不少的农民工解决住房问题的主要方式，只是租住的条件略有差异，有的租住在平房（个案 N7）、有的租住在地下室（个案 N15）、有的是合租民房（N19）等。

个案 N4：在城市里买房根本不可能，做梦都没想过，北京的房价那么高，哪是我们这些人能买得起的。我们家在西黄庄租了两间半地下室的房子，勉强够我们夫妻和孩子住，就这每月都要花四百块钱的房租，贵得很，但没办法啊，总不能流落街头吧。

个案 N3：由于一直在工地干活，来北京后我就一直住在工头给搭建的工棚里，一个大屋子里住十多个人，又脏又乱，臭烘烘的。

个案 N8：我在饭店打工，等打烊后，把桌椅归并归并，就住在饭店里头。

个案 N11：我在现在这户人家做保姆，管吃管住，虽然住的地方很小，但不用花钱，觉得还凑合吧。

个案 N9：我住在公司的单位宿舍里，我和孩子们一起住一个单间，孩子们长大了，一家人挤在一起很拥挤，但没办法。我们租不起房，更买不起房。

农民工除了自己花钱租简易房、廉价房甚至地下室外，要么住在单位宿舍或工棚中、要么住在雇主家里等。他们既没有自己的房子，也租不起条件好的房子，大多住在城乡接合部或城中村里，住房面积小、环境脏乱、配套设施不全，生活非常不方便。他们被排斥在城市的核心圈外。

根据李斌、王晓京对宁波市农民工住房种类及人均面积的调查得出结论：农民工人均居住面积多年维持在不足 4 平方米的水准。和城市人均住房面积迅速增长相比，目前农民工人均住房面积比 1980 年的城镇人均 3.9 平方米还要低。另据国家统计局 2006 年发布的《城市农民工生活质量状况调查报告》指出：农民工在城市打工大多居住在简陋的宿舍里，有 29.19%的农民工居住在集体宿舍里，有 20.14%的农民工居住在缺乏厨卫设施的房间里，有 7.88%的农民工居住在工作地点，有 6.45%的农民工居住在临时搭建的工棚里，还有 12.54%的农民工在城里没有住所，只能往返于城郊之间，或回农家居住（赵旭、王钢，2007：227）。

因此，农民工在城市的商品房领域中遭受极大的排斥，主要表现之一就是其住房现状很差，如，缺乏属于自己的房子、居住面积小、环境差、配套设施不齐全等问题突出。

2. 城市中的二元住房政策对农民工的住房排斥

许多时候社会排斥发生在人为制定的社会政策。当社会政策系统化地拒绝向某些社会群体提供资源，使之不能完全参与社会生活时，就会导致社会排斥。一个国家的住房政策就属于社会政策的范畴。农民工之所以在城市中遭受住房排斥，主要是因为我国城市中的相关住房政策，如，住房公积金制度、买房给优惠、提高房租发补贴、建设经济适用房或安居工程、1998 年实施住房货币化补贴以及廉租房、限价房等，由于农民工缺乏城市户口导致其无法名正言顺地享受这些住房福利政策，从而被明显地排斥在住房领域之外。

（1）住房公积金制度的排斥

住房公积金制度是政府为解决城市职工家庭住房问题所出台的政策性融资渠道。根据《全国住房公积金 2017 年年度报告》，2017 年住房公积金实缴单位 262.33 万个，实缴职工 13 737.22 万人，住房公积金缴存额 18 726.74 亿元；住房公积金提取人数 4 689.49 万人，提取额 12 729.80 亿元；住房消费类提取 10 118.95 亿元，为改善居民家庭住房条件发挥了重要作用（数据来源：https：//wenku.baidu.com/view/82c9e220e418964bcf84b9d528ea81c758f52ec8.html）。但是住房公积金制度主要解决的是城市职工的住房问题，然而能参加住房公积金的大多是效益好的国有企业以及事业单位。公积金制度无形中将没有参加公积金制度的职工、困难企业的职工以及没有单位的城市居民排除在外，同时也把在城市工作的农民工群体排斥在住房公积金制度外，因为其不属于城市居民，同时大多没有稳定的工作，不属于公积金覆盖的群体。

（2）买公房给优惠制度以及提租制度的排斥

所谓买公房给优惠的制度，主要是指为了解决单位的福利分房问题，实行住房货币化政策，在房改的初期推行“三三制”售房，即个人只要拿 1/3 的资金就可以拥有一套全额的住房，这有助于刺激城市居民购买住房。但这却导致了社会排斥，其结果是：有房者得补贴，原住房宽的得更多的补贴，没有住房的得不到补贴。提租制度同样如此，通过提租刺激人们放弃租房，选择购买住房，这种住房提租的用意就是：多住房、多掏钱。农民工群体的农民身份使其既无法享受购房优惠也没钱购房，无形中被排斥在住房优惠政策之外。

（3）安居工程以及经济适用房的排斥

国务院于 1994 年 7 月下发了《国务院关于深化城镇住房制度改革的决定》，提出为使人民安居乐业，社会稳定繁荣，实施国家安居工程，主要任务是：从 1995 年到 2000 年，用 5 年时间在原有住房规模的基础上，新增 1.5 亿平方米住房，用于解决城市里中低收入家庭的住房困难问题，逐步建立具有社会保障性质的住房供应体系。安居工程直接以成本价向城镇中低收入的无房户、危房户和住房困难户出售（陈小力，1995）。同样，为了解决城市中低等收入家庭的住房难问题，政府出台了经济适用房政策。但无论是安居工程还是经济适用房，面对的群体都是具有城市户口的城市居民，没有该城市法定户口身份的人，特别是广大的农民工完全被排除在安居工程和经济适用房之外。

（4）住房分配的货币化制度的排斥

住房分配货币化是深化房改的核心，它能够避免传统的实物性福利分房的弊端，真正体现公平与效率的原则。然而，广州市政府随后推出的住房分配货币化的实施方案中实施单位是市政核拨经费（即全额预算）或核拨补助（即差额预算）的市直属机关、事业单位，即“吃财政饭”的单位（邓海平，1998）。这一政策实施结果同样排斥了企业职工、下岗工人、无工作单位的居民、以及广大农民工。

（5）廉租房和限价房制度的排斥

经济改革使城市中群体之间的差距日益扩大，低收入者购买商品房的能力严重不足，使住房问题日益突出。政府为了实现居者有其屋的理想而推出了廉租房。廉租房是指政府以租金补贴或实物配租的方式，向符合城镇居民最低收入且住房困难的家庭提供的社会保障性质的住房。廉租房的分配形式以租金补贴为主、实物配租和租金减免为辅。我国的廉租房只租不售，出租给城镇居民中的最低收入者。[①] 各地的限价房也是“千呼万唤始出来”，但在北京购买限价房的条件包括“具有本市常住户口”“中低收入家庭优先”，以及已取得经济适用住房购买资格的家庭如放弃购买资格，可以申请购买“中低价位、中小套型普通商品房”等。显然政府在设计住房改革政策时并没有把日益增多的没有城市正式户口的“居民”计算在内，农民工的住房要求被长期忽视。

综上所述，在以城乡二元户籍制度为基础的一系列政策和制度作用下，农民工群体在中国劳动力市场中遭受各种社会排斥，导致其经济资本极其匮乏。

所谓经济资本主要是指个体的经济收入以及衣食住行等方面的支出。农民工的经济资本匮乏是指其经济收入以及衣食住行等方面的支出短缺或水平相对较低。农民工群体进城后，由于农民的户籍身份尚未改变，因此在劳动力市场上遭遇各种各样的排斥，集中表现为就业难、就业层次低，大多压缩在次级劳动力市场，同工不同酬、待遇差、晋升难。

① http：//news.xinhuanet.com/house/2007-05/21/content_6129415.htm.

因此他们创造经济资本的机会少、条件差、收入少。在没钱寸步难行的城市社会里,农民工的低收入将意味着生活层次、消费水平等相应很低。

与城市居民相比,农民工的消费行为少。从对农民工和城市居民的访谈信息中可以清楚地看出农民工很少出入消费场所,发生高消费行为的情况更是凤毛麟角,这说明农民工没有过多的经济资本去挥霍,享受奢侈的生活。

个案 N7:虽然我在超市工作,但很少买东西,除非有必须买的,也尽量等商品特价时偶尔买点。

个案 N11:我也想买东西,买漂亮的衣服、化妆品啦什么的,但是我一个月工资才五百多块钱,还要交房租什么的,看着想买的东西也只有干瞪眼的份。

然而在对城市居民的访谈中,情况却与此大相径庭,明显地感受到他们比农民工的消费行为频繁得多。

个案 C4:现在生活开销很大啊,每个周末都要去大采购一番,一定得去超市买些日用品、烟酒、食品等。

个案 C9:我是属于超级喜欢购物的人,隔三岔五都要去商场买些化妆品、包包或者衣服之类的,不仅给自己买,还给老公、孩子买,每月开销特别大。

与城市居民相比,农民工的消费水平低。农民工的消费水平低与其较低的收入水平直接挂钩。2004 年农民工的平均月生活消费支出为 291 元,比城镇居民低 308 元,仅相当于城市居民的 49%(国务院研究室课题组,2006:107)。

农民工的收入水平相对较低,使得农民工的消费结构和城市居民之间存在很大的差异。

第一，农民工的消费多属于简朴型消费。为了多挣点钱寄回家，农民工大多节衣缩食，除了上下班必要的交通费以及吃饱穿暖外，基本上没有额外的消费。

个案 N3：我们平时基本上都待在工地，没什么时间出去花钱什么的，而且工地上有食堂、小卖部，工头给我们发票，可以买饭和日用品。

个案 N13：我一个月工资有 600 多块，平时开销很少，基本上不花钱的。

第二，消费水平低，层次悬殊。由于收入水平低、购买力差，大多数农民工的消费非常简朴、低档。在城市二手市场、农贸批发市场上到处闪现着他们的身影，而这些地方的商品大多质量比较差，但价格比较便宜。

个案 N20：女孩子嘛谁不喜欢逛街购物，但挣不下钱，想买的时候只能买些地摊货。

第三，享受和发展型的消费很少。农民工群体往往工作时间长、强度大，生活比较单调，对温饱需求以外的东西很少问津，他们没有富余的钱去享受，甚至也没有多余的钱去买书、参加培训班等为自己充充电，提高自己的文化水平和劳动技能，城市居民的奢侈性消费对他们而言无异于天方夜谭。

个案 N10：我做销售每月收入虽然有 4 000 多元，但房子和车子花钱很多，基本上也是月月光。有时候想报个培训班都不舍得，很害怕落得个青黄不接。

个案N19：现在年纪大了，有口饭吃就行了，咱农村人不像人家城里人，不讲究的。

农民工作为城市中的低收入群体，除了住房和日常的必要开销外，没有闲钱去高档场所消费，买不起高昂的精品，也不可能过着丰富多彩的休闲娱乐生活。

与城市居民相比，农民工的消费方式无疑是落后的。与城市居民的"月月光"以及"超前消费"的消费方式相比，农民工的消费方式则相对比较保守，基本上秉持没钱不花或有钱少花的理念，有较强的储蓄观念和防患意识。

个案N15：我在酒店做招待员，管住宿，每月800多元，但是临时工不稳定，不敢跟城里人那样可着劲花钱，得攒点钱应急。

这种居安思危、瞻前顾后的思想束缚着农村居民的消费理念和消费方式，呈现保守性的特征，与城市居民开放性、现代性的消费方式形成强烈反差，从而被排斥在主流的消费社会之外，成为边缘性的消费群体。

因此，从农民工低水平的消费方式上可以看出他们的经济资本极度匮乏，没有能力去进行奢侈消费或者炫耀性消费，而这种消费方式往往能成为提升社会地位、拓展沟通渠道、发展新的经济资本的纽带和桥梁。但是农民工经济资本的匮乏导致其无法通过消费，达到提升社会地位的目的，因此不可能建构新的经济关系网，获取经济资本的支持和帮助，无法提高自身在市场场域中的竞争力。经济资本的匮乏往往会触发其他场域如政治、社会等场域中各种资本的匮乏，形成联动效应，从而使农民工群体在城市社会中遭遇全面的歧视和排斥。

第六章　国家场域中农民工社会排斥的原因分析

中华人民共和国成立至今，国家通过建构相关的制度、政策以及发展战略推动经济社会的迅速发展。计划经济时期国家实行的城乡二元发展战略，造就了中国经济社会结构的二元性特征。在二元经济社会结构的背景下，国家出台一系列城乡有别的政策和制度，使得农村居民和城市居民之间享受的权益泾渭分明，其中制度和政策更多地维护了城市居民的利益，他们无论是在政治生活的参与度还是在福利的享受上，都比农村居民优越得多，使农村居民处于被排斥的地位。在市场经济体制下，国家场域中对农民工的社会排斥，主要集中表现在政治维度和社会保障维度上，以下笔者将深入探讨农民工在国家场域中遭受政治排斥和社会保障排斥的原因何在。

第一节　国家场域中农民工政治排斥的原因分析

《中华人民共和国宪法》第二章第三十四条规定：中华人民共和国年满十八周岁的公民，不分民族、种族、性别、职业、家庭出身、宗教信仰、教育程度、财产状况、居住期限，都有选举权和被选举权；但是依照法律被剥夺政治权利的人除外。[①] 反观中国农民工在城市中的政治生活，处处可见其被歧视、被排斥的痕迹。所谓政治排斥，主要是指个人、团体因某种政策或现实的原因而缺乏话语权，无法公平地获取政治资源、享受政治权利和履行政治义务，无法参与政治决策的状态和过程。政治排斥一方面表现为个人和团体因没有政治公民资格或政治权利而遭受排斥；另一方面指个体虽然拥有政治权利但却因各种原因未能参与政治活动，例如，未能参与正常的选举与被选举活动、无法参加政治组织，无法获得正当的政治权利，简而言之，受到政治排斥意味着政治参与程度明显低于其他社会成员或者社会群体。我国的宪法和法律规定：中华人民共和国的一切权力属于人民；人民依照法律规定，通过各种途径和形式，管理国家事务，管理经济和文化事业，社会事务。[②] 我国农民工所遭受的政治排斥主要是指虽然在法律和制度上保证了农民工现有参与政治生活的权利，但在现实中却因各种原因无法充分行使的情况。

一、基于二元户籍制度的城乡二元管理制度

长期以来在城乡二元户籍制度的区隔作用下，城市与农村无论是经济、政治，还是文化、社会生活方面基本上处于各自为政、互不干扰的割裂状态，长期以来依托二元户籍制度造就了城乡分割的二元社会管理制度。新中国成立后，户籍制度采取农业户口与非农业户口两种制度与管理体制，把城市人口与农村人口截然分开：享受一系列特殊政策和优惠待遇的城镇非农业人口与不能享受这些特殊政策和优惠待遇的农业人口；从事农业或非农业活动不仅是职业上的差别，而且是两种截然不同的身份差异。这种户籍上的城乡身份区隔在中国二元经济社会结构中

---

① http：//news.xinhuanet.com/newscenter/2004－03/15/content_1367387_1.htm.

② http：//news.xinhuanet.com/newscenter/2004－03/15/content_1367387.htm.

有了更多的意义，是城乡二元党政管理制度建立的基础。城乡二元党政管理制度是我国特有的一种政党和行政管理模式，它是建立在城乡二元的户籍管理制度基础上、与二元经济结构相对应的党政管理办法。其基本特征是城市党政组织负责管理和服务非农业户籍的居民，而农村党政组织则负责管理和服务农业户籍的村民。改革开放前，我国实行的是城乡分割的二元社会管理模式，这种模式的基本格局一直沿袭至今（郑庆昌、钱鼎伟，2007）。[①] 城乡分割的二元社会管理模式导致进城农民工在城市社会管理体系中的缺位，户籍身份的区隔将他们隔离在城市社会的各种组织和管理体系之外，具体表现为农民工在政治组织和权益维护组织中的"缺位"。

组织化是现代社会的突出特征。正如帕森斯（Parsons）所言："组织的发展已成为高度分化社会中的主要机制，通过这个机制，人们才有可能'完成'任务，达到对个人而言无法企及的目标。"（Talcott Parsons，1960：41）组织中蕴含着资源和力量，能够实现个体无法达成的目标和愿望。因此在社会组织方面，农民工认为有必要加入一些合法组织的高达72.8%，然而由于各种原因，真正加入的仅为6.2%（王维、朱强，2007：139）。这主要是由于我国长期实行限制性民间组织管理政策，各种非政府组织发展迟缓，使得社会利益结构组织化水平低下。农民工从全国各地的农村纷纷涌入城市，来自四面八方，分布在城市的各个角落，组织化程度非常低，导致农民工的权益无法得到有力维护，常常被排斥在政治生活之外。

1. 农民工在国家政党组织中的"缺位"导致其政党活动的参与无从谈起

郑杭生等人的调查表明，政党组织更多的是在干部和工人等非农户口的人员中发展其组织成员，而在农业户口的城市农民阶层中发展的比

① http：//www.housoo.com/MOBAN/html/2008-01/0316301867.html.

例很小，农民阶层中很少有人获得党员身份（郑杭生、李路路，2004：323），因此，城市中多达上亿的农民工参加城市政党组织的人却寥寥无几。一方面，目前城市居民中共青团员、党员的比例远远高于农村居民，加之我国的党团关系与户籍挂钩，使得进城的党员、团员因远离组织而无法在城市中正常开展组织活动，有半数以上的党团员外出就业以后，事实上便失去了党团身份，57.8％的党团员不再交党团费（赵树凯，1998：13）。另一方面，在我国党政部门中工作的人大都是城市居民，农民工群体很难迈进这个“高门槛”。城市居民参加党团组织的比例明显高于农民工，在关于“您是不是中国某一合法政党的党员”调查中，农民工回答“是”的频数为 57 次，占其总数的 20.4％；回答“不是”的频数为 223 次，占其总数的 79.6％。城市居民回答“是”的频数为 367 次，占其总数的 37.8％；回答“不是”的频数为 603 次，占其总数的 62.2％（李景治、熊光清，2007：156）。可见，就党员所占百分比而言，农民工与城市居民相比要低 17.4％。除此之外，农民工很难获得政治上的认同和升职的机会。郑杭生等人的调查表明，在城市行政体制内获得一定行政级别的农民阶层的人非常少，农民阶层几乎无人进入科级以上行政干部之列（郑杭生、李路路，2004：324）。况且现有的群众性政治组织，如各级妇联、共青团、党组织等，其政治控制功能多于利益代表功能，主要发挥党联系人民群众的政治“桥梁”和“纽带”作用，仅有的微弱利益表达功能也往往自觉或不自觉地充当了城市市民利益的代言人，因而难以满足城市外来人口的政治参与要求。加上农民工在政党组织中参与度较低，使其缺乏足够的维护自己权益的政治资本和组织力量，因而被排斥在政治生活之外。在访谈中，20 个农民工只有个案 N6、N10、N12 在农村的时候曾经是党员，但进城后再也没交过党费，没有参加过组织活动，事实上已完全脱离了党组织，其他农民工的政治面貌都是群众，更没有参加过党组织。农民工群体在城市党团组织中的缺位，导致其政党活动因缺乏组织的依托而无从谈起，这意味着农民工群体不可能通过政党组织表达自己的利益诉求。

2. 农民工在维护自身权益组织中的“缺位”导致其维权能力弱

进入城市的农民工无论是在公有制企业还是事业单位里，由于没有户口、正式工等身份，即使他们已经成为技术和业务骨干也很难得到职务上的升迁。全国总工会调研组2005年的调查表明，相当多的农民工在企业里虽然已经成为技术骨干，但是职位很难升迁，一些公有制企业、事业单位的外来务工人员不能参加用人单位的职工代表大会，无法行使民主管理权利（国务院研究室课题组，2006：183）。

在“您是不是工会会员”的问题调查中，农民工回答“是”的频数为42次，占其总数的15.0%；回答“不是”的频数为238次，占其总数的85.0%。城市居民回答“是”的频数为446次，占户籍人口总数的46.1%；回答“不是”的频数为522次，占城市居民总数的53.9%。可见，就工会会员所占百分比而言，农民工与城市居民相比要低31.1%，悬殊非常大。在关于“您是不是其他某一民间组织（如，行业性团体、社会团体或者公益性基金会等）的成员”的问题调查中，农民工回答“是”的频数为30次，占其总数的10.7%；回答“不是”的频数为250次，占其总数的89.3%。城市居民回答“是”的频数为227次，占其总数的23.5%；回答“不是”的频数为740次，占其总数的76.5%。可见，对于是不是民间组织成员，农民工与城市居民相比，要低12.8%（李景治、熊光清，2007：156）。

农民工的就业方式主要是非正规就业，没有正规的劳动部门和劳动单位接收，很多人无具体工作单位，单位的政治参与活动也就无从谈起了。在访谈中，农民工参加工会或其他合法性民间组织的寥寥无几，访谈个案中只有5位农民工曾在正式的具体单位工作过，但是都没有参加过所在单位的职工代表大会、工会等，主要因为农民工的身份以及非正式的临时工身份。

个案 N7：你说的工会什么的，那是人家正式工才能参加的，没我们的份。

个案 N14：我们单位也算是比较正规的，有什么“职工之家”等，好像参加的话每年还给发钱、组织出去玩，我也想参加，但是不行啊，我还是个临时工，没有资格的。

众所周知，在任何国家，政治参与的实现往往需要借助一定的组织渠道，通过组织载体将各个利益主体在公共问题上分散的、模糊的个别意志和行为转化为明确的组织意志与集体行动，并依靠组织的力量来实现。农民工群体在城市虽然人数众多，但组织化程度很低，不仅在合法的民间组织中处于缺位状态，而且在维护工人权益的组织中也呈现缺位状态。组织化程度低下导致农民工难以将个体微弱的声音凝聚起来，削弱了农民工群体的话语权，他们的自我保护能力弱，从而影响其政治参与。农民工群体既没有现有的组织资源可以利用，也无法独自建立起代表自己利益要求的自治组织，使其缺乏表达群体利益的组织载体以及实现政治参与的组织途径，从而被排斥在政治活动之外，无法保障自己的权益。

二、基于二元户籍制度的二元政治参与制度

国家和政府长期以来对农村和城市实行城乡二元分治的社会政策，农村居民和城市居民在各自的场域中，通过当地政府的领导和组织参与到当地的政治和生活中去，从而能够享受一个公民基本的政治参与权，如，选举权等。但是这两个场域通过二元户籍制度加以区分、借助二元社会结构加以固化，给农村居民和城市居民的政治参与权的享受打上了二元化的烙印。也就是说，农村居民和城市居民不能跨越各自的场域去享受政治参与权，当地政府没有组织外来人员参与各种活动的责任和义务。二元政治参与制度随着市场经济的发展和农村剩余劳动力在城乡

间的自由流动陷入了前所未有的困境。劳动力的自由流动打破了计划经济时期二元政治参与制度的坚实基础——人户合一。人户合一意味着城乡居民大多驻守在各自的户籍所在地,能够充分享有与户籍紧密挂钩的各种权益。随着农村剩余劳动力在城乡间的自由流动,人户分离的情形越来越多,这挑战着人户合一的政治参与和管理制度。对于进城的农民工而言,由于远离户籍所在地而无法享受其在农村的政治权益,在城市又因为城市户籍身份的缺失,导致农民工无法参与到城市社会的政治活动和管理中来,他们成为基本权利被架空的一族,被深深地排斥在城乡政治活动之外,具体表现为选举权和决策权的缺失。

普遍平等地行使选举权与被选举权,是衡量一个国家民主化程度的重要标志之一,是现代民主政治的基础。我国《宪法》规定:"年满 18 周岁的中华人民共和国公民,不分民族、种族、性别、职业、社会出身、宗教信仰、教育程度、财产状况和居住期限,都有选举权和被选举权。"[①]我国宪法、选举法以及地方组织法等,从法律层面赋予和保证每一个具有选举权的公民充分享有该权利。然而我国的地方政府是由地方人民代表大会选举产生的,而地方人民代表大会又由具有当地户口的当地居民选举产生,这说明我国公民选举权的行使与户籍紧密挂钩。对于远离户籍所在地的农民工而言,人户之间的分离既无法享受农村的政治选举权,在城市社会中因为没有城市户籍,使其不具备选民资格而无法在城市中行使这一权利,这种状况架空了他们在城乡之间的基本权利,他们在现实中很难行使和运用这一政治选举权而被排斥在政治活动之外。

1. 在农村选举活动中因鞭长莫及而"缺场"

多数农民工不远千里来到城市中讨生活,他们忙忙碌碌、勤勤恳恳地工作,赚到的钱往往也是杯水车薪,高昂的交通费使得他们中许多人一年半载也很难回家一次。因此,虽然他们在户籍所在地有选举的权

① http://news.xinhuanet.com/newscenter/2004-03/15/content_1367387.htm.

利，但是农民工作为“理性人”，出于经济的考量，很少有人仅仅为了行使选举的权利而出资专门回家一趟，所以当户籍所在地的农村举行选举活动时他们往往鞭长莫及，在农村的政治活动中处于“缺席”状态。村委会选举是农民工行使政治权利的主要途径，是实现村民自治的前提和基础。然而外出务工的农民工多为了养家糊口，长期漂泊在外，出于经济负担、利益考量以及选举意识不强而不得不放弃在户籍地的选举权利。

多项调查也表明农民工参与户籍所在地的选举活动比例很低。徐增阳和黄辉祥对湖北省武汉市农民工政治参与状况的调查显示，没有参加村委会选举的农民工高达79.5%，参加的只占19.3%。即使参加选举的农民工中也有很大一部分是通过委投或函投的方式参加，亲自参加的也只占其中的52.4%（徐增阳、黄辉祥，2002：114）。同样，郑传贵在对江西省南昌市的调查结果显示，只有15%的农民工自外出打工后参加过村委会选举，没有参加的高达81.5%（郑传贵，2004：73）。在访谈中笔者发现为数不少的农民工几乎很少参加户籍所在地的选举活动。

个案N9：你说村里的选举啊？我觉得选举跟我没什么关系，都是村里的能人在折腾，爱选谁选谁，在农村的时候我都不理这事。现在到城里来了，离家那么远，谁还专门回去参加什么选举，这不是浪费钱吗？反正我是不可能为这事回去的。

个案N18：我觉得村里的选举还是蛮重要的，如果选出个能人又能为村里办些实事还是蛮好的，所以以前在村里的时候我都会积极参加的。但现在没办法，离家太远了，路费很贵，专门为选举回去一趟觉得挺不值得的，所以来城里后，就没参加过村里的选举了。

对于外出打工的农民，无论认为选举重要还是不重要，由于远离家乡，长期漂泊在城市，出于经济等因素的考量，在村里的选举活动中无法行使属于自己的选举权，因而被排斥在乡村政治活动之外，成为政治活动中的边缘人。

2. 在城市只能望“举”兴叹导致城市选举活动中的“缺席”

农民工常年生活、工作在城市，城市社会的变化和发展与他们自身的利益密切相关，他们热切希望能够参与城市社会的政治生活，表达自身的利益需求。虽然在法律层面保证了农民工的政治参与权，但就选举权而言，各省颁布的关于《县乡两级人大代表选举实施细则》明文规定：外来人口在户口所在地参加选举。虽然也有对实际上已经迁居外地的选民在取得选民资格证明后可以在现居住地的选区参加选举，但事实上，基于我国选举技术的困难和代表名额分配上没有考虑流动人口，一些城市往往以现行制度的缺陷为由，拒绝外来人口参与当地选举，或者设立种种限制，例如，要求外来人口在本地居住达一定年限等，以此抬高外来人口参与当地选举的门槛，造成农民工基本上被排斥在城市社会的政治选举之外，使农民工很难获得在现居住地的选举权利。除了政策和制度执行上的困难外，农民工自身也不愿付出冒着丧失工作的风险以及误工和路费的代价来行使选举权，因此，他们宁肯放弃自己的选举权和被选举权。这样的选择实际上将农民工排斥在了城市的政治生活之外，使得他们的主张和要求难以上传下达。另外，城市居民也排斥甚至拒绝农民工参加当地的选举，因为在不增加名额的前提下允许外来人口在当地参与选举，无疑侵犯了城市居民的民主权利。诸多限制增加了农民工在城市参与政治生活的难度，使他们在政治上被排斥。

农民工在城市的政治生活中参与度低。在对长沙市 439 户农民工政治参与状况的调查中，参加过社区选举的只有 26 人，仅占 5.9%(邓秀华，2005)。在笔者对农民工的访谈中也发现农民工在城市的政治参与度很低，包括在城市中已经买房买车的农民工也很少参加社区选举等活动，当笔者问及“您在城市里已经买了房，那小区的选举等活动您参加过吗”，个案 N6 和个案 N12 都认为，他们虽然在城市里买了房但由于没有户口，在社区里跟城里人还是有区别的，社区选举、社区活动几乎都没他们的份，他们也觉得很不公平，但是也没办法，时间久了也就习惯了。调查中有 69.3% 的农民工认为应该参加城市管理（徐增阳、黄辉祥，2002：115），然而在现实中这一诉求往往受到种种制约。一方面，由于农民工大部分时间工作和生活在城市，使其在农村的选举权因鞭长莫及而无法享受，实际上已脱离了农村的政治活动；另一方面，因为缺乏城市“合法”的选民身份，他们不能参加城市的选举活动，只能望“举”兴叹。在城乡的夹缝中，农民工的选举权被架空了，导致他们成为从不或者极少参与政治活动的“政治边缘人”，不经意间就被排斥到政治生活之外。选举活动是公民最重要的政治参与方式，但农民工在城乡选举活动中的“缺席”，使其无法享有基本的政治参与权，处于被排斥的、边缘化的状态。

3. 农民工在政治决策中被迫“置身事外”而无奈“退场”

农民工在政治上的排斥不仅表现在政治组织中的缺位以及选举权的缺失，而且还表现在城市政治活动以及政治决策过程中的缺场。农民工在城市中由于组织式微，因此参与程度较低，选举权的架空使得农民工代表在政治组织、社团中所占的份额微乎其微，在涉及有关农民工群体切身利益的决策之处，因政治生活参与不足，该群体处于集体失语的状态。另外，由于我国在现阶段还没有普遍形成比较完善的农民工利益诉求途径，缺乏政府倾听民工心声的有效渠道，导致农民工群体与城市的政治生活形成实际的隔离状态。

不仅在宏观的国家政治管理层面农民工处于缺席状态，在中观的社区管理层面农民工仍然是“局外人”，他们不仅没有机会参加社区的选举活动，社区中的其他政治、民主管理活动也很少有他们的份。在“您是否参加过所居住社区的政治活动”的调查中，农民工回答“经常参加”的频数为 36 次，占总数的 12.9%；回答“偶尔参加”的频数为 134 次，占总数的 47.9%；回答“从来没有参加”的频数为 110 次，占总数的 39.2%。城市居民回答“经常参加”的频数为 186 次，占总数的 19.2%；回答“偶尔参加"的频数为 516 次，占总数的 53.1%；回答"从来没有参加"的频数为 269 次，占总数的 27.7%。农民工参加社区政治活动的频率比城市居民要少。在"您是否参加过所居住城市的民主管理活动（如，决策咨询、分析论证、公开听证、公示协商）"的调查中，农民工回答"经常参加"的频数为 26 次，占总数的 9.3%；回答"偶尔参加"的频数为 112 次，占总数的 40.2%；回答"从来没有参加"的频数为 141 次，占总数的 50.5%。城市居民回答"经常参加"的频数为 144 次，占总数的 14.9%；回答"偶尔参加"的频数为 408 次，占总数的 42.1%；回答"从来没有参加"的频数为 417 次，占总数的 43.0%。可见，农民工参加城市民主管理活动的频率与城市居民相比仍难以望其项背（李景治、熊光清，2007：156－157）。

农民工群体在国家和社会政治活动、政治决策中的缺场，政治参与不足使得该群体真实的意愿和切身利益由于沟通机制和利益表达机制的不健全、不完善而往往被忽视。所以政治活动中的缺场、政治参与不足是农民工在城市遭受政治排斥的主要体现。

农民工群体在国家场域中遭受的政治排斥，导致他们在城市社会中政治资本匮乏。所谓政治资本主要指个体参与社会政治生活的机会和能力以及在政治社会生活中的发言权和决策权。农民工群体的政治资本匮乏主要是指其在政治、政党组织中的缺位以及参与政治生活的机会很少，因而被主流社会剥夺了政治生活中的话语权和决策权。政治场域中政治资本的匮乏导致农民工群体缺乏正式的、必要的渠道表达自己的利益和心声，尤其在其基本权益受损的时候难以通过政治权力的干预加以维护，这也是农民工群体在城市社会中遭遇种种歧视和排斥时只能忍气吞声的重要原因。

个案 N18：我和老公在这个市场做箱包生意已经好几年了，从来都没参加过什么选举活动。小区里虽然有过选举，但不仅选举，小区其他活动都和我们无关。那里基本上都是些城里人。

农民工群体在政治场域中遭遇的各种排斥使他们在城市中处于无权的状况，无力维护自己基本的政治权益，这进一步加剧了其政治资本的匮乏，因此，当他们在城市中遭遇不公平的待遇时往往求助无门。政治场域的缺“钙”会蔓延到该群体“身体”的各个部位，从而引起连锁反应，使其在经济、政治、社会生活中因资本的匮乏更易遭遇各种社会排斥。

第二节　国家场域中农民工社会保障排斥的原因分析

随着以追求利润和效率为主的市场经济的发展，各个国家都不同程度地出现了贫富分化的现象，富者与穷者突兀地矗立在社会中，不仅有损社会公平，而且严重的会危及社会稳定。为了维护社会公平和社会稳定，各个国家大多建构了一套符合自己国情的社会保障制度以保证国民或弱势群体基本的生存权和发展权，中国也不例外。但是在城乡二元经济社会结构的格局下，中国的社会保障制度也被打上了二元化的烙印，城市社会保障无论是保障项目、保障水平还是覆盖面都远远高于农村。在我国城乡二元社会保障制度之间存在着断裂，目前仍缺乏有效的衔接和转化机制，因此，在社会保障制度中处于弱势的农民进城务工后，难以同城市居民一样享受城市社会保障制度的保护和支持，因而遭受来自社会保障维度的排斥。所谓社会保障排斥，主要是指个人和团体不具备公民资格或即便具有公民资格，也处于因政策，制度等原因而被排斥出国家养老、医疗等社会保障制度之外的状态和过程。农民工群体在转型加速期的中国会遭受国家场域中的社会保障排斥已是不争的事实，在此笔者将深入探寻农民工在城市社会中遭受社会保障排斥的内在原因。

一、基于二元户籍制度的二元分配政策

计划经济时期形成的城乡二元社会结构是构成农民工社会保障权

利缺失的体制原因。计划经济时期，国家为了快速实现工业化的战略目标，采取了农业支持工业的方针，通过工农产品的“剪刀差”将农村的剩余产品源源不断地输往城市，支持城市经济的大力发展。长期以来国家形成了全部资源和社会财富分配的二元化特征，无论是初次分配还是再次分配，国家将各种资源大量地输往城市，农村则提供无偿或低偿的支持。在这种城重农轻的资源分配模式下，与城市相比，农村明显处于资源和社会财富分配的劣势地位。城市居民无论是工作性质、工作待遇还是工作福利都能够得到充分的保障，不仅如此，国家还为城市居民建立了较为完善的社会保障制度，以保障城市居民的基本生存权和发展权，而在农村则主要以家庭保障和土地保障为主，集体保障为辅，保障的范围和力度都很小，主要面向农村的“五保户”。国家对农村居民的社会保障处于缺失状态。

城乡二元社会结构导致城乡之间严重分离，“农民”作为一种身份标记，长久以来被局限在广大农村。长期形成的城乡差别，使得农民工成了城里人眼中的“二等公民”。在这种思想偏见及城乡二元社会结构政策的作用下，城镇的社会保障制度对农民工往往是“冷眼以对”“拒之千里”。随着社会的发展，城乡二元社会结构以及在此基础上形成的二元分配制度消极作用日益显现出来，它不仅造成了城乡之间多方面的不平等，而且也使得农业发展滞后、农民收入低下，影响了我国城市化的进程，尤其严重影响了处于城乡夹缝间、面临各种风险的农民工群体社会保障制度的建立与发展。

二、基于二元户籍制度的二元社会保障

改革开放以前，我国的社会保障制度基本上属于单向度发展，我国的社会保障主要着眼于对城市非农业人口实行全面保障，而对于广大农村居民享受的保障范围则极其狭小，国家对农村居民的保障几乎一片空白。这一时期国家对城市居民的社会保障制度予以全力支持，在城市社

会通过依托“单位”为城市居民提供了养老、医疗、失业、工伤等在内的一揽子城市社会保障制度，为城市居民建构了一套较为严密的“保护网”。在农村，国家主要号召农民实行土地和家庭保障相结合的制度，集体仅对农村居民中的“五保户”提供基本的、低水平的救助。这一时期国家在农村居民的社会保障制度中处于缺位状态。因此从计划经济开始，我国城乡之间的社会保障制度就存在很大的区别，二元化特征非常明显。

随着市场经济和改革开放向纵深发展，我国政府在城市对计划经济时期建立的社会保障制度进行了改革，使城市社会保障制度更好地为城市居民提供服务。在农村主要还是依赖于传统的家庭和土地保障为主、集体保障为辅的保障模式。在城市建立了以养老保险、医疗保险、劳动保护、失业保险、残疾保障、社会福利保障为主体的社会保障体系。虽然近年来国家对农村的社会保障制度进行了大量的研究，并做了很多的试点工作，积极地探索适合中国国情的农村社会保障模式，如，新型合作医疗、养老保险等，但农村医疗保障的保障范围、保障水平、保障的程度等都无法与城市社会保障制度相提并论。

城市医疗保障制度和农村医疗保障制度的享有主要根据户籍身份来定，这对于缺乏城市户口却在城市中面临风险的农民工而言无疑是个噩耗。在城乡二元社会保障体系内，离开了户籍所在地的农民工因空间距离拉大，无法享受农村中的社会保障；在城市又因为没有城市户口而不能享受城市社会中的社会保障制度；国家针对农民工群体特殊性的社会保障制度尚未建立，这使得农民工群体在城市社会中因缺乏必要的社会保障而面临更大的风险。

目前农民工群体在城市社会保障制度中的社会排斥，主要表现在农民工群体养老、医疗、工伤、失业等社会保障的缺失。

1. 农民工在城市社会中的养老保障明显不足

2001 年 12 月，在劳动和社会保障部发布的《关于完善城镇职工基本养老保险政策有关问题的通知》中，规定了农民工养老保障的政策和实施办法，但是实施面向农民工的社会保障制度的城市寥寥无几，只有少数城市实施了面向农民工的养老保障，如，北京市于2001年9月1日起正式实施《北京市农民工人养老保险暂行办法》。然而从各城市的实施情况来看，农民工的养老保障制度并未得到普遍认可，出现参保率低、退保率高的现象。截至2005年5月，我国农民工养老保险参保率仅为15%左右，而参保者中缴费达到15年以上并工作到退休年限享受养老待遇的人数更少。同时，已参保农民工的退保问题严重，部分地区农民工的退保率甚至高达95%以上(孙飞、李超、高小欣，2007：26)。每到春节，在社会保障基金管理中心，挤满了等着退保的农民工。

个案N2：我觉得办个养老保险蛮重要的，但我不是城里人不好办。就在老家办了，常年在外打工，交钱挺不方便的，后来就放弃了。

个案N9：现在年纪慢慢大了，也担心老了怎么办，孩子们虽然都大了，但也过得不好。你说的养老保险我也知道一点，但听说自己也要交钱。我在这边工作挣的钱太少，没富余的钱啊。现在只能先顾着眼下了。

个案N19：养老保险我以前参加过，但是觉得还是不行，每月交钱不说，要等到老了以后才能用，说不定哪天我们就回老家了，感觉太麻烦，后来就退了。

虽然少数城市出台了相关的农民工养老保障政策和实施办法，但由于种种原因，如，操作困难、农民工的担心等都无法落到实处，农民工事实上大部分被排斥在城市的养老保障制度之外。

2. 农民工在城市社会中的医疗保障缺失

俗话说，“不怕穷，就怕病”。人吃五谷杂粮，难免会生病。对于农民工群体而言，生病也在所难免。他们最怕的就是生病，哪怕是感冒发烧等小病，一旦生病不仅影响打工赚钱，而且还得花钱。目前农民工基本上属于自费医疗，城市高昂的医疗费常常使他们望而却步。现行的医疗保险政策不利于农民工享受必要的医疗保险。由于城镇职工医疗保险和新型农村合作医疗在执行上是相互独立的，很多农民工外出打工后便无法享受其在农村的合作医疗，合作医疗对他们而言是“名存实亡”。在城市，农民工的流动性和收入的不稳定性使其难以享受城镇医疗保险。根据对北京某农民工集中居住地的调查，工作期间有36.4%的农民工生过病，甚至多次生病。生病后有59.3%的人没有花钱看病，硬扛过来；另外40.7%的人不得不自费花钱看病，医疗费人均支出885.46元，而他们工作的单位为他们看病的平均支出约72.3元，不足实际医疗费的1/12（李强，2001）。

在访谈中，笔者发现大部分农民工都没有参加城市里的医疗保障，基本上都是自费看病，包括少数在老家参加合作医疗的农民工也是如此。

个案N10：我是临时工，单位什么保险都没给我办。我们的工资比正式工的少很多，平时省吃俭用基本上还能勉强度日，但是就害怕生病，现在看病实在太贵。前段时间我得了阑尾炎，要做手术，但花钱太多，所以就只吃了点药。

个案N13：我身体一向不太好，在老家的时候偶尔会买点药吃吃，但城里边看病很贵，所以平时生病或不舒服的时候就忍着，挣的那点钱，连吃饭都成问题，哪还敢去医院啊。

个案N18：我们还是希望有医疗保险的，在城里不好办，感觉也没啥用，心里不踏实，所以我们在老家参加了合作医疗，但是经常在外面打工，一年也就回去一两次，平时有个伤风感冒的小病，就买点药吃。主要想着万一得个大病什么的，合作医疗可能会分担点。

一方面，城里高昂的医疗费让大部分农民工望而生畏，不到万不得已他们不会去就医，经常是硬扛，大病小看，小病不看。另一方面，即使参加了农村的合作医疗，也由于距离遥远无法享受。因此，城乡医疗保障的断裂使得农民工群体被排斥在现行的医疗保障制度外，面临着巨大的疾病风险。

3. 农民工的工伤保险严重不足

农民工缺乏最基本、最必要的工伤保险。从职业分布上看，农民工主要流向采掘业、建筑业和加工制造业，这些行业普遍具有劳动条件差、劳动强度大、工作时间长和职业风险较高的特点，致伤、致残、致死的事故时有发生。据人社部 2016 年的统计，全年认定工伤 114.7 万人，全年评定伤残等级人数为 55.8 万人(数据来源：人社部《2016 人力资源与社会保障事业发展统计公报》[EB/OL].http://kj.hao224.com/xinwen/59824.html)，其中农民工工作集中的制造业、建筑业属于工伤问题高发的行业。虽然 2014 年新颁布的《工伤保险条例》将农民工纳入了工伤保险的保障范围，人力资源和社会保障部后来又相继出台一系列规范性文件。但农民工工伤保险制度的建设仍然十分薄弱，实施效果也不尽如人意。最为突出的问题就是参保率水平严重偏低。根据 2008 年—2014 年人力资源和社会保障事业发展统计公报的数据得知，直至 2014 年我国仍然有 70%的农民工没有参与到工伤保险的社会保障机制中来，其中与用人单位签署劳动合同的参保农民工更是少得可怜，参保人员数量相较于庞大的应参保的农民工数量来说，几乎到了可以忽略不计的地步。

个案 N1：以前我做过油漆工，虽然戴着手套，但是很伤手，尤其是夏天容易长痱子，而且天天闻着油漆味非常伤身体，尤其是肺。老板也没给我们上什么工伤保险，如果不想干，你就走人呗。

个案 N3：前两年在工地干活的时候，我不小心从架子上掉下来了，把腿给摔折了，因为没有工伤保险什么的，老板给了点医药费就把我打发走了。

农民工群体在城市不仅工作又重又脏又累，而且还冒着很大的生命危险，尤其是工伤和职业病使农民工不胜其扰。政策的不成熟和实施的不到位使得大多数农民工缺乏必要的工伤保险，当发生工伤或职业病时，大多数人只能默默承受，自认倒霉。

4. 农民工的失业保险严重匮乏

农民工群体大多聚集在次级劳动力市场，工作极不稳定，随时有可能丢掉"饭碗"，面临着极大的失业风险。据调查数据显示，76%的农民工在城市中都有没活儿干的经历；从"失业"时间上看，失业在3个月以下的居多，占89%；失业在4个月以上的占13%(孙飞、李超、高小欣，2007：26)。就业过程突然中断很可能造成农民工陷入全面的生活危机，因为他们不具有像城市居民那样享受国家提供的失业金、最低生活保障金，以及再就业工程的各种优惠政策的资格。调查显示，农民工失业后只能靠自己过去的积蓄生活，或向亲友、老乡借钱生活的占77.2%；走投无路只有返回家乡的占14.6%，没有一例得到劳动单位或社会组织的帮助，他们完全被排斥在城市的失业保险之外。

个案N5：我没什么本事，只能四处打打零工赚点钱。但现在年纪有点大了，活不好找，已经一个多月没事干了。攒的那点钱也快用光了。你说的失业保险什么的我也不太懂，反正在城里我们都是靠自己。

个案N17：我现在没什么事可干，就靠我那口子挣钱养家，孩子留在老家了，每月都得寄钱回去，所以经济很紧张。我没享受过你说的什么失业保险，实在过不下去了我会找姐姐她们帮帮忙。

在市场经济的激烈竞争中，农民工群体因为农业身份以及知识、技术等的缺乏，在劳动力市场中处于极不利的地位，工作极其不稳定，面临着很大的失业风险，但由于缺乏城市户口，他们难以被纳入城市的失业保险体系中，也没资格享受最低生活保障等，陷入非常无助的境况。

建立在二元社会结构上的二元分配制度以及建立在城乡分割的二元户籍基础上的二元社会保障制度，导致农民工群体在城市社会场域中遭受了养老、医疗、失业和工伤等社会保障制度的歧视和排斥，使其在竞争激烈的城市社会中无法得到必要的保障和支持。

第七章　社会场域中农民工社会排斥的原因分析

农民工流入城市后，除了市场和国家场域中农民工群体遭遇的社会排斥外，城市中的社会场域也从文化、社会关系以及社会组织等各个维度对农民工加以歧视和排斥，使农民工不仅游离于国家、市场场域之外，而且也被排斥在城市主流社会之外。在此，笔者将着力分析农民工群体遭受文化排斥、社会关系排斥以及社会组织排斥的原因。

第一节　社会场域中农民工文化排斥的原因分析

大多数农民工满怀希望来到无论是生活习惯、工作方式还是文化生活完全不同于农村社会的城市场域中，却不同程度地遭受了“文化震惊”。传统的乡土文化与现代的城市主流文化发生强烈的碰撞，使农民工出现严重的“水土不服”。城市主流文化对农民工所承载的乡土文化或多或少地产生冲击和颠覆，甚至不加掩饰地加以歧视和排斥。城乡巨大的文化差距使得农民工被排斥在主流文化之外，从而导致文化排斥的发生。究竟何为文化排斥呢？所谓文化排斥，主要指个人、群体或国家被排斥在主流的生活方式、行为方式、价值观以及生活技能等之外，而逐渐被边缘化、弱势化的状态和过程。

一、主流社会对农民工群体的污名化和“妖魔化”

污名(Stigma)一词在《牛津现代高级英汉双解词典》中的解释是“mark of shame and disgrace”，即“羞愧和耻辱的印记”。戈夫曼将污名看作“一种深刻不受信任的社会性状”(Erving Goffman，1963：3)，这种社会性状使其拥有者在他人眼中丧失社会信誉或社会价值，典型的特征表现为受损的身份(spoiled identity)。所谓污名，主要指个体、群体、组织和国家等被标签为有某种缺陷或偏离了规范的标记。污名往往是一种社会建构的结果，污名的形成与刻板印象、偏见和歧视等密切相关。农民工群体在城市中的污名化也是社会建构的结果，是城市居民长期以来对农民工形成的刻板印象等多种因素作用下贴上的不良标签。与之相关的另一个社会学术语是“倭化”(stigmatize)，即污名化。高夫曼将其解释为：“当我们将自己看作‘正常人’(normal’s)，而把他人看作‘不是真正的人’(not quite human)时，我们是在倭化他人。倭化他人的好处在于，一旦我们将他人视为另类，我们就无礼遇、信任他们的责任，可随心所欲地甚至粗暴地对待他们而不受良心自责。通俗点讲就是给他人贴上另类标签，然后肆无忌惮地向其‘泼脏水’或搞歧视。”

农民工进入城市社会后，遭到来自主流社会的污名化和“妖魔化”，被贴上另类的标签。因此农民工群体的社会排斥在某种意义上是社会建构的结果。

第一，城市主流话语体系对农民工称谓的污名化。在城乡二元社会格局下，相对于城市居民而言，农民工群体明显处于弱势地位。污名往往是强势群体对弱势群体贴上的一系列的另类标签。城市居民对农民工群体的污名化主要体现在城市居民的话语体系中，由其对农民工的歧视性称谓可见一斑，如“盲流”“打工仔”“打工妹”“乡巴佬”“泥腿子”“土包子”“小农意识”等。

个案N18：我们做生意的在城市中什么人都可能遇到，有的城里人很瞧不起我们，生气的时候难免发生些口角，他们就常骂我们“乡巴佬”“土包子”什么的，还说我们农民能卖出什么好东西，把人气得不得了。

个案N19：我来城里卖菜好多年了，有些老主顾还挺好的，但有些人很刁蛮，不仅说我们的菜不好，还嫌我们脏。经常有人当着我们的面说我们农民小农意识、喜欢斤斤计较、素质差什么的。一开始还跟他们吵，时间长了也就习惯了，爱说啥说啥。

第二，城市居民和大众媒体对农民工群体的“妖魔化”和污名化。对城市居民而言，随着农村人口流入城市，的确衍生出一些新的社会问题，如，交通拥挤、就业压力、环境卫生、社会治安等问题，有的问题是由于历史和社会等原因造成的，与农民工群体无关，但城市居民却错误地将所有问题归咎于农民工群体。在他们眼里，农民工群体犹如“洪水猛兽”，似乎城市中的违法犯罪、坑蒙拐骗等坏事都是农民工所为，因而谈农民工“色变”。虽然农民工群体中不可避免地会出现违法犯罪的不良之徒，但毕竟是少数。由于城市社会极尽所能地对农民工群体加以污名化和“妖魔化”，因而将其排斥在城市的主流文化之外。城市社会中的大众媒体，在对农民工群体的形象塑造和宣传也在无形中，起到了“妖魔化”农民工群体的作用。媒介往往无意识地“建构”了农民工的形象，并贴上“标签”，公之于众，使得社会大众在无形中接受了农民工的不良形象。在大众媒体中，关于农民工的负面报道占大多数，如，“肮脏、素质低下、跳楼、讨薪、强奸、抢劫”等，这导致了城市居民和社会大众对农民工的负面印象，甚至将农民工群体进一步“妖魔化”，唯恐避之不及。

近年来，新闻媒体通过对农民工遭遇的各种不公待遇进行了大力报道，如农民工的国民待遇问题、社会保障问题以及子女教育问题、欠薪问题等进行了翔实的报道，在社会上引起了很大的反响，从而形成强大、积极的舆论力量，促使问题得以解决，改善了农民工生存的社会环境。

个案 N3：干我们这行的，老板扣工资、拖着不发工资给我们是常有的事情。自从电视广播将这事给抖出来后，现在好多了，发工资比以前及时多了。现在我们的伙食比以前好多了，住的地方也宽敞了一些。还有，现在老板对我们好多了，有次干活的时候受伤了，老板不仅带我到医院看了病，还给了我一些钱。这在以前是根本不可能的。

但新闻媒体往往通过夸张的报道，放大农民工的悲惨处境，赢得社会公众的同情和支持，这在另一方面也造就了农民工群体的不良形象。因此，新闻媒体虽然有为农民工伸张正义、争取权益的功能，但也对农民工群体有意无意地进行诸多片面和扭曲的报道，严重损坏了农民工群体的良好形象。近年来媒体展示的农民工形象，无非是可怜、无助、无知、没有教养、卑下、邋遢、不文明、素质低下等，在媒体的塑造和宣传中强化了“城里人”对“乡下人”的歧视心理，从而加深了对农民工存有的偏见和排斥。

第三，政府的不当行为对农民工的污名化和“妖魔化”。如，某地方政府创作的“关爱”农民工的歌谣：“小农意识要去掉，说话粗鲁让人受不了；装修进了房主家，手脚不净就要犯事了……不许随地大小便，刮胡子剃头天天要洗脚；不看黄盘和小报，学习文化素质要提高……”[①]政府对农民工的“关爱”客观上却起到了“污名化”的效果，被污名化为“说话粗鲁”“手脚不干净”“随地大小便”“不讲卫生”等。2005 年 3 月，深圳龙岗警方在辖区悬挂“坚决打击河南籍敲诈勒索团伙”和“凡举报河南籍团伙

① 《污名化与贴标签：农民工群体的媒介形象》，http：/ /publishblog. blogchina. com /blog /tb.b? diaryID=3864119。

敲诈勒索犯罪、破获案件的，奖励500元”的横幅，充分说明了对河南农民工的污名化和“妖魔化”。

城市社会中的城市居民、大众媒体以及政府对农民工的污名化、“妖魔化”所塑造的负面、扭曲的形象在城市居民的心中深深地扎下根，造成对该群体的刻板印象，从而产生偏见、歧视、不认同等负面效果，因而在各个方面对农民工群体加以排斥，使其难以融入城市社会的主流文化中。

二、城市主流文化对农村亚文化的排斥

一个社会中的文化具有多样性，而且各种各样的文化在社会中的地位不同，因此，我们把社会中占主导地位的文化叫做主文化，主文化往往是社会上多数人所接受的文化；而把仅为社会上一部分成员所接受或为某一社会群体特有的文化叫做亚文化。文化冲突是个普遍存在的现象，不仅存在于国与国之间，而且也存在于一国范围内。在中国由于城乡文化存在很大的差异，造就了城市居民和农村居民具有完全不同的价值观、思维方式、生活方式、行为方式以及心理特征等。城乡文化在各自的场域内都属于主文化，可以相安无事。但当农村居民携带着乡土文化来到城市社会，这种乡土文化在城市主流文化面前立马矮了半截，沦为被城市主流文化所排斥的亚文化。

城市主流文化对农村亚文化的排斥体现在城市生活的各个方面，涵盖了衣服着装、举止行为、说话口音以及价值观念，甚至从事的职业。由于农民工在城市中大多从事又脏、又苦、又累的工作，常常被城市人瞧不起。由于工作环境差、脏、乱，有的农民工为此弄得衣服脏乱、蓬头垢面，许多城市居民看见了要么紧皱眉头、满脸鄙夷，要么厌恶嫌弃、刻意躲避，都反映了城市居民对农民工的文化排斥，这深深地伤害了农民工的感情。

个案N1：我们这些干装修的，成天跟水泥、石灰、油漆、涂料等打交道，经常弄得身上脏兮兮的，没办法，干的就是这活，可每次到外面城里

人都嫌我们脏、身上有味。尤其坐公交车的时候都不跟我们坐一起，见了我们就像躲瘟疫似的，弄得心里很不舒服。

个案N3：我们这些长年在建筑队干活的人，不太讲究卫生，成天弄得脏兮兮的，都习惯了，工地条件又不好，不能像人家城里人那样经常洗澡。每次我们换工地或出去的时候，心里能明显感到城里人瞧不起我们。比如，在饭馆吃饭时，服务员对我们的态度就不太好。吃饭的客人也嫌弃我们，个个皱着眉头像欠他们钱似的。

对于那些在城市生活多年的农民工，虽然有一定的经济基础，甚至在城里有房有车，但因为是农村来的，故仍然会受到歧视和排斥。

个案N12：我们还算在城里混得可以吧，也买了房买了车，并不比他们城里人过得差，可这些人就是瞧不起人。这不，如果你成功了吧，也就是个农民企业家。有一次我买了件貂皮大衣，家在城里的朋友就当面数落我，说我俗，一看就是个乡下暴发户，真气人。跟我在一起的时候总不让我说家乡话，嫌我土。

这主要因为人们的经济状况容易改变，但生活品位、言谈举止、行为方式具有一定的惯性，不易改变。农民工即使经济富裕了，但长期以来形成的生活习惯、文化品位等很难立马改变，一旦以城市社会的生活方式等作为标尺去衡量时，难免会发生文化排斥。

受乡土文化熏陶的农民工群体来到城市社会后，由于城乡文化之间存在的巨大差异使进入城市社会的农民工常常感到无所适从，在城市遭遇了严重的“文化震惊”，长期在乡土文化中生活的农村居民来到城市后初次接触充满了现代气息的城市文化而感到非常不适应，在心理上也产生了很大的压力，长期的文化不适应导致农民工群体被排斥在城市主流文化外。

第二节　社会场域中农民工社会关系排斥的原因分析

在城乡二元社会结构背景下，城乡居民的社会身份长期以来形成高低之别，农民工一开始就是以这种不平等的身份进入城市社会的，在城市中的社会地位很低，会不可避免地遭到社会关系排斥。所谓社会关系排斥，主要是指一定的社会成员因各种原因与原初的社会成员，或者社会群体在社会关系方面出现断裂，却因其他群体排斥而无法构建新的社会关系网络，导致社会交往的人数和频率等下降、社会支持减弱而逐渐弱势化的状态和过程。农民工群体流入城市，由于发生了空间转移，最初在乡村构建的原生社会关系断裂了，然而在城市中却很难建立起新的社会关系网从而遭到来自城市社会的关系排斥。

农民工离开原来的熟人社会，来到全然陌生的城市，面对的是一个不熟悉的、充满着“陌生人”的“他群体”。他们原来在农村社会中所建立的那些由自己的亲戚、朋友、邻居、同学所构成的“我群体”被远远地抛在了家乡；他们在乡土社会中所遵循的那些社会交往的规范和持有的观念，也在这个充满陌生人的城市社会中变得越来越不适应，因而在与城市居民交往、重构新的社会关系的过程中遭遇种种困难和尴尬。由于城乡社会文化心理、生活方式、交往规则等存在巨大的差异，在城乡居民的社会交往中构筑了一条隔离带，将城乡居民远远地隔离开来，使得农民工群体与城市居民之间的社会关系陷入一种隔膜的状态，导致其无法与城市居民形成良好的社会关系。

在此，笔者将从社会关系排斥的主客体——城市居民和农民工——两方面着力探讨城市居民无法轻易接纳、认同农民工并积极地与其相互交往，扩展新的社会关系网的障碍和原因。

一、城市居民对农民工社会关系排斥的原因分析

农民工群体来到城市社会后遭受来自城市居民的社会关系排斥，城市居民大多不愿与农民工群体发生交往，建构新的社会关系，究其原因，笔者总结了三点：第一，长期以来受大众媒体、社会舆论等主流话语体系对农民工群体的污名化影响，造成了城市居民对农村居民的偏见和歧视；第二，缘于城市居民的相对被剥夺感，农民工进城后打破了城市居民得天独厚独享城市社会各种资源的局面；第三，农民工自身各种资本的匮乏不具备和城市居民交往的“硬件条件”，城市居民的交往大多基于理性的考虑，他们很少热衷于进行没有实质性回报或吃亏的人际交往。

（一）农民工社会关系排斥缘于城市居民的偏见和歧视

城市居民对农民工的歧视和偏见是导致农民工社会关系排斥的重要原因。在城市社会的场域中，城市主流文化对农村亚文化的排斥始终存在，其表现之一就是城市居民对农民工的“污名化”，这种污名化的过程固化了两大群体的社会地位，加深了他们之间的鸿沟。在城市居民的心里，农民工群体似乎是一批天然的具有肮脏、粗鲁、野蛮、偷盗、不礼貌、不文明等低劣品格的人。在这种歧视和偏见心理的作用下，当农民工满怀希望地进城后，其就不再可能作为一个自主、平等的个体，而是必须作为受歧视、劣等群体的一分子与城市居民进行日常互动。在对农民工的偏见、歧视和排斥的心理作用下，城市居民很难敞开心胸让农民工走进他们的生活圈子与他们平等地沟通交流，建立良好的人际关系。

个案C3：这些农民工任何时候都很邋遢，卫生习惯非常不好，随地吐痰，说话也很粗鲁，又不懂礼貌，他们很影响城市的文明和形象，我一般都离他们远远的，说实话，看到他们心里觉得很不舒服。

个案C6：作为一名老师，我也知道不应该对农民工有歧视和偏见，但和他们打交道的时候，确实很不舒服。有些道理你怎么给他们讲他们

都不明白，一直纠缠不休。所以感觉他们的素质还是太低了。

个案C10：我是做新闻媒体工作的，我也知道农民工群体在城市中的价值，但是由于工作原因，我们接触的不少农民工，素质确实很低，而且总是冷不丁地闹事，不是小偷小摸，就是坑蒙拐骗，所以对于农民工群体，我内心还是无法接受，更别提打交道了。

诚如布迪厄的场域理论所言，农民工群体只能占据这样一个先定的受歧视位置，他们所掌控的交际资源因此受到极大的限制。所以农民工群体无法进入他们所向往的城市生活圈，他们与城市居民的社会距离似乎就成了不可逾越的鸿沟。在这种歧视和偏见心理的作用下，农民工群体很难被城市居民所接纳和认同，他们之间也很难建构起良性、友好的社会关系网。

（二）农民工社会关系排斥缘于城市居民的被剥夺感

农民工涌入城市后，对城市的物质供应、社会治安、环境卫生、交通运输等与城市居民日常生活紧密相关的各方面均造成了一定的压力，从某种程度上来说，直接剥夺了城市居民的部分利益。为数不少的城市居民认为农民工进城是在跟城里人“抢饭碗”“抢资源”，因此，对进城的农民工无论在心理上还是行为上都采取拒斥的、不接纳的态度，有着强烈的相对被剥夺感，这从城市居民对农民工进城的否定性评价（表7-1）中可见一斑。

表7-1　城市居民对农民工进城的否定性评价

具体实践	百分比
导致违法犯罪行为增加	48.8%
不讲卫生，到处弄得脏兮兮	14.0%
挤占了城里人的各种公共资源	13.4%
抢走了城里人的工作及发展机会	12.3%
客观上把城里人养懒了	2.9%
把城里人的钱赚走了	2.1%

数据来源：凌月：《冲突与宽容》，《中国青年报》1997年1月18日。

在访谈中，笔者能从被访者的谈话中感受到他们内心强烈的被剥夺感以及对农民工的拒斥态度。

个案C1：农民工进城无可厚非，大道理我都明白。可是城市各个方面还没做好准备啊。你看现在到处都人满为患，公交车里、地铁里、公园里、广场上到处都挤得满满的，不仅搞得交通拥挤，生活环境也很脏、乱、差。这还不都是因为大批农民工进城给闹的啊。

个案C4：原先我在一家国营的纺织厂工作，厂子效益一直不好，前年倒闭了，我就找到现在这份做保洁的工作。农民工进城后，我们工作更不好找了。这些人不在乎工资低，也不怕累，所以找工作比我们有优势。你说他们在农村待得好好的，干吗来城里瞎凑热闹，看到他们心里就烦。

个案C5：我们公司以前招工都招的是城里人，现在农民工进城后，我们也会招一些临时工，他们的工资低，而且也没那么多事情。农民工进城后，的确对城市里人的就业和生活造成了很大压力，所以我能感到他们在公司很受城里人的歧视和排斥。

相对被剥夺感使得城市居民对农民工群体产生了强烈的不满。在计划经济体制下，城乡壁垒森严，城市居民独享城市的各种就业机会和资源，农民则因制度限制无缘享用的情形随着允许农民进城务工而被改变。这使得一向独享城市资源的城市居民极度不满，从而对农民工采取强烈的排斥态度。在这种不平衡和排斥心理的作用下，城市居民和农民工群体几乎是“水火不容”，更何谈“鱼水一家”的良性交往。

（三）农民工社会关系排斥缘于城乡居民交往资本的悬殊

平等的交换和互惠原则是尊崇理性交往的城市人的基本法则。社会交换理论认为，平等互惠是交换固有的特性，也是维持长久交往关系的基础。一个人只有拥有能使其他人为自己提供必要服务或平等交换的资源，才可能建立稳定的交往关系。这种平等互惠的交往准则为大多数城市居民所遵循。城市居民在国家各种制度和政策的关照下，无论在住房、就业、医疗、教育等各方面都比农民工优越，他们大多有体面的工作、稳定的收入和较高的社会地位，而农民工群体除了自己的劳动力外几乎一无所有，因此两者拥有的资源极其不平等，不具备建立互惠的持久关系的基础。在这种情况下，既在资源上占有绝对优势，又精于计算的城市居民大多不愿与一无所有的农民工互动交往，就不足为奇了。

个案 C2：我们老家的亲戚有在北京打工的，一开始我也很热情，每次来都端茶倒水，请他们吃饭，有时候还会给他们些钱。可他们隔三岔五地来，我真受不了，我又不图他们什么，所以到后来，我就借口有事、工作忙，不愿见他们了。他们可能也感觉到了，所以就不经常来了。

个案 C7：以前我家有个保姆，我经常给她一些衣服、化妆品什么的，关系处得很不错，她有困难的时候我也经常帮她。但后来她总这事那事的，搞得我很烦，就把她辞掉了。我也没有瞧不起她，本来也没指望她帮我什么忙，可我也不能总是无休止地帮她啊，长期这样下去，真的很烦。

个案 C8：我们同事中也有一些外地来的农民工。其中有一个和我关系很好。我觉得他们外地人挺不容易的，就经常请她吃饭，送她一些衣服、化妆品什么的。可她从来没有过任何的表示，时间长了连声“谢谢”都没有。后来我就不干了，凭什么我对她那么好，她就觉得理所当然。再说赔本的买卖我总不能一直做吧。

城市居民即使一开始不排斥与农民工群体交往，但由于双方拥有的资源极度不平衡，农民工可与之交往的资源更是少得可怜。对精于理性计算的城里人而言，缺乏平等互惠基础的交往他们是一百个不愿意，即使出于同情等原因和农民工交往，但这种交往可能很快就被利益的权衡所中断。

二、农民工遭受社会关系排斥的自身原因分析

(一) 农民工在与城市居民的交往过程中的不愉快

城乡文化和生活存在明显的差异，不同场域中人们的生活习惯、交往规则、生活方式等截然不同，一旦他们在同一空间中相遇，难免会彼此不习惯和不适应。农民工群体天然的弱势性使其在城市场域中不具备和强势的城市居民讨价还价的砝码和资格，面对城市居民的歧视和排斥只能忍气吞声、无可奈何地接受。用他们的话说，"咱惹不起还躲不起吗"，从而丧失了与城市居民亲近的积极性和主动性。在长期的城市生活和交往的过程中，他们深深领略了城市居民的鄙夷和嘲弄。在日常生活中，他们经常会遭到城市居民的辱骂和诬蔑，这在乘车、吃饭、工作过程中已成为一种经常性的生活体验。在农民工与城市居民的接触过程中这些不愉快的经验长期下来严重打消了他们刚进城后渴望与城里人交往的热情，往往选择退避三舍，尽量不与城市居民有过多的交集和接触。

许多研究发现，农民工与城市居民之间存在较大的社会距离。数据表明(表 7－2)，在被调查对象中，经常与城市居民交往也向往与其交往的农民工各仅占 1/3，而与城市居民有心理隔阂的占 23.5%；有近一半的人感受到了城市居民对他们的歧视和排斥。

表 7－2　新生代农民工社会距离量表(%)

指　　标	是	否	说不清
是否经常与同事一起娱乐？	38.1	14.9	47.0
是否经常与社区当地居民来往？	32.0	16.3	51.6
你和单位里的本地人关系是否亲密？	34.4	34.8	30.8
你认为你对你认识的城里人是否了解？	31.3	31.6	37.1

续 表

指　　标	是	否	说不清
你是否觉得与市民之间有一种心理隔阂？	23.5	30.7	45.8
你内心是否愿意与房东一起住？	29.2	13.5	57.3
未婚者是否考虑过与本地市民谈恋爱？	27.6	34.3	38.2
你认为所在社区的居民是否欢迎你们在这里居住？	35.4	47.4	17.1
你认为城里人从内心是否愿意与外地人做邻居？	20.9	52.1	27.0
你们在这里居住，是否让城里人感到不自在？	45.5	14.3	40.2

资料来源：许传新、许若兰：《新生代农民工与城市居民社会距离实证研究》，《人口与经济》2007年第5期，第40页。

在访谈中笔者发现，不少农民工在与城市居民交往时曾有过不太愉快的经历，这让他们从心底里对城市居民感到反感和厌恶。

个案N1：我们做装修的总是要和城里人打交道，受气是经常的，房主常常像防贼似的，一会儿怕我们偷工减料，一会儿又说我们素质差，反正经常把人弄得很不高兴。这些城里人事情特别多，要不是为了赚钱，我才懒得搭理他们呢。

个案N16：我姐姐嫁给了城里人，每次我们去她家的时候，她都絮絮叨叨地没完没了，一会儿怕我们把这弄脏、一会儿怕我们把那弄坏。孩子到她家也常常挨说，搞得我们现在都不愿去她家了。

个案N19：我们卖菜时间久了，什么样的人都见过，碰到不讲理的，一会儿说我们的菜不好，一会儿说贵，要不就愣说我们缺斤少两，你说让人气不气？你跟他们理论吧，他们就说我们是乡巴佬，素质差。反正除了卖菜，一般我们都不愿意和他们多接触。

农民工在城市的人际交往中不愉快的经历，使他们大多不愿主动接触城里人，不愿和他们交往，更不要说建立良好的社会关系。他们之间隔着一堵厚厚的墙，虽然生活在同一个城市空间里，共处于同一个屋檐下，但骨子里大家各不相干、互不往来。

（二）异质性社会交往方式引发农民工的不适应

中国传统乡村社会关系网络的特征诚如费孝通先生所说，是以己为核心展开的亲疏有别的“差序格局”。农民工离开家乡之前，以己为中心，建构了一套以父母、兄弟姐妹、亲戚朋友、街坊邻居等为主的初级社会关系网络。初级社会关系网络是农民工在家庭的主要支持体系，当他们遇到困难或需要帮助的时候，往往通过动用初级社会关系网的资源，来获得支持和帮助。黄光国根据社会交往遵循的准则不同，将中国人的社会关系分为三种：第一种，可以满足个人在关爱、温情、安全感和归属感等情感需求的长久而稳定的情感性社会关系，为达致某种目标而建构的短暂而不稳定的工具性社会关系以及交往双方有一定的情感关系，但又有工具性的目的在其中的混合性社会关系。第二种，农民工在家乡建构初级社会关系则属于情感性社会关系，在这种社会关系网络中，农民工体验到的是人与人之间的团结互助、情感交流。第三种，城市居民的社会关系多是为达致某种目标而建构的短暂而不稳定的工具性社会关系，因此，城乡居民建构社会关系的倾向性截然不同，所以在他们之间很难取得共识，建构起彼此都很认同的社会关系。

农民工群体在与城市居民交往的过程中处于明显的弱势地位，因此，他们不可能改变城市居民的交往原则和交往方式去适应他们，只能由他们自己去逐渐地适应和改善。农民工来到城市后虽然职业发生了变化，但他们的内心仍是传统的、保守的，他们还没有接受和适应城市中的交往方式，加之他们自身拥有的资本较少，以及城市居民的有意回避，都增加了农民工在城市拓展新的社会关系的难度。当城乡居民因为不得已的原因有所交往和互动的时候，城市居民理性的、善于计算的工具性社会关系的交往方式，与农民工长期注重人情味的交往方式俨然不同，因此，在农民工眼里感觉城市人缺少人情味，只认得钱和利益，使得城市居民极其不适应。俗话说，“道不同，不相为谋”，城乡居民之间的心理距离和交往距离日渐拉大。

(三) 自卑、认命心理作用下农民工社会关系的“内卷化”

所谓内卷化，最初源自格尔茨于 1963 年提出的“农业内卷化”，是指在土地面积有限的情况下，增长的劳动力不断进入农业生产的过程。美国人类学家戈登·威茨详述了“内卷化”的作用，他第一个使用这一概念来描述一类文化模式即当达到了某种最终的形态以后，既没有办法稳定下来，也没有办法使自己转变到新的形态，取而代之的是不断在内部变得更加复杂。“内卷化”的这种特征与农民工的社会认同有着异曲同工之妙。

农民工进城后逐渐发现作为城市的外来者，他们是不受欢迎的群体，他们处处感受到城市社会对他们的偏见、歧视和排斥，即使他们想亲近城市居民、努力融入城市社会，但城市社会却通过种种制度的、政策的以及文化的等手段和方式拒他们于千里之外，他们成了城市中尴尬的群体。一方面，由于长期在城市中工作和生活，他们已不适应农村的生活，但在城市他们却游离于城市生活的主流之外，对城市缺乏归属感和认同感，从而导致其社会认同呈现“内卷化”的特征，那就是在城市和农村都无法获得认同和支持的情况下，他们只有转向自己从属的群体内部，从群体内部寻求支持和归属感。另一方面，农民工不断地寻求群体内的社会认同和归属感是其在经历了诸多的困难、挫折和心理调适的过程后退而求其次的结果。

农民工群体在遭遇城市居民的偏见、歧视和排斥后，并没有奋起抗争，为自身正名、维护自己的基本权益，而是自卑感加重，认命地接受了城市居民的歧视和排斥，采取了退缩的态度。农民工群体的自卑心理主要表现为处处留意、时时小心，唯恐说错了话、做错了事而被人耻笑，甚至盲目模仿城市居民的穿着打扮。他们总觉得低城里人一等，不敢与城市人交往。自卑感的加重导致农民工群体更加自我封闭，与城市居民之间形成很深的隔阂。在自卑、封闭、认命、隔阂等心理作用下，他们很少与城市人交往,形成了很深的交往隔阂。因此,农民工群体基本生活在自己的小圈子内,致力于建构群体内部的社会关系,这使得农民工群体在城市中的社会关系呈现内卷化特征。这种内卷化特征的突出表现就是农民工群体在城市社会中再次移植和复制了原有乡土社会中以血缘、亲缘、地缘为基础,以强关系、初级关系、同质性为特点的社会关系。

当农民工从农村流入城市,随着空间位移的转变和外出打工行为的发生使其与原初的社会关系无可奈何地、强制性地断裂。在城市中,农村建构的初级社会关系网中的资源因遥远的距离而不可得。诚如个案N18所说:以前在老家的时候,家里如果有困难,比如,活多忙不过来或者手头紧(钱不够用)的时候,父母或亲戚朋友都会帮忙的。可现在在城里遇到什么困难,他们离得太远就算想帮忙也不可能了。在城里一旦有困难的时候,心里就发慌,连个帮忙的人都不好找。访谈中为数不少的个案都与个案N18有着深深的同感,那就是他们与原初的社会关系发生了断裂,脱离了原初的社会关系网络,不再可能从中获得支持。在与城市居民建构新的社会关系失败后,农民工将原来乡土社会中的初级社会关系再次嵌入城市场域。农民工的链式迁移方式使得他们进城以后再次形成了自己的关系网,聚集而成为“浙江村”“河南村”“安徽村”等“都市里的村庄”,这为农民工提供了在城市中运用乡土社会中的初级交往规范和原则来实现群体内的交往和互动,从而为构造相互间的“交情”提供了土壤和空间。农民工由原有的以血缘、亲缘、地缘为纽带所移植,复制的乡土社会网络具有规模小、紧密度高、趋同性强、异质性低等特点,为农民工求职或解决困难提供了有力的帮助和支持。因此,当他们遇到困难需要帮助,或是在生活中感到孤独寂寞的时候,他们就会在群体内部寻找生活和感情上的支持。目前,农民工外出和打工主要依靠的是传统血缘、地缘人际关系网络,通过“资深”农民工介绍一轮带一轮的滚动方式进城。李培林在调研中发现,“进入济南市的流动民工,其迁入所依赖的信息,32.8%的人来源于在该市打工的同乡或朋友,30.8%的人来源于在该市居住的亲戚或朋友，12.5%的人来源于本村居住的亲属或朋友，信息来源于招工队的占 9.7%”(李培林，1996：45)。据调查，通过熟人或亲戚介绍的比例达到 60.37%，而通过中介机构介绍和自己应聘的仅占 14.20%和 12.10%(国务院研究室课题组，2006：113)。

在访谈中，为数不少的农民工都是由亲戚、朋友及老乡带到城里来的，甚至有的工作也是他们给介绍的，他们在城市里的人际交往对象主要集中在亲戚、朋友、老乡和同事范围内，具有很强的同质性。

个案 N3：当初来城里是跟我的一个表哥一起出来的，是他带我到工地上干活的，后来我自己对城里熟悉了，有时候就和同事一起找活干。我们整天在工地上，没什么机会接触城里人，主要还是和老乡、工友接触得比较多。

个案 N6：我是跟舅舅一起出来的，他开了家建筑公司，让我做包工头帮他管理工人，虽然我在城里买了房，但跟城里人的感觉还是不一样，所以跟我打交道的大多是亲戚、同乡、朋友或民工，有什么需要帮忙的基本上也是找他们。

“物以类聚，人以群分”，农民工群体相同的社会经历和社会活动、相同的工作环境和生活环境，使得他们之间更易交流和互动。“远亲不如近邻”，在他们看来，与其费很大劲与城市居民交往，还不如维持好群体内的社交关系，因为当他们遭遇生病、暂时失业、资金紧张等困难时更容易得到朝夕相处的农民工的安慰、鼓励、支持和帮助。加之，城市居民和农村居民在生活方式、价值取向以及社会心理等方面都存在明显的区别，农民工群体在交往过程中讲义气、重感情，而城市居民的交往行为基本上是理性的，人际交往过于表面化。这使得城乡居民在交往过程中往往会发生冲突，彼此看不惯，城里人觉得农民工小农意识严重、不可理喻，而农民工觉得城里人冷漠、功利性强，重利轻义，因此彼此之间很难形成持续而频繁的互动和良好的人际关系。但是农民工这种向群体内部寻求支持的“内卷化”社会交往无异于画地为牢，使他们的人际交往局限在狭小的圈子里，导致该群体的自我封闭，丧失了与城市居民交往的机会，造成了农民工与城市社会的疏离和隔阂，使其成为社会关系网络中的“孤独者”，成为城市社会生活中的边缘人。

农民工的社会关系排斥导致其拥有的社会资本严重匮乏。林南认为，社会资本是嵌入社会网络关系中的可以带来回报的资源投资(1999：35)。朱国宏认为，社会资本指个人通过自己所拥有的网络关系及更广阔的社会结构来获取稀有资源的能力(1998：137)。因此，农民工的社会资本匮乏，主要是因为农民工所拥有的作为摄取资本载体的社会关系网络的断裂，或弱化使其通过社会关系网络获取稀有资源的能力降低而带来的资本匮乏。

农民工群体不远千里来到城市，其最初在农村建构的初级社会关系网因空间位移的发生而断裂，不可能像以前那样从中摄取需要的资源以解决自己面临的问题。在城市，由于市民的偏见和歧视，对他们往往产生敌对和抵触情绪，更不要说和他们平等、友好地交往，因此他们不可能通过与城市居民交往而建构新的社会关系网，从而导致他们丧失了社会资本赖以存在的载体。城市居民的歧视和排斥使得农民工群体往往求助于同质性很强的内群体，社会关系网呈现内卷化的特征，这种社会关系网因为同质性高使得网内蕴藏的资源非常少，远远不能满足农民工群体在城市中的需要。因此，农民工群体在城市中可动用的社会资本非常少，处于极度匮乏的状态。

个案 N1：城里人都瞧不起我们这些农村人，理都不理我们一下，还交往个啥。我们遇到难事的时候都是找亲戚或者找一起干活的人帮忙，如果他们也帮不了的话那就没办法了。

在农村的熟人社会里，农民工遇到困难的时候，大多求助于靠血缘和地缘关系建立起来的包括亲戚、朋友、老乡等建构起来的社会关系网内蕴含的资源加以解决。但当他们进城以后从乡村的“熟人社会”进入了城市的“匿名社会”，除了认识极个别的亲戚、朋友或老乡外，对周围的环境非常陌生，其天然的弱势地位使他们很难在城市建构和拓展自己的社会关系网，从而导致他们缺乏在城市生存和发展所必需的社会资本。社会资本的严重匮乏使农民工缺乏城市社会互动和交往中可供交换的资源，自身既没勇气也没资本吸引城市居民，难以在城市社会中建构新的社会关系网，并从中获得必要的支持和帮助，以消除被排斥、被歧视的状态，最终走出弱势处境。

第三节　社会场域中农民工社会组织排斥的原因分析

在社会场域中，农民工群体在城市中除了遭遇文化排斥和社会关系排斥外，还缺乏社区组织、民间组织的关怀和支持。在诸多研究中，弱势群体摆脱弱势处境的重要途径就是建构包括政府、市场、民间组织等主体在内的弱势群体社会支持网，对其进行全方位的救助和支持，通过各种方式发掘其自助的潜力。从而在内外因的推动下，弱势群体得以摆脱弱势处境，更好地融入社会。可是，农民工群体作为城市中的弱势群体之一，由于受到市场场域和国家场域的排斥，他们不仅无法得到来自市场和国家的支持，反而遭受来自市场和国家的种种歧视和排斥，为其在城市生活和工作设置了种种障碍。当农民工群体在城市遇到困难或遭遇不公时，很少去求助其所在的企业和政府。然而，社区组织及民间组织等对弱势群体的支持和帮助，主要集中在城市居民中的弱势群体，农民工这一弱势群体经常被他们所忽视，这使得农民工群体在城市中显得更加孤立无援。在此，笔者主要从社区组织、民间组织两方面探讨社会场域中农民工遭遇社会排斥的原因。

一、社区组织对农民工群体的不认同

随着社区民主、社区自治的社区建设在城市社会的迅速发展，社区在城市社会的治理中越来越发挥着重要的作用。在社区照顾理念的支持下，社区通过建立一种守望相助的社区支援机制，一方面通过调动受助者自身所拥有的资源，如尽可能通过获取家人、朋友、邻居等的物质及精神等支持，另一方面通过提供一系列社区服务为有需要的弱势群体提供帮助和支持，如，政策传达、就业培训、老年照顾等。社区组织通过调动社区中的各种资源，为城市中的弱势群体提供了丰富的物质和非物质支持，成为弱势群体的避风港。农民工从农村来到城市，其天然的弱势性骤然凸显，无论是工作生活还是心理认同上，都需要城市的帮助和支持，毕竟对他们而言，城市生活是崭新的也是陌生的，他们的言行举止、交往方式以及情感沟通等方面需要不断地调整和适应。但是诸多研究表明，农民工在城市中的社会支持网仍具有内倾性和紧缩性，纳入网内的支持主体主要是亲戚、老乡以及同事等提供的非正式的支持和帮助。通过笔者的调查研究，社区支援机制对农民工的支持微乎其微，其中最主要的原因还是由于社区组织对农民工群体的不认同，导致社区组织不愿将有限的资源惠及农民工。

社区的不接纳和农民工自身流动性强导致农民工被社区组织所排斥。与农民工群体不同，城市居民工作地有单位组织，居住地有社区组织，高度的组织性为其工作和生活提供了充分的保障。对于流入城市的农民工而言，离开了农村，也就远离了他们所属的村委会的管辖范围；来到城市后，其工作和居住的流动性很强，很难纳入城市的管理体系中。由于城乡分割的二元管理制度的惯性，人户分离让农民工无法名正言顺地进入城市的正式管理体系中，他们工作和生活的组织性差，抵抗风险、化解困难的能力相对较弱。农民工流动的特性以及农村户籍身份，使得农民工缺乏被城市社区所接纳的条件。而城市社区居委会无论在制度层面还是非制度层面,均未做好接纳农民工的准备。因此,农民工即使生活在城市社区中,也很难像城市居民那样得到社区的支持和帮助。这反过来也导致农民工对城市社区缺乏认同感和归属感。

个案N6:我们在城里买了房,小区内大部分都是城里人,这些人总瞧不起我们,平时很少和他们打交道。我们和居委会平时也没什么关系,他们也很少找我们。他们成天弄这弄那的我们也不懂,就离得远远的。有什么困难我一般都找我哥和我姐他们帮忙,外人靠不住。我也从来没指望过社区能帮我什么忙,那都是人家城里人的事。

个案C9:我们社区现在常住的外地人有所增多,但是一方面我们居委会多年来主要管理的都是城市常住人口,因此政策上还没有将小区中入住的农民工纳进规定和办法;另一方面我们暂时还不是很想管他们,除了会增加我们管理的难度不说,他们和城里人的想法差别太大,有的方面他们不理解,工作不好做啊。

对大多数没有固定住所的农民工而言,他们的流动性很强,很难被纳入城市社区之中,要得到社区的帮助根本无从谈起。即使是有固定住所的农民工,也因为各种制度的、现实的原因还无法拿到社区组织的“入场券”,无法进入城市社区组织内。因而游离于社区组织之外,导致社区的支持和帮助无法惠及他们。

社区服务对象长期以来主要界定为社区中的城市弱势群体,而农民工则被排斥在外。随着社区服务意识的增强,在城市社区管理中,社区组织为社区居民提供了各种各样的服务,如,老人儿童照顾、政策传达、就业培训、娱乐提供等,极大地方便和丰富了城市社区居民的工作和生活,也为社区中的弱势群体提供了各种帮助和支持。然而,传统的社区服务对象主要是社区中的城市人口,社区服务的重点也主要是低保户、残疾人等特殊群体，身强力壮的农民工尚未被纳入城市的社区服务体系。随着大批的农民工流入城市社区，他们对社区的服务的需求越来越强烈，宏观方面有政策支持的需求，微观方面有就业培训、就业安置等需求，这使得只顾及城市社区居民的传统社区服务模式受到极大的挑战。

社区组织对农民工的就业服务支持缺位。农民工进城后由于自身的教育水平、技术水平都很低，所以面临的首要压力就是就业压力。如果连眼前的生存条件都没有得到保障，其他的一切都无法引起他们的兴趣。所以，对农民工来说，最需要的社区服务就是尽量为农民工提供一些就业服务信息，进行必要的教育和就业技能培训，以及提供必需的就业和社会保障等。可是目前的社区服务中很少有为社区中的农民工提供就业方面的服务。在调查中，笔者发现为数不少的社区都为社区里的城市居民提供了就业方面的支持，甚至为其安置了力所能及的工作。但农民工寻找工作的机会主要还是通过城市中的大型现场招聘会、职业介绍所、亲朋好友的介绍、网络招聘等，而社区为他们提供就业服务的信息并不多见。目前，社区对农民工谈不上有何服务，即使有也只是出于维护社区秩序而对农民工进行的防范式管制，除了相关的收费和发放证件外，几乎没有积极作为。

个案 N10：我刚来北京那会儿，工作非常不稳定。好在我的房东还比较好，总算有个住的地方。那时候我天天出去找工作，只要看到报纸上有招聘的信息，我就赶紧赶过去。另外也托了亲戚朋友帮忙，他们也是有心无力。折腾了一个多月，总算找到现在这份工作。我住的社区里也有什么就业援助中心，为社区居民提供就业信息，有的还给安置工作。可我是外地人，不算小区里的正式居民，所以他们不管的。

个案 N17：我现在还没找到活干呢。住的这个小区里面有帮没工作的人找活干的。他们有的就帮小区搞搞卫生、看看门什么的。我听说还有推荐他们到一些超市里干活的。我也很希望社区里面的人能帮帮我，就去找了人家，可人家说我是外地人，也没有人担保，因而行不通。所以我现在还在慢慢找，也不知道啥时候能找到。

个案C9：我们为社区中城市下岗失业人员建立了“再就业服务中心”。我们这个中心，主要为小区中的下岗失业人员和有劳动能力的残疾人等弱势群体，提供就业信息和相关的技能培训，也为他们在小区和小区所属产业的单位中找活干。到现在已经安排了百八十人。你说的农民工，我们小区中也有，但现在还没有将他们纳入进来，主要考虑到他们是外地人，不知道什么时候忽然就不在这里住了，而且他们如果出点什么问题的话，我们也负不起这个责任啊。加上小区中的资源实在有限，所以服务对象主要还是小区中的城里人。

相对于职业介绍所和招聘会非常费时费钱费力，社区提供就业服务有着其他就业方式无可比拟的优点。如果社区能为农民工提供就业服务的话，对农民工而言无疑是雪中送炭。可是城市社区中的就业服务目前仍与农民工群体无缘，他们现在仍被排斥在社区的就业服务之外。在调查中笔者发现，除了就业服务外，社区目前的服务体系均将农民工排斥在外，包括农民工的子女教育、社会救助、失业保险等服务，农民工群体成了所住社区中的另类群体、二等公民，这使得他们对社区的认同度和归属感都很差，继而导致他们对社区的各种活动都采取事不关己高高挂起的态度，社区参与的积极性很差，彻彻底底地成为社区中的边缘人。

社区组织与社区市民的疏远，将农民工排斥在社区休闲娱乐等活动之外。随着社区组织的日益成熟和完善，社区服务也日益多元化。社区组织为社区居民建立了各种各样的休闲娱乐场所，例如，社区图书馆、社区健身场所、社区娱乐室等，另外还发动社区居民开展了丰富多彩的社区文娱活动，如，老年交谊舞、老年合唱团、太极拳队等，为社区居民在工作之余提供了良好的休闲放松的环境。更为重要的是社区丰富多彩的休闲娱乐活动，为社区居民提供了交流互动的平台，使他们积极参与到社区活动中，充分融入社区生活中，增强了居民的社区归属感。可是目前在农民工在城市社区中的参与度非常低，有研究表明，在被调查的农民工中，仅有10.6%的农民工表示参加过社区居委会选举，高达89.4%的农民工表示从未参加过社区居委会选举；有52.4%的农民工表示自己不认识社区居委会的工作人员，有28.4%的农民工表示和居委会的工作人员见过几面，仅有15.2%和4%的农民工表示和居委会的人很熟悉或非常熟悉（朱春雷，2007：42）。农民工不仅在选举方面参与度低，而且他们也很少参与社区公共文化活动，据调查，有85.05%的农民工表示“没有参加”或“很少参加”，只有14.95%的农民工表示“经常参加”，而社区居委会的判断和对农民工的调查情况大致相当，居委会认为农民工“很少”或“没有”参加社区文化活动的占82.91%（姚华平，2006：115）。可见，大多数农民工在城市不仅无法参与公共政治生活，而且很少参与城市的社区公共文化活动，社区参与度和融合度都很低，笔者的访谈也证实了这点。

个案N6：我平时工作忙，虽然知道我们社区里有各种各样的休闲娱乐的地方，但我们还是跟城里人不一样，很多东西既不懂也不会，因此总觉得低人一等。不要说我，我媳妇和孩子平时没什么事也很少去。一个是这些地方大多数是城里人，玩不到一块去；另一个是社区组织的活动也从来没我们的份。

个案N12：我平时都和老乡一起逛逛街什么的，社区里也有健身的地方，可是大多数都是城里人在那儿锻炼，去那里总觉得不舒服。他们也不愿跟我们打交道，所以我们家很少有人去瞎掺和。不要说社区里玩儿的地方没我们的份，就是社区里面的选举、社区管理征求意见的时候，我们也只能是干瞪眼啊。

社区是人们生活的重要场所，如果农民工能被吸纳到社区组织中，参与社区的管理，享受社区的各项服务和参与社区中的各种娱乐活动，一方面有助于增强农民工对社区的归属感和责任感；另一方面，农民工充分参与社区的各种活动，将有机会与社区中的城市居民有更多的沟通交流和互动，从而消除城市居民对农民工的歧视和偏见，增强农民工对城市居民的理解和认同，实现城乡居民的良性互动和和谐社区的建立。然而，目前城市社区将农民工排斥在社区组织和服务之外，不仅无法实现城乡居民在社区中的和谐相处，反而将社区中的城乡居民分割开来，使他们之间泾渭分明，增强了二者的隔阂感和距离感。这也是诸多农民工在城市生活工作多年，角色认同依然是农村人，无法融入城市社会的重要原因。

社区是农民工进城以后生活的重要场所，如果城市社区居委会不主动接纳农民工，不给他们提供一定的帮助和支持，使他们有苦无处诉、有难无处求的话，他们很容易滋生不满情绪，从而影响社会稳定。因此，为了更好地发挥社区对弱势群体包括农民工的支持作用，在《国务院关于解决农民工若干问题的指导意见》中明确指出，要“发挥社区管理服务的重要作用”“鼓励农民工参与社区自治，增强作为社区成员的意识”，要“完善社区公共服务和文化设施，城市公共文化设施要向农民工开放，丰富农民工的精神生活”（王艳华，2007：45）。然而，目前农民工在社区中遭受的种种排斥，使他们无法与社区居民建构起良性的社会关系网，因此，农民工来到城市后仍然着力于传统社会关系的复制，其社会关系具有内倾性和内卷化特征。农民工内倾性的社会关系网一旦建成，更加固化了城乡居民的差别，将加剧二者之间的隔阂，不利于他们融入城市社区和城市社会中。

二、民间组织长期以来形成的支持惯习

在弱势群体的社会支持体系中，民间组织是非常重要的支持主体之一。无论古今中外，民间组织始终不渝地为每个社会的弱势群体提供各

种帮助和支持。例如，英国《济贫法》颁布时期，慈善组织为社会中的贫困者、流浪者、失业者等弱势群体提供了大量的支持；中国历朝历代都有各种民间组织、慈善组织通过建立“义仓”等形式为贫困者提供粮食等物质支持。民间组织也称“非政府组织（Non-government Organization）”，其基本特征主要表现为不以营利为目的且具有正式的组织形式，属于非政府体系的社会组织，具有一定的自治性、志愿性、公益性或互益性，是一种利用社会资源成立的、从事非营利性社会服务活动的社区组织。因此，民间组织往往利用自身的组织优势，发挥组织能力来吸引公众的注意，动员各种可利用的社会资源，把社会上的闲散资金和资源整合起来，实现社会资源的有效利用和顺利传递，最大限度地帮助社会弱势群体。相对于以政府为主体的宏观支持而言，民间组织的支持更具体，具有更强的针对性和更高的效率，能对政府的支持起到积极的补充甚至示范性的作用。

民间组织虽然已经成为城市社会中弱势群体的重要支持者之一，但是目前多数民间组织服务的对象仍主要集中于妇女、儿童、老人和残疾人等传统意义上的弱势群体，形成了较为固定的支持对象。在这种支持关系的影响下，专门以农民工为支持对象的民间组织寥寥无几，加之农民工群体数量庞大，民间组织支持的资源毕竟非常有限，他们的支持和帮助对农民工而言可能只是杯水车薪。因此，虽然目前部分城市已经出现了专门针对农民工群体的民间组织，如，1998 年广州番禺诞生了由廖晓峰组建的国内第一个劳工 NGO（非政府组织）——打工族文书处理服务部，虽然只维持了半年，但却成为民间组织介入农民工维权行动的开始；2002 年以后，珠三角专门为外来务工人员维权的 NGO 已达 10 余个，主要致力于为珠三角数千万民工处理欠薪、工伤等劳资纠纷[①]；在北京，由“希望工程”和《新京报》一起组织实施的“希望工程助学进城计划”

① “珠江三角洲农民工生存状况调查”，网址：www. China.org.cn。

将在北京寻找1 000名失学农民工子女，每人每学年资助600元的助学金[①]，但这些民间组织的支持和帮助远远无法满足农民工群体的需要。因此在被访谈的对象中，没有人提及曾经得到来自民间组织的关怀和帮助。可见，民间组织对农民工的支持和帮助力度还不够，多数民间组织忽视了农民工群体也是需要支持和帮助的对象。

第一，以农民工为支持对象的民间组织寥寥无几。农民工群体是改革开放过程中出现的新群体，长期以来并非民间组织支持和服务的对象。这一群体在城市社会中的弱势地位随着其在城市社会的生活中逐渐暴露出来，尚未引起民间组织的关注和注意。随着新闻媒体的宣传和对农民工群体生存状况的了解，农民工群体的弱势处境逐渐引起社会各界的关注，因此出现了一些针对农民工群体的民间组织，为他们提供就业培训和求职机会，并提供各种物质支持，帮助他们走出困境。但是，以农民工群体为直接支持对象的民间组织屈指可数，这与庞大的农民工群体所需要的支持和帮助形成强烈的反差，使得多数农民工在城市中很少得到民间组织的支持和救助。

第二，民间组织的支持和服务针对农民工群体的仍然很少。民间组织往往依靠自己的组织优势，动员和调动社会上的闲散资金和资源为弱势群体提供各种各样的帮助和支持。但针对农民工的服务和帮助仍然很少，主要是对农民工提供就业信息、就业培训或者帮助农民工解决子女的教育问题，但是对农民工的法律援助、文化提升以及精神支持明显不足。这一方面与民间组织自身所拥有的支持资源不足有关，另一方面应该针对农民工群体的特殊性，拓展农民工急需的服务项目。

第三，民间组织对农民工支持和帮助的方式不妥。民间组织凭借自身的组织优势和资源优势，在对农民工的支持和帮助过程中，往往处于强势地位，其与农民工的互动往往是单向度的，农民工多数时候只有被

① “中国青基会希望工程助学进城计划——农民工子女助学项目”，网址：www.newsxinhua.net.

动接受的份。在调查中，笔者发现，大部分农民工并不知道现在有哪些针对他们的民间组织，更谈不上获得支持和帮助了。大多数时候都是由民间组织主动出击，为农民工提供帮助和支持，农民工在整个支持过程中都处于被动的地位，很难激发他们的积极性和主动性，难以挖掘农民工自身的潜力，最终实现自身的价值。

民间组织虽然对农民工的支持和帮助的力度仍很薄弱，还存在着忽视对农民工群体提供支持的现象，但民间组织在支持和帮助弱势群体方面也有自身的优势：相对于政府而言，民间组织对农民工的支持更细致、更具体，支持的方式更为灵活。另外，民间组织的民间色彩使其能更好地融入农民工群体，更真实全面地发现农民工面临的问题并有针对性地帮其加以解决；通过将农民工组织起来，注重提高他们的自尊意识和自强精神，通过各种途径增强他们的能力，帮助他们实现自立从而改变自身的弱势处境。因此，应致力于发展民间组织的力量，引导其发挥自身的优势，为农民工这一弱势群体尽可能多地提供社会支持，帮助他们逐渐摆脱被排斥的状态。

第八章　福利三角框架中农民工社会排斥的形成机制

在第五至第七章，笔者在福利三角框架内分析了农民工群体在市场、国家和社会场域中遭受社会排斥的各种原因。但是，农民工社会排斥的诸多原因之间到底属于制度层面的还是非制度层面？这些原因之间究竟是并列的还是高低有别的？孤立的还是相互联系的？在本章，笔者首先对福利三角框架中农民工社会排斥的原因，从制度与非制度层面进行了划分，分别探讨了制度性因素及非制度性因素对农民工群体的社会排斥，并考察了结构和制度的转型变迁对农民工社会排斥的影响。其次分析了制度性因素和非制度性因素之间的相互作用，以及二者在农民工群体遭受社会排斥过程中的内在联系、作用层次。最后引入社会转型因素、经济社会结构的变迁因素，归纳总结出了农民工在福利三角框架中，遭遇社会排斥的制度与非制度因素交互作用的形成机制模型。

第一节　福利三角框架中农民工社会排斥的制度性因素模型

制度性原因在社会弱势群体被排斥的过程中起着非常重要的作用。

Iils在研究中就曾明确指出，制度在社会排斥的过程中非常重要，因为它一方面构建了宏观经济变化和经济增长方式之间的关系，另一方面又构建了个人、家庭和群体正在变化的生活环境之间的关系（转引自石彤，2004：45）。Kabeer则从制度分析的视角对社会排斥的动力机制进行了研究，他指出社会排斥发生在许多不同的制度层面上。当制度机制系统化地拒绝对某些群体提供资源和认可使他们不能完全参与社会生活时，就会导致社会排斥。Kabeer认为，一方面，制度表现为不同的层面并在不同层面上发生了动态的社会排斥过程；另一方面，制度包括规则、资源、运作、授权、结果等运行渠道，其中运作作为制度的重要组成部分，对排斥产生影响，这表现在社会封闭、调动制度的偏见和失控的制度运作三个方面。社会封闭是指在符合规定的有限范围内，通过限制使用资源和享受机会，以社会群体活动的形式获取最大的回报。社会封闭通过制定有意识的、明确的排斥策略，仅为一小部分人提供最大限度的资源和机会。调动制度的偏见则是指系统地、连续地运作“游戏规则”以有利于某些个人或群体，而以牺牲其他人的利益为代价。失控的制度运作则是指全部制度范围内的各种规则和其实践运作之间存在的巨大鸿沟（转引自石彤，2004：48）。唐钧则把制度解释为“游戏的规则”，认为社会在制定游戏规则的时候往往以牺牲他人的利益为基础，将这部分人排除在受益者的范围之外，因此，带有排斥性制度的制定和运作往往将社会中的部分人排斥在有限的资源、利益以及机会之外。农民工群体在城市社会中所遭遇的社会排斥与各种不公平的制度性安排密切相关。制度性安排对农民工群体的区隔与另类标签以及有差别的资源配置形成了对农民工群体的社会排斥，使农民工群体陷入被抛弃、被隔离的弱势处境之中。

农民工社会排斥制度层面的原因有国家场域中的城乡二元户籍制度、城乡二元管理政策、城乡二元政治参与制度、城乡二元分配制度、城乡二元社会保障制度；市场场域中的二元劳动力市场的户籍区隔、城乡二元就业政策以及城乡二元用工制度等。二元户籍制度是农民工社会排斥的根本性原因，二元管理政策、二元政治参与制度、二元就业政策以及二元保障制度建立在二元户籍制度基础之上，是农民工社会排斥的具体原因，如图 8－1 所示。

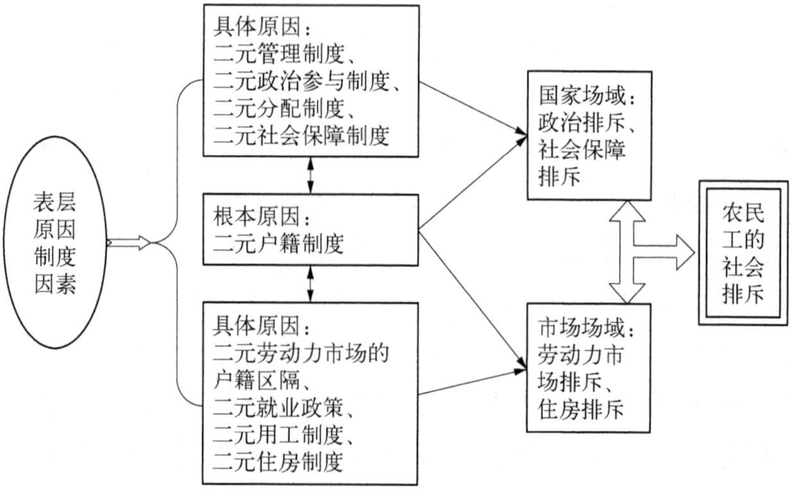

图 8－1　农民工社会排斥的制度因素模型

一、城乡分割的二元户籍制度是农民工社会排斥的根本原因

在国家、市场和社会场域中各种制度性原因作用于农民工使其遭受了多种社会排斥，其中包括二元户籍制度、二元管理制度、二元就业制度、二元社会保障制度等，然而多种制度性因素在农民工社会排斥中发挥作用的范围和程度并非整齐划一、比肩同举的。与其他制度相比，计划经济时期形成的城乡分割的二元户籍制度是农民工遭受社会排斥的根本性原因，其他二元制度的建立则以此为基础。

（一）二元户籍制度在农民工社会排斥中起决定性的作用

计划经济时期，国家和政府建构的城乡二元户籍制度把中国社会泾渭分明地一分两半：城市和农村，给中国的社会结构深深地打上了二元化的烙印，同时也把中国国民一分为二：城市居民和农村居民。户籍制度对城乡居民的身份区隔，是产生农民工群体和农民工问题的决定性因素，因为从国外的经济社会发展过程来看，单单经济上的二元化特征并不会催生出农民工这一群体，在西方国家进入城市领域的农民职业非农化随之而来也实现了身份上的转变——从农民变为市民。这些新转型的工人在城市社会中即使遭遇社会排斥，也往往是因为自身的文化水平、劳动技能比较低等个人原因造成的，而非制度性原因导致。与此不同的是，在中国之所以出现农民工这一特殊群体并非经济的二元性所导致，而是二元户籍制度对城乡居民的身份区隔导致。在二元户籍制度的作用下，农民进城后虽然同西方国家一样从事非农劳动，但职业的非农化并未带来身份的转变，因此他们户籍上的“农民”身份和职业上的“工人”的性质矛盾地结合为一体，被称作“农民工”。

与西方国家不同，我国的农民工在城市遭受的社会排斥不仅仅是因为自身文化素质低、劳动技能差等人力资本匮乏所致，更多的是因为建立在城乡二元户籍基础上一系列的政策和制度所致。这是中国与西方国家明显的不同之处，中国政府的行政力量在中国经济社会的发展过程中发挥着重要的作用，国家建构的制度和政策深深地影响着社会经济发展的方向和方式，主导着社会资源的配置方式。国家和政府对中国社会经济发展干预的基础，主要是建立在城乡二元分割的户籍制度基础上，对城市和农村实行差别待遇。即使农民来到城市参与到城市的社会生活中，这种建立在身份基础上的差别待遇仍未改变，这直接导致了农民工群体在城市的市场，国家和社会场域中遭受着经济、政治、文化等维度的社会排斥。

因此，计划经济时期的二元户籍制度是农民工这一特殊群体得以出现的根本性原因。农民工群体的诞生才衍生出农民工遭遇的社会问题。不仅如此，农民工群体在城市社会各个场域中遭受的经济、政治、文化等排斥很大程度上是因为城市户籍身份的缺失导致，所以城乡二元户籍制度在农民工社会排斥过程中发挥着决定性的作用。

(二)二元户籍制度是二元社会政策体系建立的基础

城乡二元户籍制度建立后,在中国社会出现了两大群体:城市居民和农村居民。这种二元户籍制度如果仅仅出于管理人口的目的而设置的话,尚不足以对进城的农民工造成如此多的制度排斥。农民工群体之所以在城市中遭受来自市场领域、国家领域和社会领域的歧视和排斥,主要因为中国的城乡二元户籍制度不仅承担着人口管理的功能,它也是城乡居民资源差异性分配以及权利差异性享受的基础。国家在城乡二元户籍制度的基础上,建立了城乡二元社会政策体系,其中就有城乡二元就业政策、二元社会保障制度、二元教育制度等。在城乡二元户籍制度和城乡有别的二元社会政策的相互作用下,通过制度体系将农村居民系统地排斥在城市的各种资源之外,使他们在城市社会中不具有享受这些资源和权利的合法性身份,因此遭受了经济维度、政治维度以及文化等维度的歧视和排斥。

因此,国家和政府作为社会制度的主要构建者所制定的户籍制度,影响着农民工的历史生成和当下处境的最核心体制。户籍的制度性区隔和另类标签使其明显地被城市社会所排斥,无法充分享受城市社会中已存在的各种资源,导致其经济、政治、文化、社会等各种资本严重匮乏和不足,使农民工成为飘荡在城市边缘的一族,他们在政治权利、就业权利、社会保障、身份转变以及子女教育等方面都享受不到与城市居民一样的国民待遇。农民工在城市中所遭受的这些社会排斥,主要源于城市户籍身份的缺失,因此城乡分割的二元户籍制度成为导致农民工群体被排斥的根本性制度原因。

(三)二元户籍制度对农民工社会排斥的作用

城乡分割的二元户籍制度是通过制度的设计与落实、制度偏见的调动与运作等对农民工群体不断施以社会排斥。

1. 制度的设计与落实：城乡分割的二元户籍体系的来龙去脉

所谓户籍制度，是指政府职能部门对所辖民户的基本状况进行登记(包括常住人口登记、暂住人口登记、出生登记、死亡登记、迁移登记、变更更正登记等)并进行相关管理的一项国家行政管理制度，其目的在于维护社会治安和提供人口统计资料(陆学艺，2004：307)。中国现行的户籍制度以户口上的城乡有别、城乡隔离为重要特征，具有明显的城乡二元化特征，故被称作二元户籍制度。

1951 年公安部颁布了《城市户口管理暂行条例》，国家和政府对城乡之间的人口基本上是公平的，对城乡之间自由流动、自由迁移限制不多，城乡居民基本上能够实现自由流动。这种状况一直持续到 1957 年。到 1958 年户籍制度对城乡居民之间的社会区隔作用逐渐凸显。户籍制度之所以能发挥“社会屏蔽”(Social closure)作用，主要源于制度设计中对城乡居民的差别性对待，这种差别性的形成具有一定的历史性原因。

社会资源严重匮乏是设计二元户籍制度的原动力。新中国成立后，社会上的财产资源大多已属于全民所有或集体所有，但由于连年的战争，国家尚处于积贫积弱的状态，社会物质财富极为短缺，有限的社会财产资源不足以平均分配给每个人。如何将这有限的社会资源进行合理分配成了令国家和政府头疼的事情。资源的有限性成为平均分配的严重掣肘，很显然将有限的社会财产平均分配给全体社会成员是不可能的。因此，如果每个人都要求瓜分财产、分一杯羹的话，国家的经济秩序将很难维持，经济发展也就无从谈起。资源分配的严重不足，使得国家和政府迫切需要建立一套不平等的分配规则对资源加以屏蔽，最终使人们在可接受的范围内对资源实行有差别的配置，即社会上一部分人享有更多的资源。最后政府将目光转向了尚且公平的户籍制度。

但是究竟怎样通过户籍制度来发挥社会屏蔽的作用，使一部分人被排斥在享有资源的利益之外，即户籍制度通过什么样的标准、怎样把全体社会成员加以区分，不仅能够以合理的原因使人们之间享有不同程度的经济利益，而且不至于引起民愤、不会影响社会的稳定。这已经成为当时政府亟须解决的问题。

受苏联和西方国家的影响，中国政府致力于实现工业化并将发展的重心放在城市。为了支持工业化的发展，国家以城乡分割的标准将全体居民进行了城乡二元区隔，实行资源向城市倾斜的利益划分法。这样，基于户籍制度的二元标准和利益分配倾向格局已定，城乡区隔的二元特征得以定格。因此，在1958年1月以主席令的形式颁布了《中华人民共和国户口管理条例》，将中国公民划分为“农业户口”和“非农业户口”两大类，并开始实施彼此封闭、彼此区隔的二元户籍制度。城乡二元户籍制度从此将城市和农村严格区分开来，城市和农村成为完全不同的两个世界、两个场域，形成了特色分明的文化传统、交往方式和生活习惯等，这两个大的场域中的人们之间几乎没有任何形式的充分交流和沟通往来，从而使得城市居民和农村居民之间壁垒分明。在二元户籍制度的作用下，农民不仅在社会资源的分配中处于劣势，而且农村的剩余资源也源源不断地通过工农产品“剪刀差”的方式流向城市，极大地促进了城市的发展。

经济发展受挫，导致以户籍为基础的二元社会政策体系的出台，进一步将农民排斥在城市社会的各种资源之外，以保障城市居民能充分享有城市社会有限的资源。由于国家急于向全民所有制过渡和计划经济时期的“大跃进”政策，使国民经济遭受巨大的挫折和创伤。自1958年以后，城市的各项资源严重短缺，就业岗位、粮食供给及生活设施都出现极度的短缺和困难，城镇居民自身的基本需求都无法得到满足，更谈不上为农村进城人口提供就业和生活机会，让他们共同分享城市的各种资源。随后，为了将农村居民稳固地束缚在农村，国家和政府以城乡二元户籍制度为基础建构了一系列倾向于城市居民的制度和政策。二元户籍制度与粮油供应制度、就业制度、社会福利保障制度、教育制度等共同构成了中国社会城乡分明的二元户籍制度体系，这一制度体系将城市居民和农村居民区隔开来，造就了农民工群体被排斥的重要制度环境。

2. 制度的调动与运作：二元户籍制度的作用机制

在中国社会的情境中，城乡二元户籍制度究竟是如何作用于农民工群体，如何对农民工群体加以排斥的呢？

第一，户籍制度的区隔和另类标签。在西方国家，农村居民和城市居民的区别仅在于他们从事的工作性质不同，农村居民从事的主要是农业劳动，城市居民则主要在非农业部门就业。除了职业性质的不同外，他们之间在教育、福利等各项权利之间是平等的。在计划经济时期形成的城乡区隔的二元户籍制度的惯性作用下，中国农村居民和城市居民除了所从事的职业不同外，在各项权利和资源的享受上存在着巨大的差别，城市居民比农村居民享有更多的权利和资源优势。与农村居民相比，城市居民的这种优势地位，主要是由城乡二元户籍制度加以区隔和保障的。户籍制度将中国公民一分为二——城市居民和农村居民，这种户籍上的城乡区分，不仅体现在社会身份和职业上的差别，在户籍制度和一系列城乡二元社会政策的作用下，城市居民在就业、保障、教育等各项权利和社会利益的分配上比农村居民有着制度上的优先权，这使得农村居民与城市居民相比处于明显的弱势地位。以二元就业政策为例，城市居民在城镇中的就业采取统包统分的政策，他们工作稳定、职业声望高、收入可观、工作福利好；而农民在农村基本上实行无条件的自然就业制度，他们以土地为核心，收入不稳定。在二元就业政策的运作下，不允许他们进入城市就业和生活。因此，在城乡二元户籍制度的区隔下，农村居民在整个中国社会无论是经济上、政治上、文化上等处于明显的劣势，因此被贴上“落后”“愚昧”“贫穷”等另类标签，当他们流入城市后，难免会受到来自城市社会的歧视和排斥。仅就业而言，他们多集中在城市的次级劳动力市场，且因城市户籍身份的限制，很难向上流动到首属劳动力市场。

第二，城乡二元户籍制度的“社会屏蔽”作用。在二元户籍制度的作用下，长期以来农村居民和城市居民各自生活在农村和城市两个不同的场域中。与城市社会相比，农村显得比较落后、封闭，因此农村居民和城市居民在工作方式、生活习惯、交往方式等方面都无法与现代性较强的城市社会相比。在城乡二元户籍制度的“社会屏蔽”作用下，农村居民和城市居民之间存在着较深的鸿沟。因此当农民工来到城市后，两个处于完全不同世界的人进入同一个场域，难免会发生摩擦、猜疑、不适应等现象。加之长期以来城乡二元户籍制度的作用，城市居民长期以来独享着农村居民无与伦比的就业、福利和城市公共资源等，当农民工来到城市后，难免会占用城市社会中的各种资源，这使得一直享有得天独厚资源优势的城市居民产生了强烈的被剥夺感，从而对进城农民工产生了强烈的不满，甚至出现敌对情绪，这使得农民工群体无论在市场活动还是人际关系活动中都处于被排斥、被歧视的状态。

3. 制度的变迁与影响：户籍制度的变革对农民工社会排斥的影响

通过人为有偏见的制度设计和运作，能够将社会上某些群体排斥在社会的各项资源和利益之外，从而使其陷入弱势之境。但制度不是一成不变的，制度偏见性的加强和减弱，将会影响被排斥者群体遭受社会排斥程度的增强或减弱。因此，制度的演变会影响被排斥者遭受排斥的程度。在此，笔者将从城乡二元户籍制度的演变，来审视其对农民工群体遭受社会排斥的影响。

1957—1983 年，农村居民被完全排斥在城市社会之外。1957 年，为了缓解当时大量农村人口盲目流向城市致使城市不堪负荷的紧急态势，国务院发布了《关于防止农民盲目流入城市的通知》《关于制止农村人口盲目外流的指示》等一系列文件，直至 1958 年《中华人民共和国户口登记条例》的颁布，把城市社会和乡村社会彻底地分割开来，不允许农民随心所欲地进城工作和定居。随后在三年困难时期和“文化大革命”的洗礼下，国务院发布《关于严格控制农村劳动力进城做工和农业人口转为非农业人口的通知》，强化了对农民进城的严格管理，进一步限制农村人口向城市的流动，使得城市和农村之间完全割裂开来。除此之外，这一阶段国家为了限制农民进城，还出台了农产品统购统销政策、粮油票证制度、人民公社体制等政策。在这一系列政策的综合作用下，农民工被完全排斥在城市社会之外。

随着改革开放的深入发展和市场经济的建立，计划经济体制下形成的城乡隔离的二元户籍制度逐渐有所松动，城市管理体制改革进展明显，农民工遭受的社会排斥也随之减弱。1984 年，中共中央在《关于 1984 年农村工作的通知》中宣布允许农民自筹资金、自理口粮进入城镇务工经商，标志着“不准农村居民到城市就业”的限定从此被废除。1985 年颁布的《中华人民共和国居民身份证条例》允许和鼓励农村劳动力的地区交流、城乡交流和贫困地区的劳务输出，使农村劳动力得以在城乡间自由流动，这标志着实行了 30 年的限制城乡人口流动的就业管理制度开始松动，使农民工遭受的社会排斥有所减弱。随后党和政府根据农民流入城市后出现的各种问题不断加以解决，对农民工进城进行规范、引导，使他们在城市社会中不仅能找到安身立命之所，而且能避免对城市社会带来负面影响。

从 2000 年开始，国家针对农民进城务工的问题出台了一系列积极的政策，积极推进包括就业、保障、教育、住房在内的诸多方面的配套改革。这些积极的政策和配套改革，为农民工群体在城市社会中工作和生活创造了公平的、宽松的良好政策环境，使其在城市中所遭受社会排斥的程度进一步减弱。

综上所述，户籍制度虽然能够承担证明公民身份、提供人口资料以及满足社会管理需要等诸多功能，然而在计划经济时期国家通过行政手段逐渐将其发展成为隔绝城乡、限制人口流动、具有排斥性的重要制度。随着中国社会的体制转型和结构调整，我国传统的户籍制度已经在人口迁移、暂住人口管理、加强立法、改革户政管理机构等方面进行了改革，使其对农民工的制度性排斥有所减弱。表现在：从不准农民进城务工经商到准许农民自理口粮可以在城镇经商落户；从只许农民缴纳“增容费”和受“农转非”指标控制下才能到集镇落户，到取消“增容费”和“农转非”指标，鼓励农民进镇落户；从不准农民随意到大城市、特大城市落户，到允许农民携带资金进城获得“准城市户口”；从不准农民向城市流动到提倡有序流动、办理暂住证明；从规定暂住的最高上限到取消上限，发给《暂住证》并一步步放宽限制；从农民身份母亲的子女只能随母落户为农业户口到可以随父（城市户口）随母（农业户口）自愿落户；从轻易不允许到允许身边无子女的老人到城市子女家落户；从夫妻长期分居两地，不能轻易结合到放宽限制；从不允许农民进城到允许有技术、有专长的农民在城市受聘经过人才中心的中介，发给“工作寄住证”，可以在城市随时落户；从不允许流动人口子女在城镇入托、就学到准许；从不准许农民进城到允许那些有投资、兴办实业购置商品房能力的农民及其直系亲属，只要有稳定的职业或生活来源就允许在城市落户；从人才部门或单位所有制到择业的双向选择；从户口和档案的单一部门挂靠到人才交流中心的代管（卢海元，2004：21）。国家推行的所有这些改革逐渐淡化了农民工受歧视、受排斥的制度效应，逐渐为农民工创造了一个公平的制度环境，使其遭受的社会排斥逐渐减弱。但制度的变迁具有缓慢性，长期以来，在计划经济体制下形成的城乡分割的二元户籍制度及其制度运作的惯性，仍对进城的农民工有所排斥，虽然政府出台了诸多保护与服务农民工的政策，但由于这些政策的落实还需要时间，要完全消除制度对农民工群体的社会排斥仍需要一个过程。

二、二元社会政策体系是农民工社会排斥的具体原因

计划经济时期所构建的城乡二元户籍制度将全国公民分为“城市居民”和“农村居民”，如果只是出于证明公民身份、提供人口资料以及满足社会管理需要等功能，尚不足以将农民固定在农村，也不致对进城农民工产生如此广泛的社会排斥。关键问题在于二元户籍制度不仅将农村

人口和城市人口严格区分开来，而且成为城乡社会二元分治的重要依据。国家和政府在二元分割的户籍制度的基础上，建构了一系列城乡有别的二元社会政策，其中包括城乡二元管理制度、二元就业制度、二元社会保障制度以及二元教育制度等，将农村居民牢牢地束缚在农村，使其与城市社会隔绝。这样一来，农民工基本上无法享有城市社会的各项权利及各种资源。因此，建构在二元户籍制度基础上的二元社会政策体系，成为导致农民工群体遭受社会排斥的具体原因，这些二元性的政策体系明确规定了城市社会资源的分配和享有原则，使农民工在相应的领域没有立锥之地，在城市社会的各个场域中四处碰壁，处处受歧视、受排斥。接下来笔者将在福利三角框架内深入分析城乡二元社会政策体系，是如何具体地对农民工群体加以排斥的，以及二元社会政策体系的演变对农民工遭遇社会排斥的程度有何影响。

（一）市场场域中农民工社会排斥的具体原因分析

在市场场域中，农民工群体遭遇社会排斥具体的制度性原因有：户籍制度对二元劳动力市场的区隔、二元就业政策、二元用工制度以及二元住房制度等。

1. 二元劳动力市场的户籍区隔是农民工市场排斥的具体原因

西方经济学家发现，在发展中国家的经济发展过程中，劳动力市场远非是统一的，而是二元分割的。劳动力市场被分为主要劳动力市场和次要劳动力市场。西方国家主要根据劳动者自身能力的高低，来决定他是进入主要劳动力市场还是次要劳动力市场。在中国，城市中的劳动力市场也是二元分割的，但农民工群体进入主要劳动力市场还是次要劳动力市场并不是根据个人能力来划分的，而是根据户籍制度所规定的身份，因此二元劳动力市场主要通过城乡二元户籍制度加以区隔：拥有城市户籍身份的城市居民大多集中在主要劳动力市场，而没有城市户籍身份的农民工则主要集中在次要劳动力市场。这两个劳动力市场存在着天壤之别，主要劳动力市场的劳动者比次要劳动力市场的劳动者工作稳定、收入高、环境好、福利好，但农民工群体却因为农民的户籍身份被群体性地排斥在外。

2. 城乡二元就业政策是农民工市场排斥的具体原因

我国宪法规定了充分享有平等的就业权是每个公民最基本的权利，是社会公平和社会公正的重要体现。然而，在城乡二元户籍制度的作用下，国家通过一系列的就业规定和限制，使得农村居民无法充分享有平等的就业权，硬生生地被排斥在城市主要劳动力市场之外，导致其职业声望普遍低于城市居民，从而在市场场域中遭受全面的排斥。农民工的就业排斥具体主要通过在城乡二元户籍制度的基础上，国家和政府制定的城乡二元就业政策的实施和运行来实现的。

(1) 二元就业政策的全面排斥：计划经济时期对农民的强烈排斥

国家通过城乡二元户籍制度的规定和运作，严格限制农村人口在城乡之间的自由流动，这就意味着剥夺了农村人口在城市就业、生活的各种权利。限制农村劳动力进城就业的制度壁垒逐渐形成。1952年政务院通过《关于就业问题的决定》，指出对农村剩余劳动力应积极设法使之在生产上发挥作用，发展多种经营，兴修水利、道路等，克服盲目流入城市。1953年和1954年政府又相继发出了劝阻农民盲目流入城市的指示。1957年国务院全体会议通过《关于各单位从农村中招用临时工的暂行规定》，明确要求城市"各单位一律不得私自从农村中招工和私自录用盲目流入城市的农民"。这种就业限制主要通过二元户籍制度对城乡居民严格的"人户合一"来实现的。至此，农村劳动力被彻底地排斥在城市社会的就业大门之外，依靠户籍身份安排就业的就业制度得以完全确立，这非常明显地将农民工完全排斥在城市社会的就业市场外。

(2) 二元就业政策松动的部分排斥：改革开放初期对农民的排斥减弱

改革开放之初，国家虽然允许农民进城就业，但对其有着种种就业限制和排斥。随着改革开放的迅速展开和市场经济制度的逐步建立，不断撼动着计划经济体制下构建的城乡二元户籍制度，使得刚性的二元户籍制度逐步得以软化，加之市场经济自由配置劳动力的内在要求，促使国家对二元户籍制度严格规定的就业政策做出变动。因此在1984年党和政府明确宣布允许农民自筹资金、自理口粮进入城镇经商，农村居民自此终于能够进入城市这块风水宝地，能够在城市中寻求谋生的活计。这标志着农民不再完全被排斥在城市的大门外，获得了进入城市的“入场券”，这同时意味着对农民的制度性排斥有所减弱。这一制度的变迁促使农民陆续进城务工经商，并与传统的户籍制度相结合，催生了农民工这一特殊的群体。

农民进城务工后，由于长期的城乡二元户籍制度的制度效应仍在全国范围内发挥着作用，并没有从根本上改变进城农民的户籍身份，导致他们成为城市中的农村人。这一特殊群体在城市各个场域中，因为没有合法的城市户籍身份，使其在一切以户籍为依据的城市社会中备受歧视和排斥。这是因为在城市社会中资源的分配和享受大多仍依据计划经济时期的“单位制”来进行，进城的农民工因为农村户口很难进入国有企业工作，没有单位的他们无形中就被排斥在城市社会的利益体系之外。那么是不是让农民工进入国有企业工作就能够改变这种被排斥的状况呢？事实并非如此。一方面，由于国有企业在竞争激烈的市场经济大潮中面临着严峻的挑战，遭受着沉重的竞争压力，其内部冗员众多，急需裁减员工来增强竞争力，根本不可能吸纳进城的农村劳动力；另一方面，城市社会在思想上和政策上均未做好接纳农民进城的准备，因此城市政府和城市居民分别从政策和行动上对农民工加以歧视和排斥。在就业上主要表现为对农村劳动力的种种限制和严苛的要求。就政府而言，城市社会为了保障本市劳动力的充分就业，出台了各种对农民工群体在本市就业的限制性政策，其中包括上海、北京这样的大都市，严格限制农民工进入城市首属劳动力市场；就用人单位而言，同一工作单位用人单位在同等条件下会优先考虑当地人，农民工进入该工作岗位的门槛过高，就业之初就受到各种排斥。农民工就业领域的排斥比例不容忽视，调查发现，有30.7%的农民工对这个问题做了肯定的回答，都承认了企业在同等条件下会优先考虑录用当地居民，有42.3%的农民工则回答“不清楚”，处于“模糊状态”，只有27.0%的人做出否定性回答（徐敏，2007：21）。另外，在用工待遇上，压低、克扣农民工工资，同工不同酬、同时不同酬以及升迁难的现象时有发生。因此这一阶段农民工虽然在制度上获得了进城务工经商的合法性，但在城市的劳动力就业市场上，却遭受了来自劳动力市场的就业歧视和排斥。

(3) 二元就业政策改革的深化：就业市场的成熟对农民工排斥的进一步减弱

从2000年开始，国家采取各种积极的改革措施消除就业领域的不公平现象，为农民工创造了良好的就业环境，使得农民工在城市市场场域中遭受的就业排斥有所减弱。随着我国经济进入了快速发展的轨道，党和政府对农民工进城务工采取了鼓励、引导和规范的策略，致力于建立针对农民工就业的基本制度，发展各种服务组织，加强部门间的合作，实现农民工就业的有序化。从2000年开始，国家对农民工就业采取了积极的政策，实行城乡统筹的就业政策；2003年国务院发文，分别从农民工的进城限制、就业限制、拖欠工资、管理与服务等方面作出了有利于保护农民工基本权益的积极性规定。尤其近年来，党和政府以及社会各界都非常关注农民工问题的解决，农民工的就业指导和就业培训工作陆续展开，农民工的就业环境越来越好，使其在就业领域中遭受社会排斥的程度进一步减弱。

长期以来的制度封闭效应和制度偏见，对农民工造成的种种歧视和排斥，需要各项制度的配套改革来完成。因此，要彻底实现农民工群体在城市社会中平等就业、公平升迁，彻底消除农民工在就业领域的歧视和排斥，需要一个长期的过程。

3. 二元用工制度是农民工市场排斥的具体原因

在城市，农民工不仅遭受主要劳动力市场的排斥，还遭受次要劳动力市场内部的排斥。劳动力市场内部的排斥主要源于城市不公平的二元用工制度。由于农民工没有城市户口，所以他们中的大多数人只能在次要劳动力市场中寻找就业机会。大批农民工聚集在次要劳动力市场中，劳动力严重供过于求，所以企业在招聘农民工的时候总是千方百计地压低劳动力价格，采取同工不同酬的制度。农民工如果想有份工作，他们没有与用人单位谈判的筹码，只能无奈地接受这种不公平的、歧视性的待遇。有的用工单位总是千方百计地不与农民工签订劳动合同，不给入职的农民工基本的工作福利。农民工群体由于自身的文化水平低，不懂得以法律捍卫自己的应得利益，因此遭到来自城市劳动力市场内的歧视和排斥。

4. 二元住房制度是农民工社会排斥的具体原因

农民工在城市市场中的排斥还表现为住房市场的排斥。农民工群体不远千里来到城市后，首先面临着一个落脚的问题，即住房问题。农民工群体刚到城市，大多经济比较拮据，不具备购买商品房的经济能力。城市居民中也有很多人因为失业、下岗等原因缺乏购买商品房的能力，那么他们的住房问题怎么解决呢？

针对城市居民的住房困难问题，国家出台了一系列的优惠政策，其中包括住房公积金制度、买公房给优惠制度、提租制度、安居工程、经济适用房制度、住房分配的货币化制度以及廉租房和限价房制度等，通过完善的购房、租房优惠政策来保证城市居民人人都有安居之所。但城市中的这些住房优惠政策主要针对的是具有城市户籍的城市居民，而没有城市户籍的农民工群体则无权享受，被排斥在城市的住房优惠政策之外。

农民工群体大多居住在城乡接合部、城中村等城市的边缘地带，这些地方虽然环境不好、生活设施不齐全，但房租相对比较便宜。农民工的住房条件特别差，有的甚至只能住在城市的地下室，采光通风条件不好。农民工在住房市场上遭受的社会排斥，使他们与城市居民之间形成空间上的排斥。

综上所述，农民工群体在市场场域中之所以遭受各种社会排斥，主要是因为城乡二元户籍制度和在此基础上形成的二元劳动力市场的区隔以及二元就业政策、二元用工制度、二元住房制度等之间的相互影响、相互作用的结果。

（二）国家场域中农民工社会排斥的具体原因

1. 国家场域中政治排斥的具体原因

政治排斥是农民工群体在国家场域中遭受社会排斥的维度之一。农民工群体在国家场域中遭受政治排斥的具体原因主要有：基于二元户籍制度的二元管理制度和二元政治参与制度。

（1）城乡二元管理制度

制度偏见对农民工群体的排斥，还源自建立在城乡二元户籍制度基础上的城乡分治的二元社会管理制度。传统工业化时代形成的城乡分治的二元管理制度包括住宅、粮食供给、副食品供给、燃料供应、教育、医疗、就业、保险、劳动保护、婚姻、征兵等十余种制度，通过以户籍制度为核心的一系列城乡分割的管理制度，把农民牢牢地拴在土地上，使农民的迁徙与择业自由受到极大的限制，导致其无法与城市居民那样平等地享受经济、政治、文化等各项基本权益。这种二元化的管理制度体系，对农民工群体造成了全面的排斥，并且已在许多方面产生了极大的负面效应，造成农民工群体在客观上难以享受“公平”的国民待遇而越来越呈现出“边缘化”“弱势化”的趋势，固化了城乡二元经济社会结构。

从计划经济时期开始，我国的社会管理制度主要以户籍制度为基础。随着城乡二元户籍制度的建立和实施，国家的诸多管理都以人们的户籍所在地为核心。公民是否能够享有基本的经济权、政治权、文化权等同样与户籍制度紧密相关，主要依托户籍所在地的组织加以实现。农民工在原籍所在地是由组织依托的，政治上主要依托村民自治组织，经济上主要依托村集体经济组织。城市居民则依托户口所在地的各种组织。以二元户籍制度为基础对城乡居民实行二元分治，城市和农村社会在各自的场域中对城市居民和农村居民分别进行管理，因此农村居民的计划生育、子女教育、劳动就业、政治参与、妇幼保健、卫生防病等管理均由其户口所在地的农村组织来实现，即使进城务工也是如此。相比之下，农村组织为农民提供的各种服务其质量和水平等与城市政府为城市居民提供的相去甚远。计划经济时期城乡二元分治的管理方式通过户籍制度的人户合一得以贯彻实施，从而在城乡二元化管理过程中实现了对农村居民的全方位排斥。

随着市场经济体制的建立，国家逐渐允许农民进城务工，这不但冲击着长期以来实行的人户合一的城乡二元户籍制度，而且出现了人户分离的情况。农民进城务工后，无法再从家乡的组织那里获得支持和帮助，而城市户口的缺乏使他们被排除在城市里的各种组织之外，这也就是农民工群体在党政组织和工会组织中缺位的重要原因。无论在政治生活还是在日常工作和生活中，农民工群体在城市都没有组织依托，过着无组织的生活，成为各种权益组织之外的“孤儿”，凸显了明显的组织弱势。

在城乡分治的二元社会管理制度的作用下，农民工在组织上的弱势导致他们很难享受同城市居民同等的国民待遇，也无法享受与城市居民同等的基本权益，包括就业权、政治参与权、获得社会福利权等，具体表现在进城农民工的计划生育、子女教育、妇幼保健、社会保障等因缺乏城市户籍的依托而处于无人管理的尴尬境地。城市社会对农民工管理上的不作为，使得农民工群体在城市社会中的所作所为只能靠自觉，缺乏制度的约束和管理。因此，少数自律性差的农民工难免会放任自流，不按规定办事，甚至违法犯罪扰乱城市治安。农民工在城市社会中所遭遇的管理上的排斥和尴尬，主要源于长期以来城乡分治的二元社会管理体系。

出于维护城市社会秩序的需要以及农民工维权意识的觉醒，目前城市社会逐渐开始重视对农民工群体的管理和权益的维护。城市政府逐渐改变城乡分治的二元管理理念，纠正二元社会政策的偏差，将农民工逐渐纳入城市社会的各种组织中，把农民工及其所携家属的计划生育、子女教育、劳动就业、妇幼保健、卫生防病、法律服务等列入城市政府和社区的责任范围，帮助农民工群体解决其在城市社会中遇到的各种困难。这些政策的出台和管理理念的转变，将有助于减轻城市社会对农民工群体的排斥程度，使其更好地融入城市社会。但一些城市的社会治理仍沿用二元户籍制度基础上建立的二元管理方式，对农民工进行管制式管理，这加大了政策落实的难度，例如，仍向企业收取吸纳农民工的调配费，对农民工子女进入公立学校上学收取各种名目的费用，社会保障缺口大，居住环境恶劣。另外，农民工参与社会文化、社会组织、社会活动的权利缺失，这都在一定程度上反映了城市社会对农民工的社会管理仍缺乏公正性，管理过程中呈现出明显的排斥性。所幸的是，目前城市各级政府已经认识到农民工管理中存在的各种问题并不断进行调整，按照公平对待、民主法制的原则推进原有社会管理体制的改革，改变忽视农民工需求和利益的偏向，积极为农民工群体提供公共服务和管理，保障农民工的基本权益。目前城市政府的管理体制逐渐由二元化的防范式管理向一元化的服务式管理转变，以促使农民工早日实现和城市居民同样的国民待遇，能不受歧视、不受排斥地在城市中工作、生活。然而，对农民工这一庞大群体的管理涉及城市社会的方方面面，是一个巨大的系统工程，因此公平、公正的城乡一元化管理体系的建构和实施需要循序渐进加以实现。

(2) 城乡二元政治参与制度

在城乡二元分治制度作用下，城乡居民基本政治权利的实现也是依托户籍所在地的党团组织来实现的。有的农民工在户口所在地可能还是党员，经常过组织生活，行使党员的权利，履行党员的义务。当他们来到城市后，党团等关系因为城市户籍制度的缺失而无法转移到城市中来，因此他们在城市中无奈地脱离了党团组织，无法实现政治参与权。

农民工群体在城市党团组织以及工会等组织中的缺位，使其在城市社会中不具有行使政治权利的基本资格。党团身份的缺失使其无法享受基本的政治权，包括选举权与被选举权。同时，农民工群体因为距离远而无法参与农村的政治活动，城市中又不具备相应的资格而被排斥在城市的政治生活之外，如，选举活动等。

农民工群体游离于城市社会中的政党和工会等组织外，因此缺乏组织的力量去博弈。政治身份的缺失导致农民工无法名正言顺地参与到城市的政治生活中去，农民工参政的渠道严重受阻。近几年来，虽然从中央到地方制定和出台了一系列维护农民工权益的政策文件，但农民工几乎没有参与进来，这导致农民工在关乎其切身利益的政治决策中往往处于集体“失语”的状态，遭受了严重的政治排斥。

城乡二元户籍制度以及在此基础上建立的城乡二元就业政策、城乡二元政治参与制度之间相互影响，相互作用于农民工群体，导致该群体在城市社会中的组织弱势，从而深深地被排斥在政治生活之外。

2. 国家场域中农民工社会保障排斥的具体原因

农民工群体在国家场域中之所以遭受了全面的社会保障排斥，是因为建立在户籍制度基础上的二元分配制度及二元社会保障制度。

(1) 城乡不平等的二元分配制度是农民工社会保障排斥的具体原因

在计划经济时期，国家为了迅速实现工业化，将有限的资源在城乡间进行有差别的分配。国家主要采取资源分配的城市倾斜政策，通过工农产品的“剪刀差”将农村的声誉产品源源不断地输入城市，支持城市的工业化发展。

国家在社会产品再分配的过程中仍然沿袭计划经济时期的城市倾

斜政策。国家在城市建构了一套较为完整的社会保障体系，而农村则主要以家庭保障、土地保障为主。农民工在户籍所在地只能享受低水平的劳动保障。农民工进城后，家庭和土地保障是远水解不了近渴，由于户籍身份的缺失无法同城市居民那样享有平等的国民保障待遇，因而备受歧视。

(2) 城乡二元保障制度是农民工社会排斥的具体原因

在市场场域中主要践行的是效率原则，而国家和社会场域中主要维护的是社会的公平和公正，其中社会保障制度具有维护社会公平和公正的社会功能。这主要因为社会保障制度就是以公平、公正为原则，对初次分配后的剩余产品在全社会依据一定的标准进行再次分配。大部分西方国家建立了全民性的社会保障制度，没有城乡之别。由于历史原因，中华人民共和国成立后不久就建立了以城乡二元户籍制度为基础的城乡二元社会保障制度。社会保障制度在城市和农村的保障种类、保障水平、覆盖范围等方面都存在着很大的差别。社会保障制度对城市居民提供的保障远远优于农村居民，农村居民在社会保障的享受上遭受了严重的歧视和排斥。

计划经济时期农村居民完全被排斥在城市社会保障制度之外。新中国成立后，为了适应当时的工业化战略需要，我国逐步建立了与城乡二元结构相适应的城乡二元社会保障制度，这种社会保障制度以低水平、广覆盖、城乡有别为主要特征。在城市建立了以离退休制度、公费与劳保医疗制度、免费住房制度、粮油价格补贴制度、保证就业制度、高福利制度等为特征的城市社会保障制度，在农村则实行以家庭保障为主、社会救济为辅的社会保障制度。居民享受农村的还是城市的社会保障制度主要取决于户籍上的身份是农村的还是城市的。中华人民共和国成立后，由于当时社会经济发展水平的限制以及工业化发展的需要，国家把社会保障制度建立的重心放在城市，颁布了《中华人民共和国劳动保险条例》，详细规定了城市企业职工的各项福利保障待遇，主要包括职工病伤后的公费医疗待遇、公费休养与疗养待遇，职工退休后的养老金待遇，女职工的产假及独子保健待遇，职工伤残后的救济金待遇以及职工死亡后的丧葬与抚恤待遇等。国家机关、事业单位工作人员的福利保障待遇，是以病假、生育、退休、死亡等单项规定的形式逐步建立和完善起来的。而城市集体企业大都参照国有企业的办法施行劳保，农村则逐步实行了独具特色的五保供养制度、合作医疗制度、救灾救济制度、就业保障制度、社会福利制度等，形成了国家(集体)保障和家庭保障相结合的农村社会保障制度模式(李迎生，2006：39)。国家把主要资金用于建立城市社会保障制度，与城市社会保障制度相比，农村社会保障制度具有保障层次低下、范围狭小、保障覆盖面窄、保障项目不全等特征，但是由于城市社会保障制度的享用与城市户口和工作单位直接挂钩，使得农村居民完全被排斥在外，无法享用。

市场经济发展和社会结构的快速转型，促使城乡社会保障制度在新时期的不断改革。针对改革开放以来农村社会保障制度面临的困境，从 20 世纪 80 年代中后期开始，国家对农村社会保障制度进行了一系列的改革和探索，在养老保障、医疗保障和社会救助等项目上都进行了大胆的改革，使得农村居民的保障水平有所改善和提高。然而，中国社会主义市场经济条件下的社会保障制度改革，仍然在原来的城乡二元分割的框架下进行。因此，相对于城市社会保障制度的改革力度而言，城乡之间的差距拉得更大了，集中表现在国家为城市居民建立了以社会保险为核心的较为完善的社会保障体系。虽然在市场经济条件下国家允许农村居民在城市就业和生活，但由于农村户口的限制以及工作的不稳定，致使农民工难以被纳入城市社会保障体系内，因而无法享有城市的社会保障，仍然被排斥在城市社会保障体系之外。

二元社会保障制度的建立不符合宪法规定的“中华人民共和国公民在年老、疾病或者丧失劳动能力的情况下均享有平等的保障权”。另外，二元社会保障制度的建立不仅无法促使社会公平的实现，反而拉大了城乡之间的差距，加深了对农民工的歧视和排斥。因此，不少学者已提出建立以城乡衔接、城乡统筹、城乡一体化为目标的社会保障制度，这将有助于消除农民工群体在社会保障领域内遭受的歧视和排斥。

农民工群体在国家场域中遭受社会保障排斥，主要源于二元户籍制度以及在此基础上的二元社会分配制度和二元社会保障制度相互作用、相互影响的结果。

综上所述，计划经济时期国家通过建立城乡分割的二元户籍制度，将城市和农村、城市居民和农村居民加以制度化区隔，这是导致城乡之间不公平的制度性壁垒，也是农民工群体遭受社会排斥的根本原因。随后，国家在二元户籍制度的基础上，建立了一系列具有城乡不平等特征的二元社会政策和制度，其中二元户籍制度和二元社会政策体系之间相互影响，通过横向传递和纵向累积形成了制度的综合性排斥效应，强化了城乡之间的各种差别，将农村居民排斥在城市场域外，不允许其共享城市中的各种资源，这些都是造成农民工社会排斥的具体原因。无论是户籍制度还是二元社会政策体系，它们在社会转型加速期不断发生着变迁，并随着城乡融合、城乡一体化的不断发展，必将推动制度朝着有助于消除社会排斥的方向发展，制度的歧视性和排斥性将被社会的公正性、公平性所取代，但制度效应的惯性仍然作用于农民工群体，使其在城市社会中依然遭受种种排斥。因此，农民工在城市社会中社会排斥的减弱及消失则需要政府和社会各界的不断努力，需要经历一个漫长的过程，不可能一蹴而就。

第二节　福利三角框架中农民工社会排斥的非制度因素模型

在中国，农民工之所以在城市社会各个场域中遭受社会排斥，除了制度性原因外，非制度性因素的作用同样不可忽视。非制度因素主要指人类生活进程中逐渐积累下来的，与意识形态和文化渊源有关的思想观念、风俗习惯、行为方式等，它和制度性因素一同对人们的行为构成约束。农民工社会排斥的非制度原因主要体现在文化排斥、社会关系排斥以及社会组织排斥方面，其中包括污名化农民工、城市主文化排斥农村亚文化；城市居民的偏见歧视和农民工的自卑认命心理；社区组织的不认同和民间组织支持的惯习等。受长期以来形成的城尊农卑、城乡有别的文化影响以及这种歧视性的宏观文化，投射到城乡居民心理形成了城市居民心理上天然的优越感以及农村居民的自卑心理，不同的心理外化到城乡居民的行动上，在心理和行动的双向互构过程中逐渐内化积淀为一种城乡不平等的惯习，导致城市居民对农民工的社会排斥。在此，笔者建构了农民工群体在社会场域中遭受社会排斥的非制度性因素模型，如图 8－2 所示。

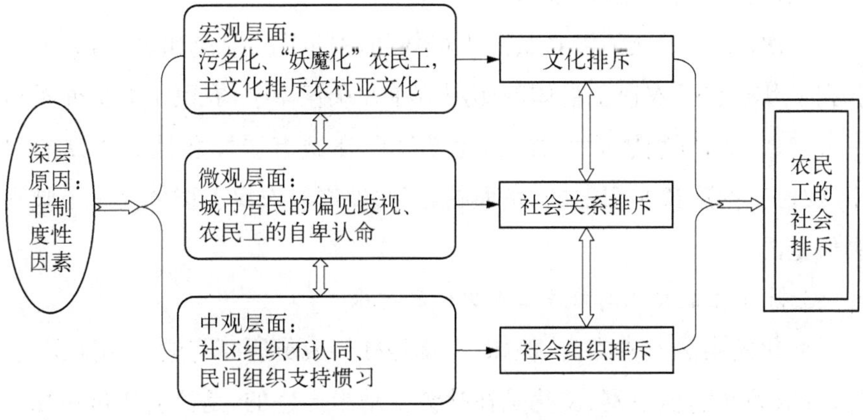

图 8－2　农民工社会排斥的非制度因素模型

一、社会场域中农民工社会排斥的宏观非制度性因素

1. 主流社会对农民工的污名化和“妖魔化”

农民工在城市中遭遇文化排斥的外在原因之一，就是主流社会对农民工的污名化和“妖魔化”。标签越轨理论认为，社会上某些个体和群体之所以被认为是另类的越轨群体，主要是因为社会主流群体对其贴上另类的越轨标签所致。农民工群体在城市社会中之所以成为不受欢迎、被歧视、被排斥的另类群体，主要是因为政府、城市居民、大众媒体通过各种方式对农民工进行污名化和“妖魔化”的结果。

首先，知识界、媒体等对农民工称谓的污名化。农民工作为一类社会群体，不仅是社会制度安排和建构的结果，也是大众媒体，知识精英等知识、文化生产者共同“谋划”的结果，知识精英、大众传媒为这种新的社会群体的形成和强化提供了话语场域，参与知识建构和信息传递。“农民工”“外来民工”从指称上讲本身就是一种对流动农民工群体社会属性的某种轻视。对农民工群体而言，“农民工”指称本身，表明了在符号上占支配地位的人（包括知识精英和权力精英），通过这一身份的社会建构，“固化”甚至“污名化”了城里人对农民工群体的社会认知，将其视为闯入城市社会的“不速之客”，缺乏认同感。

其次，城市大众传媒对农民工群体扭曲的形象塑造和宣传，无形中起到了“妖魔化”农民工群体的作用。在大众媒体中，农民工的负面报道占大多数，如，“跳楼讨薪、强奸、抢劫”等，在城市居民和社会大众心目中，农民工的形象是扭曲的、负面的，因此他们对农民工群体充满了歧视和偏见。

2. 城市主流文化对农民工亚文化的排斥

文化的内涵非常丰富，例如，文化是社会成员所享有的一切知识、思想、价值观和物质财富；文化是在社会互动中产生的，是社会成员在社会化过程中习得的等。美国文化学家克罗伯和克拉洪克将文化定义为：由外显的和内隐的行为模式构成；这种行为模式通过象征符号而获致和传递；文化代表了人类群体的显著成就，包括他们在器物中的体现；文化的核心部分是传统的（即历史的获得和选择的）观念，尤其是它们所带来的价值；文化体系一方面可以看作活动的产物，另一方面则是进一步活动的决定性因素(傅铿,1990：23)。一个社会中长期形成的文化传统将通过社会化的方式为社会成员所接受、习得并形成特定的行动模式。人们根据特定文化形成自身的社会规范,并为行动者提供相应角色的行动准则。人们往往根据文化塑造的社会角色进行角色表演,也就是说角色表演是根据文化所规定的剧本进行的。因此,在不同文化中的人的思维方式、行为方式等存在着差异。

长期以来,我国在工业化过程中形成的“重工轻农”思想,以牺牲农民利益为代价来发展工业。这种惯性思维导致了对农民工的歧视和排斥。在长期城乡分割、城乡独立发展的过程中,城乡文化之间产生了巨大的差异,主要表现在：与乡村文化相比,城市处处聚集着现代性元素：摩天大楼、霓虹灯、厂房、公园以及丰富多彩的娱乐设施和娱乐场所等;市民的生活方式更加现代,完全不同于乡村日出而作,日落而归的保守、封闭、单调的生活方式。滕尼斯构造的社区(Gemeinschaft)和社会(Gesellschaft);迪尔凯姆“有机团结”和“机械团结”的划分;雷德菲尔德创造的乡民(Folk)社会与市民(Urban)社会;费孝通则将城乡社会称为礼俗社会和法理社会……以上都体现了城乡社会之间存在的巨大差别。除此之外,沃思指出,“城市已形成自身特有的城市心理,与乡村心理迥然不同。城市人的思维方式是因果论的、理性的;而农村人的思想方法则是自然主义的、幻想式的……城市与乡村在当代文明中代表着对立的两极。城与乡各有其特有的利益、兴趣、特有的社会组织和特有的人性”(帕克,1987：269)。社会学大家齐美尔洞察到理智至上、计算性格、傲慢冷漠、矜持保留以及自我表现都是大都市人的心理生活(成伯清,1999：81)。城乡文化的差异性不仅体现在建筑、设施、环境等硬件上,还体现在价值观、生活方式、思维方式以及心理特征等诸多方面。在中国由于长期实行城乡分治的政策导致城乡文化的差异性更加明显：中国乡村社会除了摩天大楼、娱乐设施、休闲场所等无法与城市的现代文明相比外,农村居民在乡村社会长期以来形成的重情重义、保守慎重的处事方式与城市人的工具性、冒险性处事方式完全不同。

农村文化与城市文化相比属于落后的、守旧的、传统的，这种文化特征塑造了农村居民传统的思维方式、守旧的行为方式；城市居民在现代城市文化的熏陶下，形成了超前现代的思维方式和前卫的行为方式。两种不同的文化模式塑造了城乡居民不同的行为模式。城市居民在文化上有着明显的优越感，农民工来到城市后遭受了“文化震惊”，引起了他们心理上的紧张感和压力感，同时要遭受城市主流文化对其携带的乡土文化的排斥。

农民工流入城市不仅仅发生了空间上的位移变化，而且也是文化上的移民，意味着他们的行为方式、价值观念和社会心理等方面都将会受到城市文化的影响。农民工最初来到城市，由于城乡文化之间的巨大差异，当其在遭遇到城市异质性文化影响时不可避免地产生了思想上的混乱与心理上的压力。农民工向城市流动、在城市生存是一个不断与城市文化互动的过程，也是汇集了传统与现代，主文化与次文化的矛盾、冲突过程。当城乡居民在城市社会中相遇时，必然会发生文化上的碰撞和冲突。例如，农民工往往无法理解或接受城市中的某些文化现象，尤其是都市人的某些心理特征，比如，像社会交往中的冷漠性，难以找到乡村熟人社会中的热情，误以为自己外乡人的身份导致歧视和排斥。与农村传统文化相比，城市现代文化被认为是优质文化，具有很强的文化优越感。因此进入城市的农民工会因为巨大的城乡文化差异而导致很多不适应。长时期的文化不适应容易使农民工群体陷入文化排斥的泥潭中，继而引发其他维度的社会排斥。

文化具有传递性和变迁性。文化一经产生就要被他人模仿、效法。其传递方式主要有纵向传递和横向传递。纵向传递指人类将文化一代一代传递下去，这种传递往往通过社会化的方式进行；横向传递主要指文化在不同地域、民族之间的传播来完成。在人类的生产和生活过程中，文化会不断地发生变迁。随着改革开放的进行，城乡之间的沟通和交流日益频繁，城市现代文明不断向农村社会传递，使得农村传统文化中的现代性要素不断增多。农村居民的生活方式、价值观念、心理状态也发生了翻天覆地的变化，尤其是农村中的年轻人，生活方式等日益城市化，因此农村文化逐渐改变了保守、落后、愚昧的状态，变得更加开放、先进、文明。另外，随着农民工在城市长期的工作和生活，城市文化不断对其进行着再社会化，使之日益适应城市文化环境和生活方式，例如，言谈举止、穿衣打扮上的变化，社会交往方式日益多元化等。这些文化上的传递和变迁有助于农民工群体更好地适应城市现代文化，从而减轻甚至消除文化因素导致的各种社会排斥。

二、社会场域中农民工社会组织排斥的中观非制度性原因

农民工群体在社会场域中遭受社会排斥中观层面的非制度性因素主要有：社区组织对农民工群体的不认同和民间组织长期以来形成的支持惯习。

(1) 社区组织对农民工社区身份不认同

随着社区自治和社区民主的发展，城市社区的硬件设施和软件设施日益齐全，社区在管理社区居民、帮助社区居民方面发挥着越来越重要的作用。但长期以来社区管理、社区服务的对象基本上只是社区中的城市居民。社区组织往往把社区中的农民工当作“外乡人”“异己者”，他们虽然居住在城市社区中，但没有获得社区组织对他们社区身份的认同和接纳。因此，社区组织在为社区居民提供管理和服务、开展娱乐等活动中，常常把农民工群体排斥在社区组织之外，有关社区的资源和服务的信息无法传递到社区中的农民工身上，从而将农民工隔离在城市社区的服务体系之外，导致农民工对社区的认同感和归属感比较弱。社区组织对农民工社区身份的不认同，是农民工遭受社区组织排斥的重要原因。

(2) 民间组织长期以来形成的支持惯习

民间组织作为社会中的非营利组织，对弱势群体始终不渝地提供了不求回报的、无私的社会支持。民间组织通过自身的组织优势，充分发挥调动资源的能力，把社会上闲散的资金和资源整合起来，实现社会资源的有效利用和顺利传递，最大限度地帮助社会弱势群体。

长期以来，民间组织形成了一定的支持惯习，如，服务的对象主要集中在妇女、儿童、老人和残疾人等传统意义上的弱势群体，形成了较为固定的支持对象，目前他们还没有把农民工群体作为提供社会支持的服务对象。多数民间组织忽视了农民工群体也是需要支持和帮助的对象，对农民工的支持不多，表现在专门以农民工为支持对象的民间组织寥寥无几。另外，农民工群体的数量非常庞大，民间组织支持弱势群体的资源非常有限，对农民工的支持和帮助力度远远不够。

农民工群体是改革开放过程中出现的新群体，该群体在城市社会中的弱势地位是逐渐暴露出来的，开始尚未引起民间组织的关注。随着新闻媒体的宣传，农民工的弱势处境逐渐引起社会各界的关注，因此出现了一些针对农民工群体的民间组织，为他们提供就业培训、求职机会，提供各种物质支持，帮助他们走出困境。但这对于庞大的农民工群体所需要的支持和帮助来说，可谓杯水车薪，使得大多数农民工在城市社会很少得到民间组织的支持和救助。

总之，民间组织对农民工的支持和帮助的力度仍很薄弱，还存在着忽视对农民工群体提供支持的现象，导致农民工群体在社会场域中遭到来自民间组织的社会排斥。

三、社会场域中农民工社会排斥的微观非制度性因素

农民工在城市遭遇社会排斥的微观层面的非制度性因素，主要是城乡居民的心理因素作用的结果，包括城市居民的偏见歧视、农民工的自卑认命等心理因素。

（一）城市居民的偏见歧视

在社会排斥系统中，包括排斥者与被排斥者。农民工作为被排斥的客体，排斥他们的主体之一就是城市居民。城市居民在城市中的优势地位成为他们排斥农民工的重要资本。一方面，农村社会无论在经济、政治还是文化等方面均比城市社会落后，农村居民的生活方式、思维方式、行为方式相对城市居民而言更为保守和落后，加之受教育水平低等因素的作用，使得农村居民整体素质比城市居民低得多，因此常常被城市居民从心底里歧视和排斥。另一方面，由于长期执行重城轻农政策、资源配置的不公以及城乡分治，将城乡居民分别局限在各自的天地里，导致城市和农村的天壤之别，他们生活在各方面差距都很大的场域中，造就了层次高下有别的城市人和农村人。

计划经济时期，农村劳动力的自由流动被限制，使得城市居民和农村居民分裂开来，缺乏必要的交流和沟通，造成彼此之间的隔膜和疏离。即使农民工进城后，也是聚集在城市边缘的城乡接合部，居住环境之间的差别又将两个群体相互隔离开来。社会学的研究表明，两个社会群体居住隔离程度越高、相互之间的交流越少，相互之间的不信任和冲突就越多。聚集在城市边缘的农民工群体与城市居民接触和交流的机会非常少，大众传媒成了他们彼此了解的重要途径。但大众传媒对农民工群体的宣传多是消极的、负面的，他们对农民工群体的污名化宣传，使农民工在城市居民心目中的印象严重扭曲，大众媒体将农民工群体描述为素质低下、不务正业、行为偏激、违法犯罪、扰乱社会治安的不良群体形象，从而加深了城市居民对农民工的偏见和歧视。

城市居民出于利益的考量，不愿从心理上接受农民工。长期以来，国家通过户籍制度和向城市倾斜的分配制度，使城市居民得以独享城市社会中的各种资源，身份的优越感和享有的特权在城市居民的心里积淀为一种社会惯习。农民工进城后打破了市民“独霸天下”的局面，一起分享城市社会的各种资源，这使得长期受宠的城市居民无法忍受，在心理上对农民工存有偏见和歧视，并从语言、态度和行为上对农民工加以排斥，这也是导致农村居民无法融入城市社会，他们社会交往和社会关系的建构主要局限在内群体范围、呈现内卷化特征的重要原因。

随着农民工进城工作和生活时间的不断延长，他们与城市居民打交道和沟通的机会增多，有助于让城市居民了解农村居民的朴实、勤劳和善良，从而消解对他们的歧视和偏见，使城市居民从对农民工群体的消极排斥转为积极接纳，逐步建立良好的互动关系，扩大农民工在城市的社会关系网，增强其在城市社会中拥有的各种资本，提高自身竞争力，从而更好地融入城市社会。

（二）农民工的自卑认命心理

在社会排斥系统中，被排斥者对被排斥行为的态度和作为将直接影响其是否能改变被排斥的弱势处境。然而在研究中笔者发现，因制度及非制度等因素的影响，造成了城市农民工严重的自卑和认命心理，因而对其自身所遭受的各种社会排斥采取了被动接受的态度。这导致他们并没有通过积极的行动和措施，来抵制城市居民施加给他们的歧视和排斥，而是默认了被排斥的命运，生活在城市的边缘，这是他们遭受社会排斥的内在心理原因。

首先，在城乡二元经济社会结构的作用下，农民工对以户籍制度为核心构建的一系列城乡有别的二元制度和政策采取了接受性的态度，并将这种制度性的社会排斥内化为自身的社会认知和行为准则，造就了一套与这种制度性社会排斥相适应的惯习。在此惯习的作用下，农民工群体毫无怨言地接受国家和社会所施加的制度性的歧视和排斥，并内化为一种认命的心理。

其次，城市中的非制度性歧视和排斥加剧了农民工对城市生活的不适应，使他们在心理上更加敏感自卑。受城市主流文化的冲击和城市居民毫不掩饰的偏见和歧视的影响，加之农民工先天的劣势，加深了他们的自卑感，缺乏与城市居民一较高下的自信和勇气，默默地接受了城市居民的歧视和排斥。如，农民工群体社会关系网的“内卷化”特征，表明了其对城市社会的妥协，对社会关系排斥的认命和接受。

再次，农民工群体因受排斥造成其生存状态的边缘化，使农民工形成了“过客心理”，对城市社会缺乏归属感和认同感。这种自卑的过客心理是农民工在城市仅以赚钱为目的，而对于城市社会的歧视和排斥他们觉得无所谓，逐渐形成了社会排斥空间中特有的谋生方式，对城市社会中的社会排斥采取认命接受的态度。

最后，城市社会因对农民工群体的疏远而形成其特有的“隔阂心理”。城市社会各个领域对农民工群体的排斥，将农民工推向城市的边缘，成为城市中的陌生人。心理上的隔阂表现为农民工群体将自己封闭起来，与城市社会隔绝，通过减少与城市居民的互动来减小受到伤害的可能性。这恰恰反映了农民工群体对所遭受的社会排斥采取尽数接受的态度，反映在行动上就是消极退让、自我封闭和被动接受。城市歧视和排斥的社会氛围，导致大多数农民工不打算定居城市，最终导致农民工缺乏继续适应城市，甚至融入城市的信心和努力；心理上的隔阂也使农民工缺乏为自己争取权利的意识或动力，对城市社会的排斥往往采取了顺其自然的态度。

随着城乡二元户籍制度的改革、国家对城乡二元化社会政策的不断调整，加之农民工群体要求享有平等权利、力求保障其基本权益的意识觉醒和融入城市社会愿望的增强等综合因素的作用下，农民工群体将会逐渐改变自卑认命的心理，改变消极退让的态度，采取积极的行动和措施消除社会排斥。

综上所述，农民工在城市社会场域中因宏观、中观、微观等层面非制度性因素的相互作用、相互影响导致他们在社会场域中遭受了社会排斥，非制度性因素之间通过横向传递和纵向积累形成合力，导致农民工社会排斥现象的发生。

第三节 福利三角框架中农民工社会排斥的形成机制

前两节中，笔者分别分析了福利三角框架中农民工社会排斥的制度性与非制度性原因。然而，无论是制度性原因还是非制度性原因，其对农民工的社会排斥都不是单独发挥作用的，各种制度性因素与非制度性因素不仅内部之间相互影响、相互作用，而且它们之间同样存在着交互作用。在本节中，笔者将着重对制度性因素与非制度性因素之间的内在关系和相互作用进行深入剖析，最后建构起福利三角框架中农民工社会排斥的形成机制模型。

一、农民工社会排斥过程中制度性因素与非制度性因素的内在关系及交互作用

（一）制度性与非制度性因素在农民工排斥过程中的内在关系

在社会转型加速期，包括城乡二元户籍制度及二元社会政策体系在内的制度性因素和城市社会主流文化、污名化以及城乡居民尊卑心理等非制度性因素，在农民工社会排斥过程中都发挥着重要的作用，是农民工群体社会排斥的重要原因。但是，制度性与非制度性原因之间存在很大的区别，导致二者在农民工群体社会排斥过程中所处的层次和发挥的作用有一定的差别。

目前学界对制度的定义十分混乱，不同学科、不同学者往往根据自己的研究目的对此加以界定。制度是由行动主体的行动生成的，并对自己或他人的行动产生某种影响的规则、规范，这里的制度主要是人为制定的，是行动主体根据自己的理性衡量而建构的带有限制和支持作用的

规则和规范，它不包括新制度主义所说的文化、传统、意识形态、宗教伦理等因素。涂尔干社会学制度主义和当代社会学新制度主流都认为，社会文化因素是在长期的历史过程中形成的，集体或组织在这种历史性的宏观文化因素影响下有意识地建构或制定制度（涂尔干，1998：125），并用来强制个体的行动（涂尔干，1998：31－49），即通过集体制定规则、规范来限制个体的行动。从制度性与非制度性的因素的分析来看，由国家、政府、集体等人为制定的各种规则和规范等属于制度性因素的范畴；而风俗习惯、文化传统、意识形态、宗教伦理、心理认知等属于非制度性因素，无论制度性因素还是非制度性因素都限制或支持着人们的行为。但相比较而言，人为制定的规章、规则等制度更容易显现于外，浮于表层，并且随着社会经济的迅速发展而快速变迁；非制度性因素是制度、文化等长期积淀而成并内化到人们的内心，是藏于内、隐于里的，人们需要经过长期的社会化过程才能逐渐加以认识，并且非制度性因素的影响在短期内很难改变。鉴于此，笔者认为制度性因素在农民工群体遭受社会排斥过程中属于显性原因，而非制度性因素则属于隐性原因。

1. 制度性因素是农民工社会排斥的显性原因

制度性因素以政策和法律等为载体，将城乡居民在城市和乡村场域中享有的权利和履行的义务，以明文规定的形式予以呈现，其二元特征有迹可循，浮于表面，具体表现为对农村居民各种行为的限制和对城市居民各种行为的支持。在计划经济时期，国家为了迅速实现工业化，制定了城市优先发展的战略。为了实现经济发展的目标，国家通过制定城乡分割的户籍制度，在此基础上实现城乡分治、各自发展的局面。国家通过制定二元户籍制度来限制农民随意地在城乡之间流动，以免瓜分城市居民有限的社会资源。这种制度设计带有明显的歧视和排斥性，将农民工群体排斥在城市社会之外。随后，在二元户籍制度的基础上，国家再次制定了一系列城乡有别的二元社会政策体系，包括二元管理制度、二元就业制度以及二元社会保障制度等,进一步强化了城乡之间的不公平,加剧了农民工群体在城市遭受社会排斥的程度。然而,国家制定的一系列二元化的政策和制度很快为大部分社会成员所熟悉并遵循。制度性因素对农民工遭受社会排斥的作用显而易见,它以国家政策和法律等为载体明文呈现,对人们的行动起着限制性或支持性作用,即对农民工在就业、社会保障等方面设定门槛,限制其像城市居民那样充分享有各种资源和福利,二元政策和制度对城市居民充分享有资源的支持力度非常大。

人为制定的城乡二元制度和政策,会随着社会的转型和制定者的价值取向以及要实现目标的转变而不断调整和变化,带有歧视性、排斥性特征的制度和政策不是一成不变的。随着制度和政策制定者对公平、公正理念的追求将会逐渐加以修改,制度性因素对某些群体的歧视性、差别性待遇和规定将随之渐渐消失。在中国,随着计划经济体制向市场经济体制的转型以及国家建设全面小康社会目标的制定,国家对计划经济时期建构的城乡不平等的二元户籍制度和二元社会政策体系逐步加以改革。例如,随着中国社会的体制转型和结构调整,二元户籍制度已经在人口迁移、暂住人口管理、加强立法等方面进行了改革,所有这些改革逐渐淡化了农民工受歧视、受排斥的制度效应;二元就业制度也是如此,政府制定了一系列旨在维护农民工权益和改善农民工就业环境的政策措施。通过这些改革,制度性因素对农民工的社会排斥效应将逐渐减弱,直至消失。虽然有的政策和制度已经有所改变,但由于制度性因素具有滞后效应,事实上仍对农民工群体的排斥发挥着作用。正如诺斯所说:制度都是逐渐得以修改的。因此,制度效应的发挥更是需要一个过程。

2. 非制度性因素是农民工社会排斥的隐性原因

所谓非制度,主要是指人们在长期的生活进程中逐渐积累下来的,与意识形态和文化渊源有关的思想观念、风俗习惯、行为方式等。非制度性因素属于认知、价值层面的，不像制度性因素那样通过有形的载体浮于表面，使人一目了然；非制度性因素沉淀在个体的心灵深处，是隐晦的、形于内的。因此与制度性因素相比，非制度性因素属于更为深层的原因。

农民工社会排斥的非制度因素主要包括：主流社会对农民工群体污名化和“妖魔化”、城市主流文化对农民工亚文化的排斥、社区组织对农民工社区身份的不认同以及民间组织长期以来形成的支持惯习等外在原因，还包括城市居民的偏见、歧视，以及农民工自卑认命的内在心理原因。

制度学派的代表人物凡勃伦曾运用心理学来解释制度的由来，并用社会达尔文主义进化论来说明制度的发展和演变。他说：“制度实质上就是与个人或社会有关的某些关系或某些作用的一般思想习惯；而生活方式所由以构成的是，在某一时期或社会发展的某一通行制度的综合，因此从心理学方面来说，可以概括地把它说成是一种流行的精神态度或生活理论。如果就其一般特征来说，则是这种精神态度或生活理论，说到底，可以归纳为性格上的一种流行趋势”（凡勃伦，1993：139）。有的学者认为，“文化因素可以通过信仰或信念、习惯或假设以及正式的规范系统塑造和影响经济（行动）（Dimaggio，1990）”（转引自朱国宏、桂勇，2005：13）。这些都说明了制度的建构并非没有根基，往往缘于一定的文化心理，文化心理的样态深深影响着制度的特征。因此，非制度性因素对制度有着极强的建构作用，在这个意义上讲，非制度性因素是制度形成的深层隐性原因。

非制度性因素对农民工社会排斥的深层作用还体现在非制度性因素的稳定性、顽固性特征，也就是说，非制度性因素的惰性比制度性因素的滞后性更强。人为制定的制度性因素随着社会的变迁和制定者价值理念等的转变，可以很快修订或重新制订，形成公正合理的新制度。目前，我国对计划经济时期形成的二元户籍制度和二元社会管理体系的不断改革和修正，新的社会政策和制度的不断出台，逐步为农民工群体在城市的工作和生活创造了宽松、平等、自由的良好环境，被歧视、被排斥的状态因制度效应的滞后性虽然不能立马消除，但已经有了明显的削弱。制度性因素对农民工遭受社会排斥的作用随着制度的变迁和革新逐渐减弱了，但非制度性因素仍发挥着对农民工的排斥作用。这主要是因为相对于政策制度而言，非制度性因素所包含的文化、心理具有长期的稳定性，是人们在长期的社会化过程中逐渐习得的，沉淀在人们的心底，很难被触动或改变。这也是国家对制度性因素进行改革后农民工仍深受社会排斥的重要原因。例如，虽然国家已经出台了若干政策，保障农民工在城市劳动力市场中享有同城市居民一样的待遇，并且明文规定不允许用人单位歧视和排斥农民工，但这种现象却因企业长期以来形成的歧视农民工的心理和惯习而屡禁不止。

制度性因素与非制度性因素在城市社会中从表到里、从内到外不断交互作用于农民工群体，是其在城市社会的各个场域中深受社会排斥的综合性原因。

（二）制度与非制度因素在农民工社会排斥中的交互作用

前面分别论述了农民工社会排斥的制度性与非制度性原因。然而，制度与非制度性因素对农民工的排斥作用并非各司其职、互不相干，而是相互作用、相互影响、相互累积，共同作用于农民工，使其在城市社会中深受排斥。

制度与非制度之间存在着紧密的双向建构关系。就制度而言，制度建构者所处的特定社会、特定文化、特定风俗、特定意识形态等非制度因素往往直接或间接地影响着制度建构的由来，制度建构的特征，制度的价值基础。诚如凡勃伦所说，制度实质上是指与个人或社会有关的某些关系或某些作用的一般思想习惯等。因此，非制度性因素是制度得以建构的深层作用机制，制度建构者的心理偏好、价值取向等非制度性因素往往是制度建构的动力源并以制度为载体得以外化，体现在制度中。农民工遭遇的社会排斥就是如此。

计划经济时期形成的重工轻农、重视市民轻视农民的态度和习惯造就了城乡不均衡、不平等及二元分化的社会户籍制度及社会保障制度等，在制度的实施和运作中强化了城市居民的优越感和农村居民的自卑感。在农村居民浓厚的自卑心理作用下，没有任何质疑与反抗地接受了这种不公正的制度安排。长期以来形成的城强农弱、市强村弱的习惯性认知和思维等非制度性因素，也成为城乡二元社会制度得以长期存在的重要原因。

制度对非制度也有很重要的建构作用和影响。虽然非制度性因素是制度得以建构的深层原因，但制度对非制度并非是被动接受、无所作为的。制度一经建构必然也会影响非制度性因素，重构非制度性因素，因此二者是互相联系、互相作用、互相建构的关系。制度性因素往往会通过社会化过程内化到人的心理，冲击着人们的观念、思想和价值理念等，这些内化的心理最终将外化为人们的行为，形成人们特有的惯习。例如，城乡差别的户籍制度的建立以及在此基础上形成的二元政策体系不仅使城乡之间在经济、政治、文化等方面的差距拉大了，而且也造成了城乡居民高低有别的不平等心理。在二元制度的作用下，城市居民先天性的优越感十足，他们高高在上，对农民工不加掩饰地歧视，形成了严重的排斥心理。在这种心理作用下形成了对农民工排斥的种种惯习，如，语言上的侮辱、态度上的不友善、行动上的歧视等。农民工在城市居民偏见、歧视的心理作用下变得更加自卑，选择了被动接受和退缩，而不是积极地消除城市居民的歧视和排斥。

歧视性、排斥性制度以及外在的非制度性因素相互影响、共同作用于城乡居民，形成了城乡居民内在的非制度性心理因素，形成城乡居民特有的心理认知，从而外化为社会排斥的行为。其中，除了制度与非制度性因素各自对农民工群体施以歧视和排斥外，它们之间相互建构、相互影响，形成一股共同作用于农民工群体的合力，形成了农民工社会排斥的制度与非制度交互作用的模型（如图 8－3）。

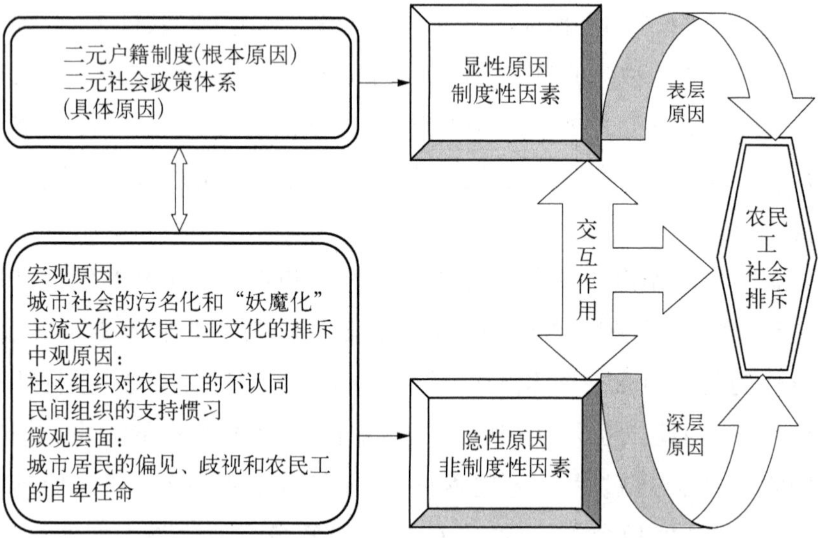

图 8－3　农民工社会排斥制度与非制度性因素交互作用模型

二、福利三角框架中农民工社会排斥形成机制的综合模型

1. 概念的澄清及相关研究

所谓机制，在《现代汉语词典》（中国社会科学院语言研究所词典编辑室编，1994：523）中有四层意思：(1) 用机器制造的；(2) 机器的构造和原理；(3) 有机体的构造、功能和相互关系；(4) 泛指一个复杂的工作系统和某些自然现象的物理、化学规律。郭蒙在《转型期地方政府竞争视角下的资本形成机制》中指出，机制强调要素之间的相互作用的方式、渠道和模式，而格局则从总体上决定这些作用过程的性质，从而在相当大的程度上影响机制作用的宏观效果（2006：9－10）。

目前,关于机制的研究非常多,有发生机制、动力机制,有经济机制、政治机制、社会机制等。笔者主要关注的是形成机制的研究,具体而言就是农民工社会排斥的形成机制研究。

第一,城乡统筹机制的研究。解垩在《城乡统筹机制形成研究》中不仅对机制的概念作了明确的界定,而且提出了形成城乡统筹的四个机制(2005：1)。他认为,所谓机制,通常表述为：在一个系统内,各个组成部分之间相互联结、配合、渗透和制约的作用机理。现代系统论的基本观点是把一定的客体作为系统加以分解,直到分析出构成该系统的简单要素(元素),然后在对各个简单要素分别考察的基础上加以综合,从而建立较严密的理论体系。因此,他从系统论的观点出发,沿着城乡经济社会发展的变迁路径,对城乡要素配置、收入消费、城镇化和社会关系等统筹组成元素进行分解,形成城乡统筹的四个机制：推动机制、就业机制、产业机制和公平机制。高焕喜、吴炜峰(2007)在《机制、机制形成和我国城乡统筹机制形成》中,介绍了机制的产生与发展,着重提出了机制概念的三个构成要件——机制的构造、机制的功能以及机制的作用,机理是机制、机制形成的主要思路,并按照机制与机制形成的思路,提出了我国城乡统筹建设中的形成机制：生态环境统筹机制、产业发展与推动机制、就业统筹机制、资源能源统筹配置机制、公共产品公平分配与平等服务机制、政策法规保障机制。

第二,"城中村"形成机制研究。孙建安(2006)在《"城中村"形成机制与对策研究》中提出了"城中村"的形成机制。他认为"城中村"现象是传统体制因素与城市现实政策、管理性因素共同作用的结果,即在二元社会经济制度、城镇现实发展体制和城市化过程中在各利益主体的理性决策等几个因素相互作用的产物,其中二元社会经济制度是"城中村"形成的根本因素,城镇发展机制是其形成的核心因素,城市化进程中各利益主体的理性决策是其形成的直接促成因素,外来人员的涌入刺激了住宅需求是其形成的客观原因。

第三，和谐社会阶层结构的形成机制。张登国在《和谐社会阶层结构形成的机制》中指出，和谐社会首先是社会结构各个层面的和谐，其中最关键的是社会阶层结构的和谐。在社会阶层结构存在一系列问题的情况下，需要通过建立通畅的社会流动机制、合理的利益协调机制、畅通有序的利益表达机制、安全的社会保障机制以及高效的矛盾疏导机制等来促进和谐社会阶层结构的形成(2006：77)。

除此之外，有关机制的研究成果，还有郧强、唐元虎、张超(2005)的《组织资本形成机制研究》，李华林(2004)的《社会分层及其形成机制的建构》，邱友良、陈田(1999)的《外来人口聚集区土地利用特征与形成机制研究——以北京市为例》，银平均、黄文琳(2007)的《社会排斥于中国农村贫困再生产机制关系探析》等。

综上所述，在社会问题的研究中，由于社会问题的发生具有复杂的内部结构和功能，并且依赖各种手段和方法得以运行。把社会问题中有机结合着的各个组成部分和环节，通过相互推动和制约而促使问题发生的具体形式，称之为社会问题的“形成机制”。机制这一概念包含三个要点：首先，由组成部分及相关环节构成主体，其中相关环节是组成部分必不可少的连接“零件”和辅助部分；其次，它是一个动态的、运转的过程，组成部分在一定的外界动力条件下会发生变化，并且通过各部分之间的作用朝某一方向运转；再次，它强调各个组成部分之间的联系，这种联系导致其间的相互作用，从而为其运动提供动力(梁涛，2006：6)。

基于此，本书将农民工群体的社会排斥形成机制，界定为导致农民工群体遭受社会排斥的相关联的各种因素之间相互推动、相互制约、相互作用的模式。

2. 福利三角框架中农民工社会排斥的形成机制模型

福利三角框架中农民工群体的社会排斥有其内在的形成机制。笔者将在二元经济社会结构及转型社会的宏大背景下建构福利三角框架中农民工社会排斥的形成机制模型。

(1) 福利三角框架中农民工社会排斥嵌入背景

计划经济时期形成的二元经济社会结构，是农民工群体在城市社会中遭遇各种社会排斥的结构性原因。中华人民共和国成立初期，为了尽快实现工业化而制定了优先推动城市经济发展的政策，通过工农产品的“剪刀差”将农村的剩余资源源不断地输入城市，使农村的经济发展远远落后于城市。经济上的贫困是导致农民工在城市社会中遭受歧视和排斥的重要原因。随后，为了加大对城市发展的支持力度，国家出台了城乡区隔的二元户籍制度，建构了以二元户籍制度为基础的一系列城乡有别的二元社会政策管理体系，将我国的社会结构打上了二元化的烙印。在二元社会结构下，农村居民的经济、政治、文化等资源与城市居民相比极度匮乏，成为其在城市社会的市场、国家和社会场域中遭受排斥的重要原因。因此，农民工在福利三角中遭遇的社会排斥深深地嵌入在中国的二元经济社会结构中。

随着改革开放的深入和社会的加速转型，农民工的社会排斥在此激烈变革的时代背景中必将发生变化。首先，全面建设小康社会及和谐社会目标的制定，国家逐步开始致力于协调城乡之间，社会各阶层、各群体之间的利益关系，通过制定各种政策和措施逐步缩小城乡之间、社会各阶层之间的差距。其中，实现城乡统筹、城乡一体化发展将有助于促进农村经济社会的发展，有助于增强农村居民的经济、政治、文化等水平，逐渐缩小与城市居民之间的差距，从而逐步消除来自城市社会的各种排斥。其次，随着社会公平、社会公正理念的日益深入，国家逐渐开始改革计划经济时期形成的城乡不平等的二元户籍制度和二元社会政策，致力于为农民工创造一个公平、公正、宽松、自由的竞争环境，逐步消除其在城市社会中遭受的种种人为制定的制度排斥。最后，随着农民工在城市工作和生活时间的延长以及城乡居民的互动增多，将有助于增强城乡居民的相互了解和相互接纳，改变城市居民对农民工的歧视和偏见，以及农民工自身的自卑心理等非制度性因素造成的各种社会排斥。

(2) 福利三角框架中农民工社会排斥的形成机制模型

农民工在城市遭遇的社会排斥，主要是由制度和非制度层面的原因导致。制度性因素是农民工群体遭受社会排斥的表层原因。城乡区隔的二元户籍制度是农民工遭受社会排斥的根本原因。建立在户籍制度基础上国家场域中的二元管理制度、二元政治参与制度、二元分配制度、二元社会保障制度；市场场域中的二元劳动力市场的户籍区隔、二元就业政策、二元用工制度以及二元住房制度等是导致农民工群体遭受社会排斥具体的制度性原因，这些原因之间并非孤立的，而是通过横向传递和纵向累积，相互影响、形成合力，共同作用于农民工，使其在城市社会中遭受社会排斥。

在社会场域中非制度性因素是农民工遭受社会排斥的深层原因，其中包括来自主流社会的污名化和“妖魔化”、主流文化对农民工亚文化的排斥、社区组织对农民工社区身份的不认同、民间组织支持的惯习以及城市居民的偏见歧视与农民工的自卑认命等非制度性原因。各种非制度性因素之间也并非孤立的，它们之间同样通过横向传递和纵向积累，形成合力作用于农民工群体的社会排斥。

国家、市场和社会三个场域不仅通过各自内在的机制对农民工施以种种排斥，而且福利三角之间不断相互作用、相互影响。多重排斥的相互叠加和累积导致农民工在城市中难以充分享有基本的生存权和发展权，致使其经济、政治、文化等各种资本严重不足，缺乏像城市居民那样在城市社会中平等地获得生活、工作和发展机会的能力，无法充分参与和融入城市生活(见图 8－4)。

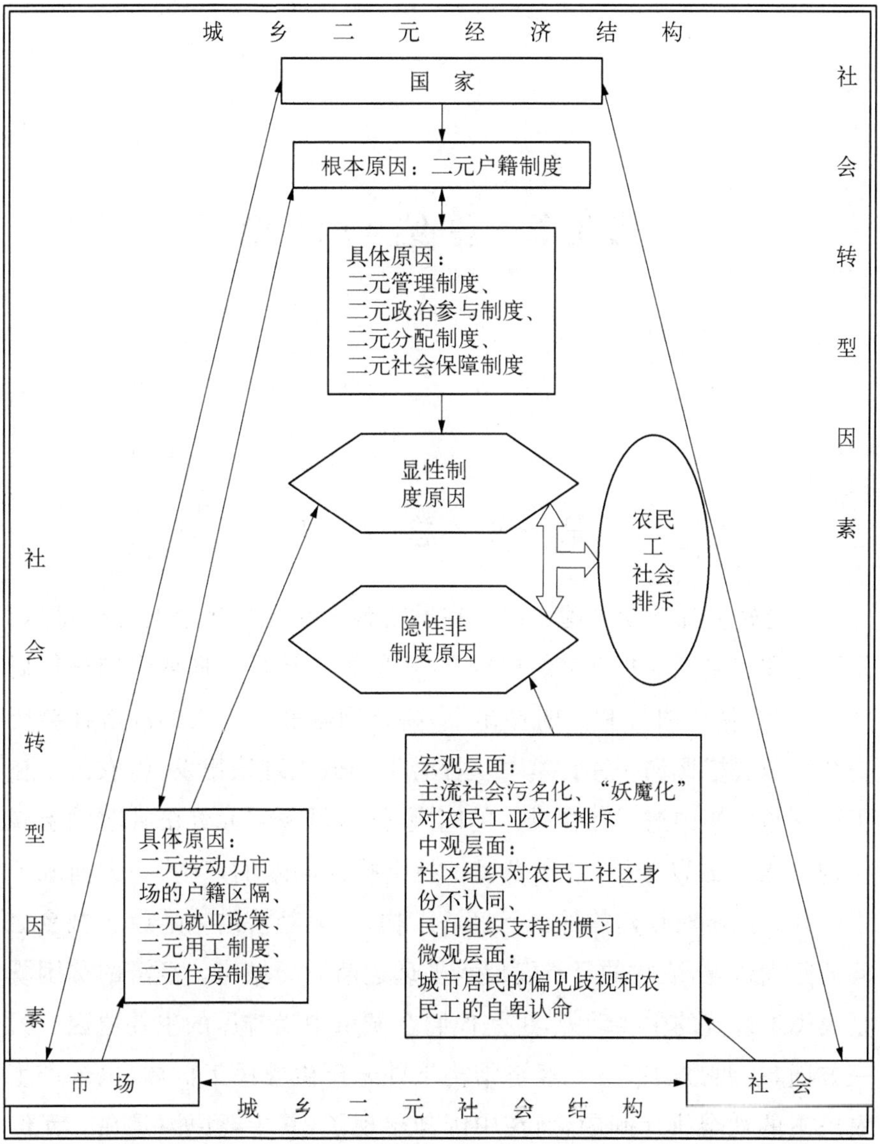

图 8－4　福利三角中农民工社会排斥形成机制模型

第九章　总结与讨论

第一节　总　　结

社会转型加速期中国农民工在城市各个场域中遭遇的社会排斥，是历史和现实原因相互交织的结果，不能孤立地从横向或纵向进行研究，而应该从历时性和共时性出发，将该问题嵌入宏大的经济社会历史结构中去把握和研究。本书从社会学的嵌入理论出发，将农民工在福利三角框架中遭遇社会排斥的问题，嵌入城乡二元经济社会的宏观结构背景中加以分析，指出农民工社会排斥问题的产生，一方面源于中国计划经济时期建构的二元经济结构，二元经济结构造就了城乡之间的巨大差异，农村的经济发展水平远远落后于城市。经济的贫困既是农民工进城的主要动力，也是他们在城市中受排斥的主要原因。另一方面，在西方国家二元经济结构下并未产生农民工群体，也未产生农民工的社会排斥问题，而在中国却出现了，其主要原因是在二元经济结构影响下，中国政府通过城乡分割的二元户籍制度将国民一分为二——城市居民和农村居民，他们分别享有不同的权利，造就了城乡分割的二元社会结构。在二元户籍制度基础上建构的二元社会政策体系固化了社会结构的二元特征。二元经济结构和二元社会结构相互影响、相互作用，强化了中国社会的二元分割状态，而农民工就是城乡二元分割体制下衍生出来的独特群体，既无法等同于传统意义上的农民，也无法挤入城市成为真正的城市居民。他们成为城乡夹缝中的一个特殊群体，在二元结构体制下似乎显得不伦不类，因而备受二元经济社会结构的排斥和挤压。

通过实证研究，笔者发现在市场、国家、社会等场域构成的福利三角框架内，农民工遭受社会排斥的原因是多方面的。在市场场域中，农民工社会排斥主要源于二元劳动力市场的户籍区隔、二元就业政策、二元用工制度以及二元住房制度。在国家场域中，农民工遭遇的社会排斥集中体现在两个维度上：政治排斥和社会保障排斥。就政治排斥而言，农民工社会排斥主要源于二元管理制度、二元政治参与制度；就社会保障排斥而言，主要源于二元分配制度和二元社会保障制度。在社会场域中农民工群体遭遇的社会排斥主要包括文化排斥、社会关系排斥、社会组织排斥。文化排斥主要源于农民工的污名化和"妖魔化"以及城市主流文化对农民工亚文化的排斥。社会关系排斥主要源于城市居民的偏见和歧视、城市居民的被剥夺感以及城乡居民交往资本的悬殊；就社会组织排斥而言，主要源于社区组织对农民工群体的不认同以及民间组织长期以来形成的支持惯习。

在福利三角框架中农民工遭遇社会排斥的各种原因，既有显性的制度性原因，也有隐性的非制度性原因。一方面，制度性原因与非制度性原因在农民工社会排斥过程中发挥着各自的作用，如，制度性原因导致农民工在国家和市场场域中遭受各种排斥，包括政治排斥、社会保障排斥、经济排斥等；非制度性原因导致农民工遭受社会场域中的文化排斥、社会关系排斥以及社会组织排斥等。另一方面，制度性原因与非制度性原因之间不是孤立的，而是相互影响、相互作用、形成合力，共同作用于农民工的社会排斥。因此，农民工社会排斥的各种原因之间存在着一定的内在关系，通过探讨二者在农民工排斥过程中的不同作用以及内在关系，笔者建构了福利三角框架中农民工社会排斥的形成机制模型。农民工群体遭受社会排斥的形成机制主要包括：一方面，农民工群体在中国社会遭受排斥源自人为的制度性建构，如，二元户籍制度、二元管理制度、二元就业制度以及二元社会保障制度等均或多或少地作用于农民工群体对其施以排斥，其中二元户籍制度是农民工社会排斥的根本原因。考察证实，随着这些二元社会制度的变迁，农民工群体遭受社会排斥的程度逐渐减弱了，但要完全消除造成农民工群体遭受排斥的生存状态，仍需要一个长期的过程。另一方面，非制度性原因对农民工群体造成的社会排斥主要是指：宏观层面，主流社会对农民工污名化和“妖魔化”、城市主流文化对农民工亚文化的排斥；中观层面，社区组织对农民工的不认同和民间组织长期以来形成的支持惯习；微观层面，城市居民的偏见歧视和农村居民的自卑认命等心理因素。研究发现，随着社会的进步、城乡交流的加强以及城市居民对农民工群体了解的加深，横亘在城乡居民之间的偏见歧视之墙逐渐松动；另外，随着农民工群体对城市居民了解的加深、对城市文化的适应性增强以及维护自身基本权益的意识觉醒，这些都将会削弱非制度性因素对农民工群体的排斥。鉴于制度性因素与非制度性因素之间以及各种制度性因素与非制度性因素，在农民工群体遭受排斥的过程中，不是孤立地、互不相干地发挥作用，而是相互影响、相互传递、相互累加的，诸多因素形成的强大合力不断对农民工群体施以排斥，笔者建构了农民工社会排斥的制度与非制度性因素相互作用的机制模型。制度性因素与非制度性因素的相互影响也必将对农民工群体的社会排斥造成如下影响：加强、减弱或消失。最后，笔者引进社会转型因素和社会结构变迁因素，通过深入挖掘制度性因素与非制度性因素内部以及它们之间的逻辑关系和作用方式，建构了福利三角框架中农民工遭受社会排斥的综合形成机制模型。

第二节　讨　论

一、消除农民工社会排斥的必要性和长期性

1. 解决农民工社会排斥问题的必要性

农村剩余劳动力由乡村流向城市，是工业化和城市化发展的必然要求，因此“农民进城务工”是中国经济和社会发展的必然趋势，是无法阻挡的历史潮流。

当前，中国城市农民工因遭遇各种社会排斥而导致其经济、政治、文化、社会等各种资本的严重匮乏，在城市社会激烈的竞争中处于劣势。农民工社会排斥不仅不利于自身在城市社会中的生存和发展，而且严重影响了社会稳定和社会融合，对中国城市化和工业化发展及构建社会主义和谐社会形成了严峻挑战，因而应采取有力措施，逐步解决农民工的社会排斥问题。

从全面建设小康社会和构建社会主义和谐社会的角度看，必须逐步消除对农民工的社会排斥。改革开放以来，大量农民进城为城市建设做出了巨大贡献，推动了城市经济社会的迅速发展。毋庸置疑，农民工已经成为中国工业化和城市化发展的主力军。如果不能较好地解决农民工的社会排斥问题，将会影响到农民工对城市社会的认同感和归属感，同时也会造成阶层的矛盾和群体间的冲突，这将增加社会整合的难度，不利于实现社会的和谐与稳定。为了实现社会稳定和社会和谐的目标，解决农民工社会排斥问题就显得十分必要。

2. 农民工社会排斥问题的解决具有渐进性和长期性

随着改革开放的逐渐深入和社会的加速转型，经济和社会结构的二元化特征将被逐步消解，社会将朝着城乡统筹、城乡一体化方向迅速发展，农民工社会排斥的结构性因素将逐步消解，宏观环境将朝着有利于

农民工生存和发展的方向转变。随着社会的加速转型，二元经济社会结构的变迁将会影响到导致农民工社会排斥的制度与非制度因素，制度与非制度的变迁将会对农民工社会排斥产生深刻的影响。近年来户籍制度及二元社会政策体系——二元保障制度、二元就业政策、二元政治参与制度的变革削弱了农民工社会排斥的制度因素；随着城乡居民交流的加强、相互之间了解的加深，将有助于消除非制度性因素造成的城乡居民之间的隔阂，逐渐消除非制度性因素造成的农民工社会排斥。然而，无论是经济社会结构还是制度与非制度因素的变迁都是缓慢的，结构趋向合理、制度与非制度的变迁都需要一个长期的过程，所以最终消除造成农民工社会排斥的各种因素同样具有渐进性和长期性。

二、消除社会排斥，促进社会融合

如何消除中国社会转型期农民工遭遇的社会排斥呢？笔者将目光转向社会政策。所谓社会政策，是指以公正为理念依据，以解决社会问题、保障社会安全、改善社会环境、增进社会福利为主要目的，以国家的立法和行政干预为主要途径而制定和实施的一系列行为准则、法令和条例的总称（李迎生，2006）。社会政策反对社会排斥、促进社会融合的诉求能够为农民工提供强有力的社会保护。

针对目前我国农民工规模日益庞大，但却备受歧视和排斥的状况，国家可以通过制定包括就业、公共服务、社会保障等完善的社会政策，为农民工提供各种有力的支持，帮助农民工消除社会排斥，促进社会融合。具体而言，主要有：

1. 逐步建立和完善补偿型社会政策，为农民工创造公平的制度环境

第一，人为建构的制度是导致农民工被排斥的重要原因，因此要消除农民工社会排斥首先应着眼于打破不公平的制度藩篱。国家应采取各种措施，推进城乡有别的制度和政策，以消除农民工被排斥的制度性因素，逐步建立和完善针对农民工的补偿型社会政策，为农民工创造公

平的制度环境，建立针对农民工的城市融入机制。

第二，不断深化二元户籍制度的改革，从根本上消除其对农民工的区隔和排斥。这是构建农民工城市融入机制的制度基础，也是城乡二元体制整合的关键。二元户籍制度的城乡区隔是农民工遭受社会排斥的根本性制度原因，只有对其进行改革，农民工的社会排斥才有望被消除。

第三，尽快建立并完善农民工的社会保障体系，最终实现社会保障的城乡一体化。这不仅是农民工市民化的需要，也是构建农民工城市融入机制的重要措施。因此，改变城市社会保障制度对农民工的歧视和排斥，政府和社会各界应共同探索适合农民工特点的社会保障方式，逐步将其纳入城市社会保障体系内，增强农民工群体在城市中的抗风险能力。

第四，逐步建立统一的劳动力市场。对农民工而言，就业是其在城市生存的最大保障，因此应致力于消除对农民工劳动力市场的歧视和排斥，严格规范用工单位的雇佣行为，改变同工不同酬的不公平现象，消除劳动力市场的二元分割，建立统一的劳动力市场。这既可以帮助农民工获得经济地位的提升，也是其实现市民化的重要经济保障。

第五，为农民工提供参与城市政治和社会生活的机会，保证其依法享有各项基本权利。吸收农民工进入城市的政党和工会等组织，使其参与到关乎自身利益的政策和制度的制定和执行过程中，从而保证其基本权益不被剥夺和侵犯。

通过倡导的方式，呼吁政府对不公正的、排斥性的制度和政策进行改革，为农民工创造公平的制度环境和良好的社会氛围，逐步消除农民工的社会排斥。

2. 构建发展型社会支持网，完善赋权系统，提升农民工的人力资本

所谓赋权，是指发展积极的自我能力意识，对周围的社会政治环境有一个批判性、分析性的理解和认识，同时可以增强个人和集体的资源，其目标在于通过削弱影响个体决定权、行动权的社会性或个体性障碍，

通过增强个体使用权力的能力与自信，或者通过从环境中向个体注入一定的权力等方式，去帮助案主获得对自己生活的决定权与行动权(Malcolm Payne，2004)。在此，笔者主张为农民工建立发展型社会支持网，通过调动多元主体的能力和拥有的资源，为农民工提供各种支持，完善农民工的赋权系统，培育和提升农民工的人力资本，增强其在城市社会中自力更生的能力。发展型社会支持网包括先赋性的社会支持与后致性的社会支持，先赋性社会支持主要以血缘和地缘纽带的熟人关系网络提供的支持为主，后致性社会支持主要来自政府、企业、社区以及民间组织等主体的支持(见图 9－1)。

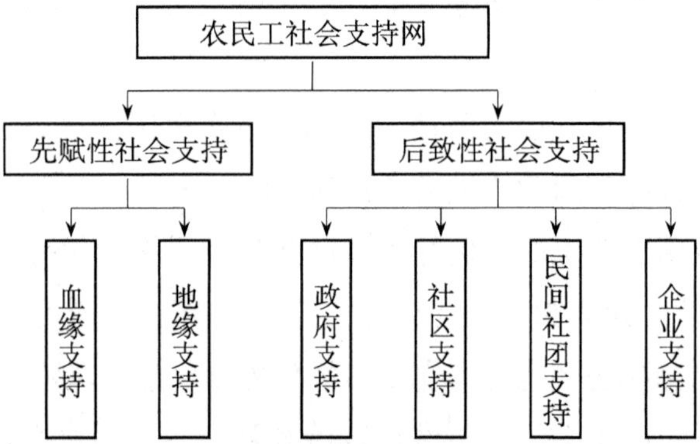

图 9－1　农民工社会支持网

(1) 先赋性社会支持

由于城市居民对农民工群体的偏见和排斥往往拒人于千里之外，二者之间很难建构和扩展新的社会关系，农民工在城市中基本复制了乡村熟人社会的社会关系网，即基于血缘和地缘的社会关系。调查发现，农民工的现有社会支持主要来自血缘、地缘关系的“熟人关系网络”，在民工的择业、就业以及困难克服上，亲属、朋友、同乡的作用举足轻重。熟人关系网络提供给农民工的支持被称为先赋性社会支持。

(2) 后致性社会支持

后致性社会支持主要指农民工进入城市社会后获得来自其他主体

的社会支持，其中主要包括国家、企业、社区、民间组织等。

第一，政府对农民工的社会支持。政府作为公共权利机构的代表，理应树立消除社会排斥、支持弱势群体的强烈的社会责任观。国家可以通过制定和实施公平公正的社会政策，以消除弱势群体被排斥的不公正因素，例如，深化二元户籍制度改革，并致力于建立城乡统筹、城乡一体化的就业制度、管理制度以及社会保障制度等，为农民工群体创造一个公平、公正、自由竞争的宽松环境。

目前国家对农民工问题高度关注，2008 年 3 月，第十届全国人大五次会议和全国政协十届五次会议中，对有关农民工的民生问题给予高度关注，两会代表针对农民工问题积极提案，其中有农民工的培训、保障、子女上学、工资、健康等。[①] 这对农民工而言无疑是一大福音，有助于削弱农民工在城市的社会排斥。

第二，企业对农民工的社会支持。企业是农民工就业的主要场所，安全的工作环境、合法公平的用人机制、人性化的管理对农民工而言非常重要。企业和用人单位应该本着公平公正的原则对待农民工，为农民工提供公平的待遇，为农民工的稳定就业提供支持。工会在维护农民工的基本权益、消除社会排斥方面发挥着越来越重要的作用。激发农民工加入工会的积极性，增强其组织力量，使其在劳动力市场中遭受排斥时能够获得工会力量的支持去化解。

第三，社区对农民工的社会支持。俗话说安居才能乐业，为外来农民工营造一个宽松的居住环境、友善的社区氛围离不开城市社区作用的发挥。随着社区民主和社区自治的不断发展，社区的管理日益成熟和完善。社区应逐渐将农民工纳入社区管理体系，调动社区资源支持和帮助困难农民工。通过开展社区服务，为农民工提供就业培训、就业信息等支持，帮助农民工尽快就业，不断削弱农民工的被排斥感，增强社区归属

① http：//www.sinomen.cn/activity/lianghui/Articlelist.aspx? NewsTypeID=729.

感,促进社区融合。

第四,民间组织对农民工的社会支持。民间组织是现代社会发展的第三部门,经常对弱势群体免费提供支持和帮助。民间组织一方面积极地寻求各种社会资源,另一方面通过开展各种活动和培训对弱势群体提供帮助和支持,如,开展各项救助和送温暖活动,广泛募集善款善物支援困难群体;通过各种方式提高弱势群体的自我发展能力,开展素质教育和职业培训,帮助弱势群体实现就业和再就业等。目前民间组织为农民工提供了各种支持和帮助,在消除农民工社会排斥的过程中发挥着越来越重要的作用。

农民工通过动用社会支持网中的各种资源,能够提升自身的人力资本和社会资本,增强消除社会排斥的能力,最终实现社会融入。

3. 消除农民工社会排斥的社会政策的目标定位与推进原则

第一,明确将“反对社会排斥”作为社会政策建设的既定目标。农民工在城市社会中因为城乡二元户籍制度,以及一系列城乡有别的社会政策和自身素质低而被排斥在城市劳动力市场、社会保障、社会生活、教育活动之外,阻碍了农民工真正融入城市主流文化和社会生活中,使得农民工合法的工作、居住、子女受教育等权益难以得到切实保障,无法享受基本的生存权和发展权。因此,反对社会排斥就理所当然地成为针对农民工社会政策建设的基本目标。围绕消除社会排斥来制定农民工的社会保护政策以帮助他们消除经济、政治、社会等领域中遭受的各种排斥,促使他们尽快实现市民化,更好地融入城市社会。

第二,农民工社会保护政策的推进原则。消除农民工社会排斥是一个事关数亿人基本权益的庞大工程,必须有合理的推进原则加以指导。笔者从社会政策的角度出发,以反对社会排斥为目标,提出推进相关社会政策建设和实施的原则(李迎生、刘艳霞,2006:105):(1)坚持以国家和政府为主体的原则。国家通过出台社会保障、社会福利、社会救助等各种社会政策对弱势群体加以保护,是当今世界发达国家通行的做法。因此,政府不仅应为农民工群体制定全面、系统、有效的社会政策,而且还应通过建立有效的监督机制使政策落到实处,发挥实效。(2) 注重社会公平的原则。改革开放以来,"效率优先、兼顾公平"的发展原则往往被简化为"效率至上、GDP 至上",导致国家对社会政策的建设被忽视。农民工群体因社会保护不到位而遭受各种社会排斥。因此,政府应坚持社会公平原则,制定和实施保护农民工的社会政策,帮助他们消除社会排斥。(3) 生存权与发展权并重的原则。现行社会政策对农民工的保护仍停留在生存层面,对发展权的重视不够。应坚持生存权与发展权并重的原则,不仅建构起农民工补偿性的社会政策,如,社会保障、社会福利、社会救助政策等,而且建构起农民工发展性的社会政策,如,农民工的就业促进政策、职业培训政策等,全面保障农民工的基本权益。(4) 注重城乡统筹的原则。由于受城乡二元经济社会结构的影响,社会政策二元化烙印具有顽固性,短期内很难改变。但国家应该在农民工社会政策的制定、实施过程中,坚持城乡一体化的原则。否则不合理的社会政策反而会加重社会排斥。(5) 依法推进原则。为防止弱势群体的社会保护政策出现朝令夕改或纸上谈兵的情况,农民工社会保护政策的制定、实施和修改应尽可能地纳入法制轨道,通过法律的手段保证政策的稳定性、长期性以及贯彻的实效性。(6) 循序渐进的原则。制定各种社会政策以消除城市对农民工的歧视和排斥是一个庞大的系统工程,不可能一蹴而就,应坚持循序渐进的原则。

三、本研究的不足之处及缺憾所在

第一,研究方法上的不足与缺憾。本研究主要采用了个案访谈法,通过目的抽样的方法抽取了 20 个农民工和 10 个城市居民,访谈对象主要集中在北京市海淀区和朝阳区。个案研究方法效度相对较高,但样本的代表性不强,这使得研究结论的推广性受到限制。笔者始终觉得在研究方法的选取上存在缺憾,由于时间和经费的限制,未来得及对农民工群体进行问卷调查，一手数据定量研究的缺失使得本研究的论证力度有欠火候。

第二，研究内容的缺憾。本书仅就农民工群体在福利三角框架中遭受的社会排斥的形成机制进行了研究，而对农民工群体因遭遇社会排斥的表现及导致的不良后果缺乏深入的分析，对农民工社会排斥在社会层面上将会导致什么样的不良后果则未作分析，只能留待将来进一步研究。对于如何消除农民工群体的社会排斥的对策研究也只是泛泛而谈，对其具体实施的方式以及实施后的效果尚未涉及。这些缺憾也将成为笔者未来继续深入研究的推动力。

附录一　农民工访谈提纲和基本情况

农民工访谈提纲

一、人口学特征

1. 年龄
2. 性别
3. 籍贯
4. 户口所在地
5. 教育程度
6. 婚姻状况
7. 有几个孩子
8. 目前从事的职业
9. 来北京几年
10. 当前居住地

二、有无感觉到被城里人排斥、歧视，如果有，您认为主要有哪些表现

1. 在城市中，您是否感觉到被城里人看不起或欺负，您认为在近些年城里人对农民工的歧视仍然很严重吗？

2. 您认为城里人主要在哪些方面看不起农民工，有没有在您自己身上发生的、让您印象深刻的事情？

三、您是否在以下领域遭遇过排斥

1. 经济上。从事什么工作？进城后换过几次工作？收入一个月大约多少钱？工作时有没有交过押金？是否有克扣、欠薪的情况发生？有没有签过劳动合同？住房条件怎样？（有没有买房；没买房的话住在哪里，单位的还是自己租的，如果单位提供的，住房条件怎样；租房的话，租的是什么样的房子，房租一月多少钱等。）

2. 政治上。会不会专门回家乡行使自己的各项权利（如，行使选举权、参与政治管理和社会管理的权利）？不会的话原因是什么？在城里有没有什么组织（比如，党组织、工会组织等）？有没有参加过城市和社区的选举活动和其他政治管理活动？没有的话原因是什么？

3. 社会保障上。考虑过以后的养老问题吗？（知不知道养老保险、有没有养老保险、是否希望有养老保险，工伤、医疗、失业保险亦然。）

4. 文化排斥上。在城里工作、生活习惯吗？城里人怎么称呼你们？平时都有哪些娱乐活动？

5. 社会关系网。平时打交道的主要是什么人（亲友、老乡、同事、城里人）？您愿意和城里人打交道吗？对他们的印象如何？是否反感？和他们打交道的过程中有没有不愉快的经历？有的话您怎么处理，忍气吞声还是据理力争？如果碰到困难，您会向谁求助，比方说找工作什么的？

6. 社会组织。您参加过社区里的娱乐活动吗？享受过社区的服务吗？您知道有哪些可以帮助农民工的民间机构吗？知道的话，您去向他们求助过吗？如果没有的话，为什么？

四、您希望融入城市社会，成为城里人吗

1. 您很在意城里人对您的歧视吗？以后是想留在城里，变成城里

人，还是赚钱后回自己老家？

2. 面对城里人的排斥，您是觉得无所谓还是积极地去改变？改变的话都做了哪些努力？管用吗？

3. 您希望从国家、社会方面得到哪些帮助？对国家、社会以及个人有什么样的希望，以帮助自己融入城市？

农民工访谈对象的基本情况

个案编号	个人背景	婚姻状况	工作状况	备注
N1	男，24岁，初中文化，来京3年	未婚	装修工	搬运工、保安、油漆工
N2	男，32岁，初中文化，来京8年	已婚，3个孩子	服装店老板	曾从事售货员、勤杂工等
N3	男，47岁，小学文化，来京6年	已婚，4个孩子	建筑工	受过工伤
N4	男，34岁，小学文化，来京4年	已婚，2个孩子	送水员	建筑工、保洁员、销售员
N5	男，52岁，文盲，来京20多年	离异，3个孩子	失业中	搬运工、建筑工、门卫等
N6	男，48岁，高中文化，来京18年	已婚，2个孩子	包工头	在京已买房，只是没户口
N7	男，28岁，初中文化，来京8年	已婚，1个孩子	超市搬运工	
N8	男，20岁，小学文化，来京2年	未婚	饭店服务员	女朋友在京打工
N9	男，58岁，小学文化，来京5年	丧偶，3个孩子	环卫工	
N10	男，35岁，初中文化，来京10年	已婚，1个孩子	销售员	
N11	女，23岁，初中文化，来京3年	未婚	保姆	
N12	女，30岁，高中肄业，来京11年	已婚，2个孩子	食品公司老板	买了房和车，没户口
N13	女，44岁，小学文化，来京5年	再婚，4个孩子	清洁工	

续 表

个案编号	个 人 背 景	婚姻状况	工作状况	备 注
N14	女,36 岁,高中文化,来京 7 年	已婚,3 个孩子	收银员	老公在京打工
N15	女,22 岁,高中文化,来京 2 年	未婚	酒店招待员	
N16	女,43 岁,小学肄业,来京 9 年	离婚,2 个孩子	理发师	
N17	女,48 岁,初中文化,来京 11 年	已婚,3 个孩子	失业中	
N18	女,38 岁,初中文化,来京 8 年	已婚,1 个孩子	箱包店老板娘	
N19	女,51 岁,小学文化,来京 28 年	丧偶,4 个孩子	卖菜员	
N20	女,21 岁,高中肄业,来京 2 年	未婚	美甲员	男朋友在京打工

附录二　城市居民访谈提纲和基本情况

城市居民访谈提纲

一、人口学特征

1. 年龄
2. 性别
3. 籍贯
4. 户口所在地
5. 教育程度
6. 婚姻状况
7. 目前从事的职业

二、对农民工进城的态度和看法

1. 您眼中的农民工是什么样子的?

2. 农民工进城务工就您个人而言是欢迎还是拒斥? 为什么?

3. 您认为农民工应该和城市居民一样在城市中享受各种基本权利吗? 为什么?

4. 您单位里有农民工吗? 有的话他们的待遇和您一样吗? 就您所了解到的,单位与他们签劳动合同了吗? 有没有和您一样享有各种保险和福利，包括住房补贴等？

5. 您同意农民工参加城市的政党组织和工会组织吗？同意他们参加城市的政治生活和社会生活吗？为什么？

6. 您愿意政府把农民工纳入城市社会保障体系吗？为什么？

7. 您会不会觉得农民工素质低，生活方式、思维方式等落后？您对农民工的认识主要从哪里来，交往中的感受还是从新闻媒体的报道中了解的？

8. 根据鲍格达斯社会距离量表来看城市居民对农民工的态度。

您愿意农民工在城市工作生活吗？

您愿意与农民工住在一个社区吗？

您愿意与农民工成为邻居吗？

您愿意与农民工交往吗？

您愿意与农民工交朋友吗？

您愿意和农民工结婚吗？

9. 你们的社区选举、社区服务和社区活动有没有涉及社区中的农民工，为什么？

城市居民访谈对象的基本情况

个案编号	基 本 情 况	工 作 情 况
C1	男，42 岁，本科	事业单位员工
C2	男，28 岁，大专	公司职员
C3	男，48 岁，大专	外企主管
C4	男，35 岁，高中	保洁
C5	男，51 岁，本科	公司老板
C6	女，36 岁，本科	初中教师
C7	女，53 岁，中专	公务员
C8	女，28 岁，高中	超市收银员
C9	女，45 岁，专科	社区主任
C10	女，32 岁，本科	杂志记者

参 考 文 献

专著、编著部分：

1. [英] 安东尼・吉登斯.社会学.4版[M].赵旭东，等，译.北京：北京大学出版社，2003.
2. 陈安民，刘晓霞.中国农民工——历史与现实的思考[M].北京：华龄出版社，2006.
3. 陈吉元.论中国农业剩余劳动力转移：农业现代化的必由之路[M].北京：经济管理出版社，1997.
4. 成伯清.格奥尔格・齐美尔：现代性的诊断[M].杭州：杭州大学出版社，1999.
5. 风笑天.社会学研究方法[M].北京：中国人民大学出版社，2009.
6. 傅铿.文化：人类的镜子：西方文化理论导引[M].上海：上海人民出版社，1990.
7. 郭金丰.城市农民工人社会保障制度研究[M].北京：中国社会科学出版社，2006.
8. 郭少新.中国二元经济结构转换的制度分析[M].北京：中国农业出版社，2006.
9. 国务院研究室课题组.中国农民工调研报告[M].北京：中国言实出

版社，2006.
10. 国家计委社会发展司，外交部国际司.社会发展　共创未来：联合国社会发展世界首脑会议文件选编[M].北京：中国计划出版社，2001.
11. 黄洪，李建明.香港边缘劳工质性研究：困局、排挤与出路，华人社会中的社会排挤与边缘性[M].香港：香港乐施会，2001.
12. 黄平，杜铭那克.农民工反贫困：城市问题与政策导向[M].北京：社会科学文献出版社，2006.
13. 黄平.寻求生存：当代中国农村外出人口的社会学研究[M].昆明：云南人民出版社，1997.
14. 景天魁，等.社会公正理论与政策[M].北京：社会科学文献出版社，2004.
15. 石彤.中国社会转型时期的社会排挤：以国企下岗失业女工为视角[M].北京：北京大学出版社，2004.
16. 李汉林. 关系强度与虚拟社区——农民工研究的一种视角[M].转自李培林. 农民工：中国进城农民工的经济社会分析，北京：社会科学文献出版社，2003.
17. 李培林.农民工：中国进城农民工的经济社会分析[M].北京：社会科学文献出版社，2003.
18. 李强.农民工与中国社会分层[M].北京：社会科学文献出版社，2004.
19. 李强.转型时期的中国社会分层结构[M].哈尔滨：黑龙江人民出版社，2002.
20. 李涛，李真.农民工流动在边缘[M].北京：当代中国出版社，2006.
21. 李迎生.为了亿万农民的生存安全：中国农村社会保障体系研究[M].合肥：安徽人民出版社，2006.
22. 刘怀廉.中国农民工问题[M].北京：人民出版社，2005.
23. 刘少杰.经济社会学的新视野：理性选择与感性选择[M].北京：社

会科学文献出版社，2005.

24. 陆学艺.当代中国社会流动[M].北京：社会科学文献出版社，2004.
25. [美] 帕克，麦肯齐.城市社会学：芝加哥学派城市研究文集[M].宋俊岭，吴建华，译.北京：华夏出版社，1987.
26. [英] Malcolm Payne.现代社会工作理论[M].何雪松，等，译.上海：华东理工大学出版社，2005.
27. 彭华民.福利三角中的社会排斥：对中国城市新贫穷社群的一个实证研究[M].上海：上海人民出版社，2007.
28. 马克思.《政治经济学批判》序言·导言[M].北京：人民出版社，1975.
29. 宋丰景.保守工资假说：关于我国城市失业问题的一种解释[M].北京：中国劳动社会保障出版社，2007.
30. 田德文.欧盟社会政策与欧洲一体化[M].北京：社会科学文献出版社，2005.
31. 涂尔干.社会学方法的准则[M].胡伟华，译.北京：华夏出版社，1998.
32. 王思斌.社会工作导论[M].北京：高等教育出版社，2004.
33. 王颖.中国农民打工调查[M].北京：中共中央党校出版社，2005.
34. 夏耕.中国城乡二元经济结构转换研究：要素流动、制度变迁、市场机制与政府作用[M].北京：北京大学出版社，2005.
35. 杨伟民.社会政策导论[M].北京：中国人民大学出版社，2010.
36. 尹保华.社会工作与和谐社会建构：农民工社会排斥与社会融入的研究[M].徐州：中国矿业大学出版社，2005.
37. 曾群.青年失业与社会排斥风险[M].上海：学林出版社，2006.
38. 张向东.农民工的认同与适应[M].北京：新华出版社，2006.
39. 赵树凯.纵横城乡：农民流动的观察与研究[M].北京：中国农业出版社，1998.
40. 郑功成，黄黎若莲，等.中国农民工问题与社会保护(下)[M].北京：

人民出版社，2007.
41. 郑杭生.社会学概论新修[M].北京：中国人民大学出版社，2003.
42. 郑杭生，李路路.当代中国城市社会结构现状与趋势[M].北京：中国人民大学出版社，2004.
43. 中国社会科学院语言研究所词典编辑室.现代汉语词典[M].北京：商务印书馆，1994.
44. 中华人民共和国国家国家统计局.中国统计年鉴：2003[M].北京：中国统计出版社，2003.
45. 周建明.社会政策：欧洲的启示与对中国的挑战[M].上海：上海社会科学院出版社，2005.
46. 周怡.解读社会、文化与结构的路径[M].北京：社会科学文献出版社，2004.
47. 朱国宏，桂勇.经济社会学导论[M].上海：复旦大学出版社，2005.

论文部分：

1. 阿马蒂亚·森.论社会排斥[J].王燕燕，译.经济社会体制比较，2005(7).
2. 安娟，王昱.成都市农民工生存状况分析[J].当代经理人，2006(4).
3. 安月兴，寇浩宁.从城市贫困家庭医疗保障现状看对弱势群体的制度性社会排斥[J].华北电力大学学报(社会科学版)，2005(3).
4. 蔡昉.劳动力流动择业与自组织过程中的经济理性[J].中国社会科学，1997(4).
5. 陈安民.农民工群体的弱势特征分析[J].山东省农业管理干部学院学报，2005(6).
6. 陈迪平.对我国城乡二元社会结构的反思[J].湖南社会科学，2004(4).
7. 陈洪玲.农民工生存状况实证研究综述[J].学术交流，2006(5).

8. 陈莉.当代中国弱势群体中农民工问题探析[J].南方论刊,2006(3).
9. 陈小力.到本世纪末,国家将新建1.5亿平方米住房,以解决中低收入家庭的住房困难,这就是造福百姓的——安居工程[N].经济日报,1995-5-31.
10. 陈亚东.就业歧视的现状与对策[J].中国劳动保障,2006(8).
11. 邓秀华.权利分割:农民工政治参与的前提条件.2005-1-6. http://xsb.rednet.com.cn.
12. 崔凤,毛凤彦.社会排斥与城市贫困家庭的住房问题[J].学习与探索,2005(5).
13. 邓海平.看广州如何货币分房[J].华夏星火,1998(5).
14. 邸强,唐元虎,张超.组织资本形成机制研究[J].科学学与科学技术管理,2005(7).
15. 窦开龙.转型期我国农民工弱势群体"镜中边缘人"现象的新分析[J].复印报刊资料(农业经济导刊),2006(3).
16. 甘和平,钟坚.应用刘易斯模型分析我国二元经济的转化[J].价值工程,2005(2).
17. 高焕喜,吴炜峰.机制、机制形成和我国城乡统筹机制形成[J].华东经济管理,2007(9).
18. 葛忠明.话语分析:社会排斥和贫困研究的新视角[C]//"资产积累与社会发展"国际学术研讨会,2004.
19. 龚建平.费景汉和拉尼斯对刘易斯二元经济模式的批评[J].求索,2003(3).
20. 解垩.城乡统筹机制形成研究[J].中国发展,2005(4).
21. 何晓红.农民工市民化的对策探析[J].前沿,2005(11).
22. 洪朝辉.论中国城市社会权利的贫困[J].江苏社会科学,2003(2).
23. 胡杰成.社会排斥与农民工的城市融入问题[J].兰州学刊,2007(7).
24. 黄蕾.从社会排斥的视角看城市农民工群体的弱势地位[J].法制与

社会,2007(10).
25. 黄小军.农民工市民化政策博弈分析[J].江西农业大学学报(社会科学版),2005(4).
26. 蒋成凤,李德.消除对农民工的歧视保障农民工合法权益[J].现代农业科技,2006(2A).
27. 蒋美华,刘永亮.农民工的弱势地位及改变途径[J].郑州航空工业管理学院学报(社会科学版),2006(2).
28. 景天魁.围绕农民健康问题:政府、市场、社会的互动[J].河北学刊,2006(4).
29. 劳动保障部劳动科学研究所课题组.2001—2002 年:中国农村劳动力就业和流动报告[J].研究论坛,2005(3).
30. 李德志.改变我国农民工弱势地位的对策思考[J].吉林大学社会科学学报,2005(3).
31. 李华林.社会分层及其形成机制的建构[J].昭通师范高等专科学校学报,2004(5).
32. 李景治,熊光清.中国城市新移民的政治排斥问题分析[J].文史哲,2007(4).
33. 李景治,熊光清.中国城市中农民工群体的社会排斥问题[J].江苏行政学院学报,2006(6).
34. 李培林,李炜.我国农民工的经济地位、社会态度和社会政策的分析与对策[J].中国经贸导刊,2007(16).
35. 李培林.流动民工的社会网络和社会地位[J].社会学研究,1996(4).
36. 李强.城市农民工的失业与社会保障问题[J].新视野,2001(5).
37. 李爱芹.农民工阶层的社会排斥研究[J].晋阳学刊,2007(2).
38. 李全生.近年来关于二元社会结构的研究综述[J].理论导刊,2004(3).
39. 李雅儒,孙文营,阳志平.北京市流动人口及其子女教育状况调查研究[J].首都师范大学学报(社会科学版),2003(1).
40. 魏泽筠.发展型社会政策视角下农民工群体社会保护机制的建设[J].决策与信息,2015(6).
41. 梁玉华.农民工就业领域中的弱势地位分析[J].市场论坛,2005(4).
42. 廖艺萍.刍论社会转型期我国农民工的政治参与——以建设和谐社会为视角[J].理论导刊,2006(1).
43. 林光彬.等级制度、市场经济与城乡收入差距扩大[J].管理世界,2004(4).
44. 凌月.冲突与宽容[N].中国青年报,1997-1-18.
45. 刘畅.制度排斥与城市农民工的社会保障问题[J].社会福利,2003(7).
46. 刘传江.中国农民工市民化研究[J].理论月刊,2006(10).
47. 刘德顺.转型期中国社会弱势群体研究综述[J].社会,2004(10).
48. 刘宏伟,孙茗达.艾滋病防治中的"社会排斥"问题与政府干预研究——以HIV/AIDS人群及其高危人群为研究对象[J].中国卫生事业管理,2005(6).
49. 刘伟.关注转型时期的农民工问题(之一)——我国转轨时期"民工"问题的特殊性[J].中国党政干部论坛,2002(6).
50. 罗志先.当前农民工社会保障权现状、缺失原因及其对策思考[J].中共中央党校学报,2005(4).
51. 吕学静.城市农民工社会保障问题的现状与思考——以对北京市部分城区农民工的调查为例[J].学习论坛,2005(12).
52. 聂洪辉.对农民工歧视的社会学分析[J].兵团党校学报,2006(3).
53. 潘高林,伍金平.农民工受歧视的法学分析[J].重庆工商大学学报(社会科学版),2005(6).
54. 彭华民.福利三角:一个社会政策分析的范式[J].社会学研究,2006(4).

55. 彭华民.社会排斥与社会融合——一个欧盟社会政策的分析路径[J].南开学报(哲学社会科学版),2005(1).
56. 彭华民.社会排斥概念之解析[J].中国社会工作研究,2003(2).
57. 邱友良,陈良.外来人口聚集区土地利用特征与形成机制研究[J].城市规划,1999(4).
58. 邵德兴.当前城市外来人口政治参与的若干难点分析[J].中共杭州市委党校学报,2004(4).
59. 石彤.社会排斥:一个研究女性劣势群体的新的理论视角和分析框架[J].中国社会工作研究,2002.
60. 史方倩.从刘易斯的二元经济理论看中国的城市化道路[J].河北师范大学学报(哲学社会科学版),2006(6).
61. 孙继伟,丁雷,刘宏艳.论和谐社会进程中的农民工社会保障问题[J].理论界,2007(3).
62. 孙建安."城中村"形成机制与对策研究——以昆明市"城中村"为例[J].云南社会主义学院学报,2006(2).
63. 孙立平.如何看待弱势群体[J].安徽决策咨询,2002(9).
64. 唐贵忠.城市外来人口犯罪根源及治理对策[J].西北人口,1999(1).
65. 唐钧,王婴.城市"最低收入保障"政策过程中的社会排斥[J].中国社会工作研究,2002(1).
66. 唐钧.社会政策的基本目标:从克服贫困到消除社会排斥[J].江苏社会科学,2002(9).
67. 王朝明.城市化:农民工边缘性贫困的路径与治理分析[J].社会科学研究,2005(3).
68. 王春光.农民工的国民待遇与社会公正问题[J].郑州大学学报(哲学社会科学版),2004(1).
69. 赵旭,王钢.农民工的城市住房问题研究[J].特区经济,2007(8).
70. 王刚.社会排斥与农民工社会权利的缺失[J].华东理工大学学报(社

会科学版)，2006(1).
71. 王来华."社会排斥"与"社会脱离"[J].理论与现代化，2005(5).
72. 王思斌.改革中弱势群体的政策支持[J].北京大学学报(哲学社会科学版)，2003(6).
73. 王维，朱强.农民工政治参与现状调查思考[J].华南农业大学学报(社会科学版)，2007(3).
74. 王艳华.进城农民工社区融入的社会学分析[J].中共太原市委党校学报，2007(4).
75. 文小勇，石颖."三农"问题：社会公正与社会排斥[J].华南农业大学学报(社会科学版)，2005(2).
76. 吴鲁平，俞晓程，闫晓鹏，郑丹娘.城市青年农民工的弱势特征及其后果——对1997—2002年43篇学术论文的文献综述[J].中国青年研究，2004(9).
77. 许传新，许若兰.新生代农民工与城市居民社会距离实证研究[J].人口与经济，2007(5).
78. 徐增阳，黄辉祥.武汉市农民工政治参与状况调查[J].战略与管理，2002(6).
79. 谢桂华.农民工与城市劳动力市场[J].社会学研究，2007(5).
80. 闫文秀.流动民工的边缘化问题综述[J].求实，2005(2).
81. 杨团.西方社会政策研究范式的演化及其启示[J].中国社会科学，2002(4).
82. 姚华平，陈伟东.城市农民工社区文化参与及其相关性因素分析——以武汉市为分析个案[J].理论与改革，2006(3).
83. 银平均.社会排斥视角下的中国农村贫困[J].思想战线，2007(1).
84. 银平均，黄文琳.社会排斥与中国农村贫困再生产机制关系探析[J].延边大学学报(社会科学版)，2007(1).
85. 曾群，魏雁滨.失业与社会排斥：一个分析框架[J].社会学研究，

2004(3).
86. 张登国.和谐社会阶层结构形成的机制[J].长白学刊,2006(2).
87. 张桂文.中国二元经济结构演变的历史考察与特征分析[J].宏观经济研究,2001(8).
88. 张利军,洪燕.农民工社会保障:模式比较与政策思考[J].理论界,2007(3).
89. 张家伶.消除社会排斥,实现农民工的国民待遇[J].南宁师范高等专科学校学报,2005(2).
90. 张时玲.农民工融入城市社会的制约因素与路径分析[J].特区经济,2006(6).
91. 张时玲.城市农民工:现状分析与对策思考——基于安徽的调查[J].中共合肥市委党校学报,2005(4).
92. 张兴华.对外来工的政策歧视:效果评价与根源探讨[J].中国农村经济,2000(11).
93. 张友琴.社会支持与社会支持网——弱势群体社会支持的工作模式初探[J].厦门大学学报(哲学社会科学版),2002(3).
94. 赵力.城镇化与“二元结构”的破解[J].城市问题,2002(3).
95. 赵耀.对当前我国农民工就业歧视行为的分析[J].经济与管理研究,2006(4).
96. 郑传贵.农民工政治参与的边缘性不可忽视[J].理论与改革,2004(5).
97. 郑功成,黄黎若莲.中国农民工问题:理论判断与政策思路[J].高等学校文科学术文摘,2007(1).
98. 郑杭生,潘鸿雁.社会转型期农民外出务工现象的社会学视野[J].探索与争鸣,2006(1).
99. 钟庆才.利,还是弊:广东农民工短缺现象的分析与思考[J].人口研究杂志,2005(6).

100. 周晶.社会排斥理论视角中弱势阶层的概念界定及其生成原因[J].学术探索,2004(1).
101. 周林刚.论社会排斥[J].社会,2004(3).
102. 周永坤.教育平等权问题及解决之道[J].华东政法学院学报,2006(2).
103. 朱春雷.多元化与非均衡性:"内陆型"农民工的社会支持——以武汉市农民工为分析个案[J].新疆社科论坛,2007(3).
104. 朱慧涛.结构性贫困：流动农民工的弱势处境分析[J].湖北行政学院学报,2005(2).

学位论文部分：

1. 郭蒙.转型期地方政府竞争视角下的资本形成机制——基于资本形成的制度层面研究[D].广州：暨南大学,2006.
2. 郭敏.劳动力市场的歧视及其影响[D].贵阳：贵州大学,2006.
3. 奂平清.华北乡村集市变迁与社会结构转型——以定州的实地研究为例[D].北京：中国人民大学,2005.
4. 黄了.文化排斥情境中农民工市民化的困境[D].长沙：湖南师范大学,2006.
5. 李喜英.我国农民工歧视问题的制度性研究[D].西安：西北工业大学,2005.
6. 梁涛.基于自组织理论的企业集群形成机制分析[D].天津：河北工业大学,2006.
7. 刘精明.国家、阶层群体与教育——教育获得的社会学研究[D].北京：中国人民大学,2003.
8. 章娟.城市农民工的社会排斥研究：一个分析框架的建立与实证研究[D].武汉：武汉大学,2005.

英文部分：

1. Atkinson A B. "Social exclusion, poverty and unemployment", in A B Atkinson and J Hills (eds), exclusion, employment and opportunity, CASE paper 4, London: Centre for analysis of social exclusion, 1998.
2. Atkinson R. Citizenship and the Struggle against Social Exclusion in the Context of Welfare State Reform. In J bussemaker (ed.), Citizenship and Welfare State Reform in Europe, London: Routledge, 1999.
3. Ball M & Harloe M. Rhetorical barriersto understanding housing provision: What the provi-sion thesis' is and is not, Housing Studies, 1992, 7 (1).
4. Barry Brain. Exclusion, Isolation and Income. In John Hills, Julian Le Grand and David, 2002.
5. Bourdieu P. The Forms of Social Capital, In G R John (ed.), in Handbook of Theory and Research for the Sociology of Education. Westport, CT: Greenwood Press, 1995.
6. Byrne David. Social Exclusion. Buckingham: Open University Press, 1999.
7. Berghman J. Social exclusion in Europe. Policy context and analytical framework. Beyond the Threshold the Measurement & Analysis of Social Exclusion, 1995.
8. Burchardt T, Grand J L, Piachaud D. Social Exclusion in Britain 1991 - 1995. Social Policy & Administration, 2010, 33 (3): 227 - 244.
9. Coleman J S. The Foundations of Social Theory. Harvard

University Press, 1990.

10. Erving Goffman. Stigma: Notes on the Management of Spoiled Identity. Penguin Books, 1963.
11. Esping-Andersen G. Social foundations of postindustrial economies. Oxford University Press, 1999.
12. Evers A. Shifts in the Welfare Mix: Introducing a New Approach for the Study of Transformations in Welfare and Social Policy. In Evers A & H. Wintersberger (eds.), Shifts in the Welfare Mix, 1988.
13. Ever A. The welfare mix approach: understanding the pluralism of welfare systems. Balancing Pluralism New Welfare Mixes in Care for Elderly, 1993.
14. Gilles Raveard & Robert Salais. Social exclusion and European policy, 2001. MPG Books Ltd, 2002.
15. Harloe M. The People's Home? Social Rented Housing in Europe & America. Contemporary Sociology, 1996, 25(1): 75.
16. Agulnik Phil. Understanding Social Exclusion. Oxford University Press, 2002.
17. Pierson J, Ross L. Tackling Social Exclusion. Child & Family Social Work, 2010, 7(4): 326－327.
18. Lewis W A. Economic Development with Unlimited Supplies of Labour. Manchester School, 2010, 22(2): 139－191.
19. Lin Nan. Building a Network Theory of Social Capital. Connections, 1999,122(1).
20. Matt Barnes. Social exclusion and the life course, in Matt Barnes, Christopher Heady etc., 2002. Poverty and social exclusion in Europe. Edward Elgar Publishing, 2002.

21. Agulnik, Phil. Understanding social exclusion. Oxford University Press, 2002.
22. Richardson L & Le Grand J. Outersider and Insider Expertise: The Response of Residents of Deprived Neighbourhoods to an Academic Definition of Social Exclusion. Social Policy and Administration, 2002, 35.
23. Rodgers Gerry. What Is Special about a "Social Exclusion" Approach? In Gerry Rodgers, Charles Gore and José B. Figueiredo (eds.), Social Exclusion: Rhetoric, Reality, Responses. Geneva: International Institute for Labour Studies, 1995.
24. Room G J. Social exclusion, solidarity and the challenge of globalization. International Journal of Social Welfare, 1998, 8(3): 166 - 174.
25. Room. Social Quality in Europe: Perspective on Social Exclusion. Beck W, Maesen L. Wander and Walker, A. (ed.) The Social Quality of Europe. London: Kluwer Law International, 1997.
26. Room G. Poverty and Social Exclusion: the New European Agenda for Policy and Research. In G Room (Ed.). Beyond the Threshold: Measurement and Analysis of Social Exclusion, Bristol: the Policy Press, 1995.
27. Silver H. Reconceptualizing Social Disadvantage: three Paradigms of Social Exclusion. In Gerry Rodgers, Charles Gore and Jose B. Figueiredo (eds.). Social Exclusion: Rhetoric, Reality and Responses, 1995.
28. Silver H. Social Exclusion and Social Solidarity: Three Paradigms. International Labour Review, 1994, 133(5).
29. Unit S E. Preventing social exclusion. Social Exclusion Unit Office

of the Deputy Prime Minister，2001.

30. Social Exclusion Unit. The Social Exclusion Unit Leaflet. London：Cabinet Office. http：//www.cabinet-office.gov.uk/seu/，2000.

31. Peter Somerville. Explanations of Social Exclusion：Where Does Housing Fit in? Housing Studies，1998，13(6)：761－780.

32. Talcott Parsons. Structure and Process in Modern Societies. Glencoe IL：Free Press，1960.

33. Williams & Piilinger J. New Thinking on Social Policy Research into Inequality，Social Exclusion and Poverty，in J Millar and J Bradshaw (eds)，Social Welfare Systems：Towards a Research Agenda，Bath Social Policy Papers，No. 24，University of Bath：Centre for the Analysis of Social Policy，1996.

34. Van Kooten，Gerrit. Social Exclusion and Flexibility of Labour. In Paul Littlewood，Ignace Glorieux，Sebastian Herkommer and Ingrid Jönsson (eds.)，Social Exclusion in Europe：Problems and Paradigms. Aldershot：Ashgate，1999.

35. Glorieux，Ignace. Pay Work：a Crucial Link Between Individual and Society? Some Conclusion on Meaning of Work for Social Integration. In Paul Littlewood with Ignace Glorieux，Sebastian Herkommer，Ingrid Jonsson (eds.)，Social Exclusion in Europe：Problems and Paradigms. Aldershot：Ashgate，1999.

36. Richardson L，Grand J L. Outsider and Insider Expertise：The Response of Residents of Deprived Neighbourhoods to an Academic Definition of Social Exclusion[J]. Social Policy & Administration，2010，36(5)：496－515.

37. Rowntree J. Combating social exclusion：Lessons from area-based programmes in Europe[J]. 1998.

38. Vobruba, Georg. The End of the Full Employment Society Changing the Basis of Inclusion and Exclusion. In Paul Littlewood with Ignace Glorieux, Sebastian Herkommer, Ingrid Jonsson (eds.), Social Exclusion in Europe: Problems and Paradigms. Aldershot: Ashgate, 1999.
39. Littlewood, Paul and Herkommer, Sebastian. Identifying Social Exclusion: Some Problems of Meaning. In Paul Littlewood, Ignace Glorieux, Sebastian Herkommer and Ingrid Jönsson (eds.), Social Exclusion in Europe: Problems and Paradigms. Aldershot: Ashgate, 1999.
40. Van Berekl, Riv and Møller, Iver Hornemann. Active Social Policies in the EU: Inclusion through Participation? Introduction. In Riv van Berekl and Iver Hornemann Møller(eds.). Bristol: the Policy Press, 2002.
41. Walker A & Walker C. Britain divided: The growth of Social Exclusion in the 1980 and 1990s. London: Child Poverty Action Group, 1997.

后　　记

农民工作为中国转型社会中的弱势群体，在城市生活中遭受了全面的社会排斥，这不仅使他们在竞争激烈的城市生活中处于明显劣势，而且不利于实现社会融合。基于对农民工弱势群体的深切关怀，在本书中，笔者将研究对象聚焦到这一群体身上，从社会排斥理论出发，深入研究农民工群体在城市中何以被排斥的问题，揭示农民工社会排斥的形成机制。为了更好地将研究推向深入，衷心期待各位专家的批评指正。

在人大长期的学习和研究过程中，有太多需要感谢的良师益友，他们在我成长的道路上给了我极大的帮助和支持，在此一一谢过。

首先要衷心感谢的是我的导师李迎生教授，感谢老师多年来的精心培养和谆谆教诲。李老师对学术的执着追求和无限热爱以及兢兢业业的工作精神让我非常敬佩。博士论文从选题、写作到完成整个过程，离不开李老师细致入微的指导、鼓励和支持。更让我感动的是李老师不仅在学习和研究中给了我极大的帮助，更为重要的是教我如何做人，使我不断克服自身的缺点，不断完善自己。在此深深感谢李老师多年来对我的指导和帮助，我将永远铭记于心；衷心祝愿老师身体健康，工作顺利。

其次要感谢系里的郑杭生教授、刘少杰教授、洪大用教授在论文开题答辩会上提出了非常有建设性的意见，使我受益匪浅。

另外，还要感谢那些接受访谈的农民工们，他们的热心帮助和积极配合，使我的调研工作得以顺利进行，在此祝愿他们的明天会更好。

感谢我的师弟师妹以及朋友们，谢谢你们在我写作的艰难日子里，给予我的帮助和支持。

最后要感谢我的父母，谢谢你们多年来对我的抚育、关心和支持。“谁言寸草心，报得三春晖”，我将把这些感激化为动力，在今后的学习和生活中更加努力。

纵使千般思量，本书仍存在诸多的缺陷、不足甚至错误。希望各位专家、同仁多多批评指正。为未来进一步探讨消除农民工的社会排斥，探索农民工城市融入的路径以及政策研究奠定一定的基础。

刘艳霞

2018年7月